Mythos Motivation

C

An zahlreichen Beispielen analysiert Reinhard Sprenger die weit verbreiteten Anreizsysteme und ausgeklügelten Antreibertechniken in unseren Unternehmen – Prämien, Boni zum Quartalsende, »leistungsvariable« Einkommen, »Visionen« als Sinnbewirtschaftungsmaßnahmen, Incentive-Reisen, »psychologische« Mitarbeiterführung – und ihre kontraproduktiven Folgen: immer höhere Reizniveaus, unlösbare Gerechtigkeitsprobleme, Belohnungssucht, Passivität, Tarnen und Täuschen, »Jammerzirkel«, Burn-Out, Zynismus, letztlich: Demotivation. Die Alternativen lauten: Fordern statt Verführen – Lassen statt Machen – Quellen der Demotivation beseitigen – Rahmenbedingungen für individuellen Spielraum schaffen – Klare Vereinbarungen und Commitment.

Dr. Reinhard K. Sprenger war Leiter Personalentwicklung von 3M in Deutschland. Seit 1990 ist er selbstständiger Unternehmensberater für Personalentwicklung und Managementtraining. Er berät viele nationale und internationale Unternehmen wie Coca-Cola, 3M, Mobil Oil, Philip Morris, Daimler Benz, Hewlett-Packard, Siemens, Haniel, Bertelsmann u. v. a. Reinhard Sprenger ist Autor zahlreicher Publikationen und Lehrbeauftragter an den Universitäten Berlin, Bochum, Essen und Köln.

Reinhard K. Sprenger

Mythos Motivation

Wege aus einer Sackgasse

Mit Karikaturen von
Thomas Plaßmann

Campus Verlag
Frankfurt/New York

Die Deutsche Bibliothek – CIP-Einheitsaufnahme

Sprenger, Reinhard K.:
Mythos Motivation: Wege aus einer Sackgasse / Reinhard K. Sprenger.
Mit Karikaturen von Thomas Plassmann. – 16. Aufl. –
Frankfurt/Main; New York: Campus Verlag 1999
ISBN 3-593-35782-8

16. Auflage 1999

Umschlaggestaltung: Guido Klütsch, Köln
Satz: Leingärtner, Nabburg
Druck und Bindung: Friedrich Pustet, Regensburg
Gedruckt auf säurefreiem und chlorfrei gebleichtem Papier.
Printed in Germany

Inhalt

Vorwort zur 13., erweiterten und aktualisierten Auflage

Nun also, nach der 12., eine erweiterte Neuauflage von »Mythos Motivation«. Der Erfolg des Buches hat – so, wie ich es erlebe – weniger Mode- als vielmehr Symptomcharakter. Er ist Ausdruck einer ernsten Problemlage, für die der Motivationsdiskurs eine Lösungsperspektive aufzeigen soll. Der dunkle Horizont, vor dem solche Gedanken Aufmerksamkeit erregen, ist jedenfalls nicht selbst gemalt.

Wenn diese Deutung zutrifft, dann greift die gängige Praxis im Regelfall zu kurz. Nach wie vor bin ich von einer *negativen Beziehung* zwischen extrinsischen Anreizen und intrinsisch motivierter Leistung überzeugt: Die Motivierung zerstört die Motivation. Und unter der Flagge der »leistungsorientierten Bezahlung« wird lediglich an Symptomen kuriert. Die Reparaturintelligenz inszeniert hier den aktionistischen Schein, um das eigentliche Problem nicht lösen zu müssen: passive und inkonsequente Führung. Man löst nicht die Probleme, die zur Lösung anstehen, sondern die, für die man Lösungsmethoden zu haben glaubt.

Dass das nicht funktionieren kann, habe ich in einem neuen Beitrag zum »Betrieblichen Vorschlagswesen« für dieses Buch dargestellt. Sie finden ihn im Zweiten Teil unter der Überschrift »Ideen bringen Geld. Bringt Geld auch Ideen?«

Dabei ist man völlig blind für die Spät- und Nebenfolgen, die dann andere oder gar wir alle als »Gesellschaft« ausbaden dürfen. Dass diese Probleme die Folgen der ersten Problemlösung sind, dass die Motivierung die Krankheit ist, für deren Heilung sie sich hält: seit der Erstausgabe 1991 sind diese Argumente – soweit ich sehe – nicht entkräftet worden.

Dem Buch wird insbesondere in der akademischen Rezeption eine gewisse »Theorieferne« vorgeworfen. Einverstanden. Spekulative Deutungen jenseits der wahrnehmbaren Welt sind hier nicht meine Sache.

Denn »Mythos Motivation« ist zu wesentlichen Teilen ein Praxisbericht. Er entstand gleichsam auf den Beifahrersitzen »meiner« Außendienst-Mitarbeiter, Notizblock und Zettel auf den Knien, von einem Kunden zum anderen fahrend.

Zwischenzeitlich wurde er von »wissenschaftlicher« Seite gestützt. Der Harvard-Professor Alfie Kohn kommt in seinem Buch »Punished by Rewards« (1993) zu nahezu deckungsgleichen Befunden – nur auf anderem Methoden-Weg. Seine Arbeitsweise ist die der Wissenschafts-Synopse: »Es gibt keine Studie weltweit, die eine dauerhafte Leistungssteigerung durch Anreizsysteme nachgewiesen hätte.« Darüber hinaus weist er einen Effekt nach, welchen ich in dieser Deutlichkeit seinerzeit nicht wahrgenommen hatte: »Je mehr Menschen über Belohnungen nachdenken, desto mehr bevorzugen sie leichte, kurzfristig lösbare und tendenziell quantitative Aufgaben. Kreativität und Qualität bleiben auf der Strecke.«

Zwei weitere Kritikpunkte wurden immer wieder genannt: Den einen fehlten positive Aussagen zum Thema »Geld«. Die anderen bemängelten, es würde nicht hinreichend dargestellt, wie man mit dem Thema Motivation »richtig« umgehen solle. Zum ersten Kritikpunkt habe ich meine Perspektive dem Zweiten Teil dieser Neuauflage hinzugefügt. Zum zweiten Kritikpunkt muss ich wohl einräumen, dass ich zu sehr der positiven Kraft des negativen Denkens vertraut habe. Etwas zu unterlassen schien mir eo ipso oft mehr, als etwas hinzuzufügen. Zudem ist es mir offenbar nicht gelungen, das letzte Buchdrittel als »gute Nachrichten« gebührend zur Geltung zu bringen. Zu dominant ist in der Wahrnehmung der meisten Leser wohl der kritische Impuls der ersten beiden Buchteile.

Meine Kernthese aber war weniger »Motivation kann man nicht kaufen!« (obwohl genau dies meine Ansicht ist) als vielmehr: »Je mehr versucht wird Motivation zu kaufen, desto schwächer die Führung, desto bedrohter das Unternehmen.« Die Prämienmaschine erlaubt es Führungskräften, sich dem schwierigen Prozess der Leistungssteuerung und -bewertung zu entziehen. Wenn ich gerade neuerdings lese: »Die Vorstände der deutschen Konzerne sollten viel stärker leistungsbezogen bezahlt werden«, dann spielt man mit dem

Ressentiment des Publikums und will vor allem schlicht Strafe androhen. Aber was ist dadurch gewonnen? An anderer Stelle lese ich: »Beamtenmentalität breitet sich stets dort aus, wo Fixgehälter bezahlt werden.« Hier ist die Kausalität irreführend vertauscht: Beamtenmentalität breitet sich stets dort aus, wo Führung nicht aktiv übernommen wird oder die Kooperationsbeziehung nicht zu beenden ist.

Daher an dieser Stelle abermals: Der Teil »Führungen« ist meine Antwort auf die Frage »Wie denn besser?« Wer es vertiefen möchte, dem sei mein Buch »Das Prinzip Selbstverantwortung« zur Ergänzung empfohlen.

Wenn gegenwärtig allenthalben das alarmierende Abgleiten Deutschlands in den Sumpf der Korruption beklagt wird, wenn die öffentliche Hand zur offenen Hand zu werden droht, dann sollte man sich genau diese »erfolgsorientierten« Bezahlungssysteme in der Wirtschaft anschauen. Die Geste des »Tue dies, dann bekommst du das« ist dieselbe. Es besteht ein logischer Zusammenhang zwischen der alltäglichen, »sportlich« umgelogenen Bestechung im Prämienwettkampf und der zunehmenden Korruption in vielen gesellschaftlichen Bereichen. Man müsse da differenzieren? Ja, es bleibt die Frage, auf welchem Spielfeld die Möhren größer sind.

Prolog

Dieses Buch gründet vor allem auf persönlichen Erfahrungen und vielen Gesprächen. Es synthetisiert dabei manche Quelle, mündliche und schriftliche Anregungen, deren Urheber ich im Einzelnen nicht mehr identifiziere. Als frühem Wegbegleiter danke ich besonders Ulrich Ströttchen, als unvermutet geistigen Wahlverwandten Dieter Lange und Christo Quiske. Verbunden weiß ich mich Dieter Scheiff und Albert Linder, insbesondere aber den vielen Dialogpartnern in den Unternehmen, deren Zuspruch mich ermutigte, deren Einspruch mich immer wieder zu gedanklicher Konsequenz zwang. Sie sind es auch, die über den praktischen Wert des Buches entscheiden.

Reichlich abgegriffen klingt es dennoch: Dies ist ein Buch aus der Praxis für die Praxis. Die Argumentation geht dabei Umwege über die Theorie, ohne theoretisieren zu wollen. Wenn Bertrand Russells Diktum gilt, dass eine Kombination von Verständlichkeit und Genauigkeit unmöglich sei, habe ich mich (hoffentlich!) für die Verständlichkeit entschieden. An einigen Stellen ist es auch ein polemisches Buch, eine Streit-Schrift im besten Sinne. Dem Gelächter zu seinem Recht zu verhelfen schien mir bisweilen die passende Antwort auf die Absurdität des Vorgefundenen.

Um etwas aufzubauen, muss man oft etwas zerstören. In den ersten beiden Teilen des Buches überwiegen daher die kritischen, wenn man so will: die »schlechten« Nachrichten. Hier mache ich den Versuch, die subtile, faszinierende und zugleich so trügerische Logik einer Idee zu analysieren und gleichzeitig nachzuweisen, dass sie an unaufhebbaren Schwächen leidet. Wer auf die »guten« Nachrichten drängt, den bitte ich um Geduld bis zum dritten Teil »Führungen«.

Einleitung

Die Mineralölfirmen »Super« und »Hyper« veranstalten alljährlich nach dem Vorbild der Universitäten Oxford und Cambridge einen Ruderwettkampf im Achter. In den letzten Jahren hat das »Super«-Boot immer verloren. Die Geschäftsleitung von »Super« beschließt daraufhin die Videoaufzeichnungen des letzten Rennens zu analysieren: Im »Hyper«-Boot erkennt man acht Ruderer und einen Steuermann. Zum allgemeinen Erstaunen sieht man im »Super«-Boot aber acht Steuermänner und nur einen Ruderer. »Was können wir da machen?«, fragt der Geschäftsführer den Personalleiter. Darauf dieser: »Motivieren! Den Mann besser motivieren!«

Diese Geschichte kursierte vor einiger Zeit in einem großen deutschen Mineralöl-Konzern. Sie ist mittlerweile weit verbreitet und variiert worden. Sie verweist auf etwas, was offensichtlich viele Mitarbeiter in unseren Unternehmen ähnlich empfinden. Wie in einem Brennspiegel konzentriert sie auch vieles von dem, was in diesem Buch entwickelt und begründet werden soll.

Ich möchte zeigen, dass der uns allen vertraute Pfad der Mitarbeiter-Motivierung ein Holzweg ist, im Prinzip schon immer war, heute aber – bedingt durch gesellschaftliche Entwicklungen – mehr denn je ist. Ich möchte zeigen, dass die »Motivation« genannte Antreiber-Praxis, so schlau und verdeckt sie sich auch gebärden mag, nicht funktioniert. »Nicht funktioniert« meint: Sie ist von vielen kontraproduktiven Nebenwirkungen und Spätfolgen begleitet, die den angestrebten leistungssteigernden Effekt aufheben.

Ich werde die These entfalten, dass der Motivierende einem Unternehmer gleicht, der wie gebannt auf das Steigen der Umsatzkurve starrt, die Kostenentwicklung aber keines Blickes würdigt. Ich betrachte dabei jene Konsequenzen, die eine vordergründig ›erfolgreiche‹ Motivierung für nachfolgende Handlungen hat: diejenigen psychosozialen Begleiterscheinungen, vor denen die Motivierungs-

Enthusiasten die Augen verschließen. Ich werde zeigen, dass die Motivierung verhaltensökologische Zusammenhänge ignoriert und die innere Motivation des Einzelnen nachhaltig stört; dass der übliche Verdacht mangelnder oder zu steigernder Leistungs-Bereitschaft weitreichende Folgen hat. Kurz:

Alles Motivieren ist Demotivieren.

Erhebliche Energien werden so in Führungstechniken und Motivierungs-Systeme investiert, die in der Summe dem Unternehmen eher schaden als nützen. Zudem liefert die Motivierung ein Verhaltensmodell, aufgrund dessen nicht mehr gefordert, sondern nur noch verwöhnt wird und das die gesamte Organisationskultur vergiftet: In ihr wird alles Führen zum Ver-Führen.

Das ist ein Urteil auf Bewährung. Sind doch die Psychologen, Pädagogen, Verhaltensforscher und Organisationstheoretiker, die sich mit der Analyse menschlicher Motivation und ihrem Einfluss auf die Entstehung von Leistung beschäftigt haben, Legion; ist es doch unbestreitbar, dass Mitarbeiter über Anreizsysteme zu dem erwünschten Handeln ›bewegt‹ werden können; boomt doch die Incentive-Branche; haben doch variable Vergütungen zur »Steigerung der Leistungsmotivation« (Cafeteria-Systeme) sogar auf den Führungsebenen Konjunktur.

Wer zu neuen Ufern will, der muss zunächst aus dem altvertrauten Milieu, dem Spiegelkabinett der Motivierung, gedanklich ausbrechen. Denn hier verstellen uns unsere eigenen Systeme auf Schritt und Tritt den Weg. Wir begegnen nur noch dem, was unsere System-Planer ausschwitzen und was uns Anpassungszwänge auftürmt. Bahnen wir aber einen Weg in die Tiefe der Motivierungs-Logik, so müssen wir ohne Sicherheitsleine denken. Dazu möchte ich einladen.

Ich werde dabei weniger – wie das viele meiner amerikanischen Kollegen bevorzugen – eine Kette anekdotischer Nachweise für die Stichhaltigkeit meiner Überlegungen vortragen. Auf diese Weise kämen wir dem Problemfeld nur mäßig nahe. Es geht in diesem Buch auch nicht um Techniken, wie man denn Mitarbeiter auf die »richtige« Weise motiviert. Keine behenden Antworten auf die Frage »Wie schaffe ich es, dass der Mitarbeiter etwas tut, was er aus sich heraus nicht tun will?«. Denn alle Führungs-Technik bleibt auf der instrumentellen Ebene und wird eben als »Technik« schnell durchschaut und konterkariert.

Es geht hier vielmehr um die innere Einstellung, die den Instrumenten Sinn gibt und für die die Motivierungs-Techniken nur beobachtbare Verhaltensmuster auf der Erscheinungsebene sind. Aber ebenso wenig, wie man Führen lernen kann, wenn man es auf Tricks reduziert und dabei die alles tragende Voraussetzung, nämlich die Einstellungen, Werthaltungen, Prägungen, kurzum: die Persönlichkeit der Führungskraft unberücksichtigt lässt, ebenso wenig kann man die Mechanik der Motivierung verstehen, wenn man nur auf die Instrumente-Ebene blickt.

Zu streiten ist mithin über die Funktionstüchtigkeit von Anreizsystemen. Zu streiten ist über die dahinter stehenden Grundannahmen der Motivierung. Zu streiten ist über die psychosozialen Nebenprodukte der *un*-heimlichen Verführungskünste vieler *Ver*-Führungskräfte. Zu streiten ist – mehr noch! – über Demotivation.

Dabei geht es in diesem Buch nicht um eine moralisch unterfütterte »Humanisierung der Arbeitswelt«. Nicht, dass nicht auch von ihr zu reden wäre. Es geht aber zunächst um Produktivität, Rentabilität, Fluktuationsraten, physische und psychische An- und Abwesenheit am Arbeitsplatz, Qualität und Quantität der Leistung, um spontanes und kreatives Verhalten jenseits der Rollenerwartung. Es geht letztlich um Profit.

Dazu muss jedoch auch von Menschenbildern die Rede sein, obwohl dies mit dem Risiko verbunden ist, dass alles Weitere dadurch in ein zweifelhaftes Licht gerückt wird.

Ich habe mir beim Schreiben Leser gewünscht, die den kalten Hauch des Nicht-Ernstnehmens, der Manipulation und der verdeckten Abwertung empfinden; ihnen könnte das Buch etwas sagen. Es soll aber auch jene Menschen in den Unternehmen erreichen, die sich für das Verwirklichen eines anderen Menschenbildes *entscheiden,* vielleicht in der eher erfühlten als gesicherten Erkenntnis, dass die Welt unseren Willensakten dient. Nicht umgekehrt.

Erster Teil
Sichtungen

Der Impuls aus der Praxis

»Motivation« ist ein Schlagstock im unternehmensinternen Handgemenge: »Sie haben wohl Ihre Leute nicht richtig motiviert!?« Frage? Aussage? Jedenfalls ein treffsicherer Knüppel aus dem Sack des Manager-Angstmachens. Da der Begriff »Motivation« in den Augen nahezu sämtlicher Führungskräfte einen positiven Beiklang hat, ist dabei immer wieder zu beobachten, wie er mit leichter Hand zur Diffamierung von Führungsverhalten eingesetzt wird (ohne dass der Bezug gerechtfertigt wäre, wie wir noch sehen werden). Entsprechend gebetsmühlenartig wiederholt wird die Frage: »Wie motiviere ich meine Leute?« Aber die Verantwortung für die Motivation der Mitarbeiter, gerade erst freiwillig, unter Druck oder qua Rollenkonzept übernommen, wird möglichst wieder delegiert.

Zum Beispiel ans Training: »Nun motivieren Sie mal meine Leute so richtig!« waren die Worte, mit denen mir ein Verkaufsleiter seine Außendienst-Mannschaft überließ. Das irritierte: Ein Training sollte leisten, was er im Kontakt mit seinen Mitarbeitern nicht bewerkstelligte? Und einigermaßen verzweifelt klingt mir immer noch das Lamento einer Führungskraft auf einem Management-Symposium in den Ohren: »Wie sollen wir unsere Mitarbeiter motivieren, wenn unsere Motivation selbst täglich von oben zerstört wird?« Kein Zweifel: Führungskräfte fühlen sich für die Motivation ihrer Mitarbeiter verantwortlich (das sind sie in gewisser Weise auch, aber nicht so, wie es Unmengen goldener Regeln glauben machen wollen) und stehen dieser Aufgabe aus guten, noch näher zu bestimmenden Gründen oft hilflos gegenüber.

Zu den Anstößen aus der Praxis, die mich das Thema »Motivation« aufgreifen ließen, gehört auch das grassierende Incentive-Fieber, das mittlerweile auch die Top-Etagen erreicht hat – sogar das Controlling und die Personalarbeit mit nur schwerlich quantifizierbaren Arbeitsergebnissen. Gerade durch Gespräche mit Führungskräften dieser Bereiche wurde mir klar, dass die Infizierung aller Initiative mit der Hoffnung auf Extra-Cash zu einer ganzen Kette paradoxer Begleiterscheinungen führt, die mich sehr bald an der Weisheit der Systeme zweifeln ließen: Das Klima zwischen Kollegen verspanne sich, Individual-Boni verunmöglichten kooperatives Handeln, der Abteilungsegoismus werde in bisher nicht gekanntem Maße angestachelt (»Abteilung« kommt von »abteilen«!). Mit kaum verhohlener Ironie erzählt mir ein Bereichsleiter eines bedeutenden Chemie-Konzerns von der Regel-Praxis in seinem Unternehmen, Prämien auf längst erbrachte Leistungen und Projekte zu vereinbaren: easy money – oft gerade für jene, die der leistungssteigernden Wirkung von Anreizen aller Art vehement das Wort reden.

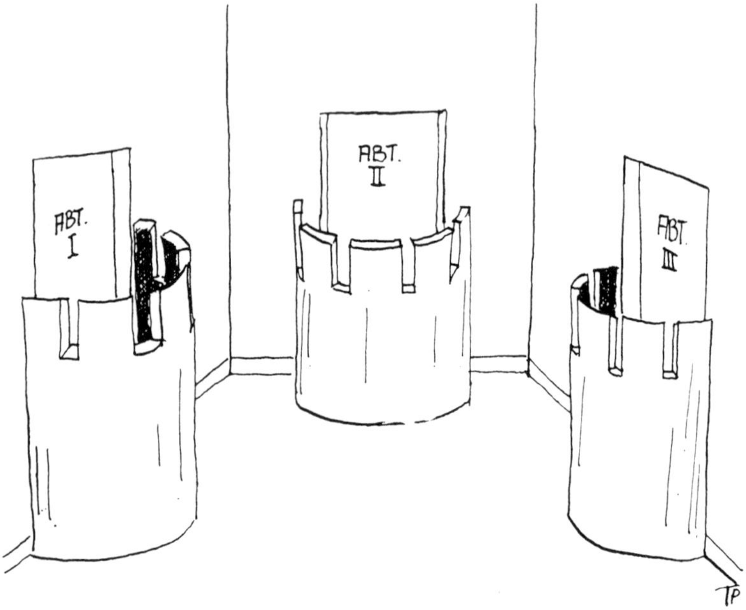

Auf der Führungsebene kommen zwei weitere Beobachtungen hinzu: Vor allem die schwächeren Führungskräfte interessieren sich für die Tips und Kniffe der Mitarbeiter-Motivierung, die erfolgreicheren hingegen verhalten sich nicht so, wie uns die Management-Theorie und ihre professorale Expertenriege einhellig mahnen: Sie motivieren nicht! Sie stehen Anreizsystemen eher mit Skepsis gegenüber und sind bar jeden Antreiber-Verhaltens.

Der Außendienst, aus vielen traditionellen Gründen Dauer(versuchs)objekt der Motivierungs-Klempner, erscheint mir ähnlich distanziert. Auf meinen Reisen mit Außendienst-Mitarbeitern wurde mir immer wieder hinter vorgehaltener Hand die verdeckte Wirkungslosigkeit der Bonus-Systematik erklärt: Bonus-Pläne würden so verhandelt, dass mit ihnen »kein Schlag mehr« als notwendig zu leisten sei. Ganze Trickkisten zur Umgehung der Pläne öffneten sich dem staunenden Auge. Zynismus war das verbreitete Hilfsmittel gegen den nur allzu oft de-motivierenden Effekt sogenannter »Rennlisten«. Man hat mit der Motivierung leben gelernt, sich ihr angepasst. Wenn das Gespräch auf sie kam, war leise Verachtung unüberhörbar.

Nicht Widerspruch auf eine theoretische Position, sondern praktische Erfahrung bestimmte meine Neugier. Es musste eine Erklärung für diese paradoxen Phänomene geben, wo doch große Teile der Industrie nach den Denkschemata der Motivationstheorien organisiert sind. Binnen dreier Jahre bin ich in Interviews, Mitreisen, Beobachtungen und Mitarbeiterbefragungen diesen Widersprüchen nachgegangen. Mir ist klar geworden, dass »Motivieren« nichts anderes meint als die fünf großen »B«: Belohnen, Belobigen, Bestechen, Bedrohen, Bestrafen. Mir ist klar geworden, dass »Führen« unter der kalten Sonne der Anreizsysteme immer »Ver-Führen« ist. Und es wurde für mich unabweisbar, dass jede Motivierung mit *mechanischer* Sicherheit ihr eigenes Gegenteil erschafft: Demotivation. Was zu zeigen sein wird.

Der Sprachnebel der »Motivation«

»Motivieren – aber richtig!« – »Erfolgreich motivieren« – »Motivationshilfen für die Praxis«, so lauten die Titel einiger Meter Aufrüstungsliteratur, die in den letzten 30 Jahren zum Thema »Mitarbeiter-Motivation« erschienen sind. »Erfahrungen in der Motivation von Mitarbeitern« ist eine der meistgeforderten Qualifikationen in Stellenanzeigen für Führungskräfte.

»Motivieren können« gehört damit zweifellos zu den vorrangigen Management-Fähigkeiten. Kaum ein Training daher, in dem lerntheoretische oder psychologische Motivationstheorien nicht im Mittelpunkt stehen; kaum eine Führungslehre, kaum ein Aufsatz über Führung, in dem nicht ein Kapitel dem vermutet leistungssteigernden Antreiberverhalten der Vorgesetzten gewidmet ist. Arbeit am Mythos.

Leistungssteigerung – das ist das Ziel der Anstrengung. Es setzt voraus, dass da etwas zu steigern ist und dass es sinnvoll ist, dies zu tun. Das treibt mitunter skurrile Blüten: »Trance-Motivations-Cassetten« eines Münchener Anbieters versprechen dem Anwender durch »gezielte Motivation des Unterbewusstseins seine gesteckten Ziele ... zu erreichen«. Je nach Bedarf: »Befreiung von Schuldgefühlen«, »Schluss mit dem Haarausfall«, »Ich werde geliebt«. Seither rauscht auf den Chefetagen ein Haargeflatter, ein Liebesgeflüster ...

Synonym für Führung

»Motivation« ist heute ein Schlüsselwort, geradezu ein Synonym für »Führung«. Die Verantwortung vieler Führungskräfte für die Motivation ihrer Mitarbeiter beweist das in unseren Unternehmen täglich. Zugrunde liegt die Vorstellung von etwas latent Vorhandenem, der Motivation nämlich, die unausgeschöpft vor sich hin dümpelt, bis sie durch geeignete Intervention (Führung) »angefacht« wird, um alsdann wieder in die Latenzphase abzusinken, weil der Mensch halt zur Trägheit neige.

Motivieren/Führen hat daher etwa diesen Bedeutungsumfang:

1. jemanden mit Motiven ausstatten, die dieser vorher nicht hatte
2. jemanden an seinen Motiven »abholen« und Möglichkeiten zu ihrer Realisierung bieten
3. Verhaltensweisen mit subjektiver Bedeutung/Wichtigkeit aufladen
4. Begeisterung entfachen
5. anreizen

Wenn Führen heißt Mitarbeiter zielbezogen zu lenken, so ist die Verbindung mit Motivieren auch sprachgeschichtlich (lat. movere = bewegen) belegt. Und dennoch ist diese Nähe irreführend, ob nun bewusst eingesetzt oder verschämt ignoriert. Denn Motivation ist ein komplexer und vieldeutiger Begriff.

Motivation – Motivierung

Mit dem Wort »motivation« können Amerikaner etwas anfangen; die Eindeutschung ist unscharf: gemeint sind die Beweggründe als eine Antwort auf das »Warum« des Verhaltens. »Wie auch immer Motivation definiert werden mag, ihr Studium betrifft die Begründung menschlichen Verhaltens, meint immer dasjenige in und um uns, was uns dazu bringt, treibt, bewegt, uns so und nicht anders zu verhalten.« So ein Handbuch-Artikel. In diesem Sinne geht das Nachdenken sogar zurück auf eines der frühesten Dokumente der Motivationsforschung: die Bibel.

Heutige Organisationspsychologen und Verhaltensforscher fragen: »Warum wählt ein Mitarbeiter diese Firma, und nicht vielmehr jene?« – »Warum ist er engagiert bei dieser, weniger bei jener Arbeit?« – »Warum strengt sich Herr Meier nicht mehr an, obwohl er doch eine so attraktive Incentive-Tour mitmachen könnte?«

Unter Motivation wird also zunächst der *Zustand aktivierter Verhaltensbereitschaft des Mitarbeiters* verstanden. Dies ist die eigentliche »Motivation« im reinen Wortsinn. Verfolgt man den Ursprung des Wortes (lat.: in movitum ire = in das einsteigen, was [den Menschen] bewegt), so kann man dieses »Einsteigen« zweifellos als rezeptives »Verstehen« der Beweggründe interpretieren. Man kann es aber auch als ein interessegelenktes »Aufgreifen« und »Ausnutzen« interpretieren und daraus nicht nur die Möglichkeit, mehr noch die *Notwendigkeit* effektiven und verantwortungsbewussten Führens ableiten.

Genau hier springt die Katze kreischend aus dem Sack: Während die Motivationspsychologen im »Warum« herumstochern, fragen die Manager händeringend nach dem »Wie«. »Wie bekomme ich die maximale Arbeitsleistung meiner Mitarbeiter?« – »Wie kann ich der inneren Kündigung vorbeugen?« – »Wie motiviere ich meine Leute dazu, Überstunden zu machen?«

Das Interesse des Managers ist also nicht, *warum* etwas passiert, sondern *wie* Verhalten zu beeinflussen ist. Dass er dafür in Zeiten unterschiedlicher Motivationslagen auch in die Niederungen des »Warum« einsteigen muss, um dort am Individuum anknüpfend um so wirkungsvoller die Leistung des Mitarbeiters zu steigern, verkompliziert die Sache. Die intensive Nachfrage nach Trainingsangeboten der Marke »How to« ist das Resultat.

Die Suche nach Erfolgsrezepten – analog zu den Excellence-Regeln von Peters und Waterman – aber muss scheitern: Sie sind viel zu starr für eine sich permanent wandelnde Umwelt. Sie ignorieren die wesentliche Voraussetzung: die individuelle Persönlichkeit der Führungskraft. Sie ermöglichen lediglich Zugewinn an Verbal-Macht, der von den Seminarteilnehmern allerdings als hilfreich begrüßt wird. Und sie blenden – last but not least – alle Spätfolgen der »erfolgreichen« Motivierung aus.

Unter Motivation wird also auch das *Erzeugen, Erhalten und Steigern der Verhaltensbereitschaft durch den Vorgesetzten bzw. durch Anreize* verstanden. Für diese Fremdsteuerung verwende ich den Terminus »Motivierung«, in deutlicher Trennung von der Eigensteuerung des Individuums. Ich nutze dabei die Möglichkeiten der deutschen Grammatik, die bei Verbalsubstantiven mit dem Suffix »-ung« den *Ablauf* eines Geschehens kennzeichnet (Isolierung, Zivilisierung), hingegen mit dem Suffix »-(t)ion« eher *zustands*beschreibende Verbalabstrakta (Isolation, Zivilisation) bildet.

Motivation verhält sich also zur *Motivierung* wie das *Warum* zum *Wie.* Ich habe wenig Hoffnung, dass sich diese Unterscheidung durchsetzt. Für das Folgende aber ist sie unverzichtbar.

Einflüsterungen

Wie immer, so gibt auch in diesem Zusammenhang die Sprache wichtige Hinweise. Ebenso schamhaft wie bezeichnend nämlich verschleiert die Verwendung des Wortes »Motivation« den Problemkern: Die übliche Sprachverwendung bindet die *Einstellungsweise* des Geführten schlankweg mit dem absichtsvollen *Handeln* des Führenden (als dessen Ergebnis die Motivation ja erst entstehen soll) zusammen. Ziel und Weg fallen in eins.

»Motivation« – ein sprachlicher Faltenwurf, der die Nähe eines Gedankens ahnen lässt, ohne ihn zu offenbaren. Ich habe früh gespürt, dass er Peinlichkeiten überspielen soll.

Eine ungenaue oder doppeldeutige Verwendung eines Begriffs bietet dem Missbrauch keinen Widerstand. Aber die verächtliche Weigerung, ihn zu präzisieren, wie man sie in der Management-Literatur antrifft, leistet dem Missbrauch nicht nur weiteren Vorschub, sondern hat System, weiß sich mindestens guter Gründe sicher. Einer dieser Gründe zielt auf das klassische Vorbild der ewig erfolgreichen Führungskraft. So wie die Tätigkeit der motivierenden, nachvorne-treibenden Führungskraft unvermittelt mit der Einstellung des Mitarbeiters zusammengebunden wird, flüstert dieses Denken die Zielerreichung als nie gefährdete Selbstverständlichkeit ein: »Der Vorgesetzte muss nur etwas Motivierendes tun, dann stellt sich zwangsläufig die Motivation des Mitarbeiters ein.« Transportiert wird so die Zielerreichungs-Kompetenz der exzellenten Führungskraft, die zwar im übrigen Mittel und Wege findet, ihnen aber jeden Eigenwert abspricht. In diesem Denken gleicht die Führungskraft dem Metzger, der schon Würste sieht, wo noch Schweine laufen.

Der übliche Sprachgebrauch vermittelt darüber hinaus: »Ihr seid als Führungskräfte verantwortlich für die Motivation eurer Mitarbeiter!« Dies entspricht wiederum dem allseits favorisierten Bild des »machenden« Managers (und nicht etwa dem des »denkenden«). Gefordert ist ein Manager mit »Heraushol-Attitüde«, der das Beste aus seinen Mitarbeitern lockt und dadurch – so die Vorstellung – positive Ergebnisse für sein Unternehmen erzielt.

Und jetzt wird klar, warum der Manager etwaige Schuldgefühle bei demotivierten Mitarbeitern empfindet: Er hat dann wohl zu wenig oder nicht das Richtige »gemacht«. Die Führungskraft wird aber immer scheitern, wenn sie blind ist für den Doppelcharakter der

»Motivation«; wenn sie nicht sieht, dass der Unterschied zwischen Eigen- und Fremdsteuerung durch den Sprachnebel der »Motivation« verschleiert wird.

Es ist also deutlich zu unterscheiden zwischen der

- »Motivation«, die die *Eigensteuerung* des Individuums bezeichnet und daher diesem ganz allein eignet, ganz allein gehört, und der
- »Motivierung«, als absichtsvollem Handeln eines Vorgesetzten oder als dem Funktionieren von Anreizsystemen, das mithin notwendig als *Fremdsteuerung* auszuweisen ist.

Motivierung – Manipulation

Die Management-Literatur meidet das konsequente Wort »Motivierung« wie der Teufel das Weihwasser. Ist doch das beinhaltet Absichtsvolle hier vergleichsweise unverdeckt und damit die Nähe zur Fremdsteuerung, zur Manipulation zu offensichtlich.

Ja, *Manipulation.* Motivierung ist und bleibt Fremdsteuerung, wie man es auch dreht und wendet, bleibt Manipulation (lat. »mit der Hand ziehen«). Auch dann, wenn man sich in methodisches Drumherumreden flüchtet. Damit ist über deren moralische Wertigkeit zunächst noch überhaupt nichts ausgesagt.

Manipulation ist die mehr oder weniger heimlich (aber nicht notwendig zum Schaden des Betroffenen) erfolgte Verhaltensbeeinflussung. Mit Kunstgriffen bewegt der Manipulator andere zur Leistung, ohne direkten Widerspruch zu erregen. Er gibt bewusst veränderte, zugespitzte, geschönte, verkürzte oder verfälschte Informationen, um sie zu der erwünschten Handlung zu veranlassen.

»Motivation ist die Fähigkeit, einen Menschen dazu zu bringen, das zu tun, was man will, wann man will und wie man will – weil er selbst es will.« Diese vollmundige Manipulationsverherrlichung Dwight D. Eisenhowers – in Führungshandbüchern ein Gemeinplatz – kaschiert nur noch mühsam den Verlust der Eigensteuerung durch eine scheinbar sprachliche Paradoxie. Der andere soll zur Bedürfnisbefriedigung des einen »benutzt« werden. Das wird aber nicht ausgesprochen. Legitimiert wird es häufig als »not-wendiges Übel«, um – gleichsam nebenbei – den Mitarbeiter auch zu seinem eigenen Nutzen zu beeinflussen. Was aber diesen Nutzen ausmacht

– das entscheidet der Manipulator. Wichtig dabei ist: Der Manipulator muss von den versteckten Regungen, Bedürfnissen und Schwächen seines Opfers Kenntnis haben.

Für das dazu heute notwendige sensible Eingehen auf die Motive des Mitarbeiters in verführerischer Absicht, das den nun schon Jahrzehnte tobenden Kampf zwischen (legitimer) Motivation und (verabscheuungswürdiger) Manipulation beizulegen scheint, hat ein findiger Kopf (Rolf Balling) den Terminus »Motipulation« geprägt – ironisch gemeint, letztlich jedoch ebenfalls ein Sich-Fortstehlen aus dem Dilemma inkonsequenten Denkens.

Denn wer sagt, man müsse sich in die Motivationslage von Mitarbeitern versetzen, um ihren Motiven Entfaltungsraum zu geben, meint etwas Richtiges und Falsches zugleich. Etwas Falsches, weil kein Unternehmen, keine Sozietät völlig ohne Führung, keine Führung ohne Fremdsteuerung auskommt. Aber dabei kommt es nicht auf motivierendes »Mit-der-Hand-Ziehen« an, sondern auf das Offenlegen der Interessen, auf Verhandlung, auf *Klarheit* und *Konsequenz*. Zu diesem Richtigen später mehr.

Die freizeitorientierte Schonhaltung

Innere Kündigung

Ein Gespenst geht um in unseren Unternehmen – das Gespenst der »inneren Kündigung«. Die plakative Formel von Reinhard Höhn (den altbekannten »Dienst nach Vorschrift« modernisierend) für die mental ins Außerdienstliche emigrierten Mitarbeiter gehört mittlerweile zum Standardvokabular des Managers.

Dieses Gespenst ist alles andere als nur ein Spuk in den Hirnen jener, die Unverstandenes flink benennen oder die Abtrünnigen der Leistungsgesellschaft mit einem »Schlag«-Wort brandmarken wollen. Es treibt sein erschreckendes Spiel auch nicht allein in den zahllosen Meetings der Top-Etagen, auf Kongressen und Seminaren, wo verstanden, benannt, eingeordnet und stigmatisiert wird, was sich in die eingespielten Abläufe der Motivierungs-Systematik nicht fügen will. Führungskräfte, die oft nichts mehr zu verbinden scheint als die äußere Zeit ihres Lebens, schließen sich zusammen, das Gespenst zu verjagen. Denn es macht alle zu Verlierern: Wer an seinem Schreibtisch sitzt und von Hawaii träumt, ist weder an seinem Schreibtisch noch auf Hawaii.

Und so etwa sieht der innerlich gekündigte Mitarbeiter aus: Er hat kein Interesse mehr an Auseinandersetzungen, ist zum typischen Ja-Sager geworden. Wie ein Schrankenwärter wartet er aufs Klingeln. Er bringt keine Vorschläge mehr und nimmt Entscheidungen seines Chefs, insbesondere auch Eingriffe in seinen Kompetenzbereich nur noch mit wohldosiertem Widerstand hin. Er rückt zwar noch gelegentlich mit seiner eigenen Meinung heraus, stimmt aber eilends zu, wenn der Chef darauf beharrt, dass das Wasser den Berg hinauffließe. »Fehler vermeiden« heißt die Hauptdevise. Krankheit wird häufiger »gefeiert«. Das Interesse an Karriere ist zugunsten außerbetrieblicher Betriebsamkeit gesunken.

Bei einem Hauptabteilungsleiter klingt das so: »Ich habe meinem Chef bereits seit einiger Zeit meine innere Kündigung ausgesprochen. Ich werde die täglich anfallende Routinearbeit erledigen, mich nicht mehr aufregen, pünktlich erscheinen, vor allem aber pünktlich nach Hause gehen und mich meinem Privatleben, das heißt meiner Familie und meinen Hobbys widmen.«

Die innere Selbstpensionierung limitiert dabei nicht notwendig die Karriere. Im Gegenteil: Anstatt die Verhaltensänderung als Warnsignal zu begreifen, glauben viele Führungskräfte, sie hätten den eigensinnigen Mitarbeiter »gezähmt«, und belohnen mit der Beförderung des ehemals Unangepassten ihre *eigene* Leistung. Engagierte Kollegen lernen daraus, dass »mit halber Kraft nur das Nötigste« letztlich mehr zu erreichen ist.

Die Konsequenz für das Unternehmen ist lähmend: Der »innerbetriebliche Vorruhestand« breitet sich wie eine hochinfektiöse Krankheit aus. Ganze Firmen können sich im Bannkreis der inneren Kündigung befinden. An der Art und Weise, wie man am Empfang begrüßt wird, am Umgangston im Vorzimmer und in der Telefonzentrale, an den Gesprächen mit den Fahrern der Firmen, an der Art, wie Mitarbeiter vor Dritten über ihre Firma sprechen, an der unpersönlichen Gestaltung der Arbeitsräume, am Mangel an Beschwerden und am Mangel an Humor kann man es erkennen: »Leben nach 17.00 Uhr«.

Wie das Bonner Institut für Wirtschaft und Gesellschaft im Auftrag der Bertelsmann-Stiftung herausgefunden hat, sinkt die Arbeitsmoral vor allem der kleineren und mittleren Angestellten. In einer Umfrage stimmten 54 Prozent von insgesamt 2000 befragten Arbeitnehmern folgender Aussage zu: »Ich tue bei meiner Arbeit das, was von mir verlangt wird. Aber dass ich mich darüber hinaus noch besonders anstrengen soll, sehe ich nicht ein. So wichtig ist mir der Beruf nun auch wieder nicht.« Von den un- und angelernten Arbeitnehmern waren sogar 73 Prozent dieser Meinung. Erleichtert stellt ein Service-Blatt für Manager fest, dass zumindest die Führungskräfte nach wie vor hoch motiviert und engagiert seien: »Die Speerspitze der bundesdeutschen Wirtschaft hält also noch.«

Noch. Denn auch in den Chefbüros ist die Arbeitswelt längst nicht mehr heil. Vor allem der Führungskräfte-Nachwuchs scheint mit den traditionellen Karrierevorstellungen und Unternehmenszielen nicht mehr konfliktfrei zu leben, wie die Münchener Organisationspsychologen Lutz von Rosenstiel und Martin Stengel in einer

Studie feststellen konnten. Mit Geld und Status allein lässt sich heute kaum noch eine junge Nachwuchskraft die Lebenszeit abkaufen.

Die Datenbanken zur inneren Kündigung sind mittlerweile zum Bersten gefüllt; Angst und Schwindel erregende Zahlen innerlich ganz, halb und teilgekündigter Arbeitnehmer erzwingen förmlich das »Was tun?«. Same old story: Wenn den verstörten Zauberlehrlingen das Wasser bis zum Hals und höher steigt, rufen sie nach dem alten Hexenmeister, der die Dinge noch einmal zum Rechten wendet: Motivieren! Niemand kommt auf die Idee, dass die Mechanik der Motivierung selbst Ursache der inneren Kündigung sein könnte. Stattdessen: Neue Hochkonjunktur für »Ihr müßt die Leute richtig motivieren!« Neue Ideen, neue Tarnkappen für das verführerische Lächeln der Antreiber. Aber ganz offensichtlich greifen die angebotenen materiellen und immateriellen Anreize von Tag zu Tag kürzer. Die Verheißungen und Zumutungen der Motivierung ergeben keine ausgeglichene Bilanz mehr. Die eingespielten Gleichgewichte sind aus dem Lot geraten. *Eine* Erklärung dafür heißt: Wertewandel.

Wertewandel

Die ersten Kassandrarufe, dass der individuelle »Dienst nach Vorschrift« zu einem breiten Verweigerungstrend anwachse, erschollen schon 1975: Der amerikanische Sozialforscher Dániel Bell prognostizierte die Durchsetzung der »freizeitorientierten Schonhaltung« und eine Abwendung von Disziplin erfordernder Arbeit. Das lateinische »industria« (Fleiß) schien kein Wert mehr an sich zu sein. Insbesondere Elisabeth Noelle-Neumann legt seitdem unablässig Daten vor, die die negative Einstellung zu Arbeit und Beruf belegen sollen. Sie war es auch, die meines Wissens erstmals das vermeintliche Absinken der beruflichen Leistungsbereitschaft aus dem unternehmensinternen Bedingungsrahmen herauslöste und mit der soziologischen Kategorie des »Wertewandels« begründete.

»Wertewandel« ist ein Begriff, dessen Sinngehalt sich um so mehr verflüchtigt, je mehr man ihn zu begründen versucht. Er bezieht sich weniger auf die Werte an sich als vielmehr auf die Einstellungen der Menschen zu ihnen sowie das daraus resultierende Handeln. Die soziologische Literatur, die den Wertewandel bis in die kleinsten gesellschaftlichen Verästelungen vermessen hat, ist zwischenzeitlich unübersichtlich geworden. Entsprechend das Ergebnis: unübersichtlich.

»Die Periode, in der wir leben, ist eine Periode wachsender Unsicherheit. Alles rutscht: die moralischen Standards, die überlieferten Strukturen, die vertrauten Formen von Familien, Religion, Technik, Wirtschaft. Sogar der real existierende Wertekanon bricht zusammen. Die Welt, in deren Rahmen wir uns und die anderen verstanden haben, funktioniert nicht mehr. Die Pachtzeit ist abgelaufen, ihre Ordnung zerbröselt.« Worte des Physikers Carl Friedrich von Weizsäcker. Er steht nicht in dem Ruf, ein Pessimist zu sein.

Es ist interessant den Bewusstseinswandel seit den 50er Jahren nachzuvollziehen, um zu verstehen, wie sich die Einstellung zur Arbeit und Leistung verändert hat. Immer mehr haben sich die Grenzen zwischen Arbeit, Freizeit und Ausbildung heute verwischt. Erstrebt wird eine *neue Ganzheit,* ein ungeteiltes Leben.

Entsprechend haben sich die Schwerpunkte der sozialen Anerkennung massiv verschoben: Bis in die frühen 70erJahre entschieden darüber vor allem »Verdienst« und »Prestige«; seit Anfang der 80er Jahre kommen mehr Job-Qualität und Möglichkeiten der Selbstentfaltung hinzu. Neue Kritikfähigkeit (Bürgerinitiativen), basisdemokratische Ideen, Feminismus und Ökologiebewegung machen vor den Unternehmen nicht mehr Halt. Artikuliert wird ein neues Selbstbewusstsein, das sich nicht mehr damit begnügt, nur »dagegen« zu sein. Aber: Man sucht eine Tätigkeit, deren Zielsetzung man akzeptiert, deren Sinn man erkennen kann und die *sinnvoll* für das eigene Leben ist. So erhielt z. B. ein Rüstungskonzern auf ein chiffriertes Stellenangebot für Jung-Akademiker mehrere hundert Bewerbungen. Als er dann Kandidaten einlud und damit seine Anonymität aufgeben mußte, zeigten sich nur noch ein paar Management-Aspiranten interessiert.

Sinkende Arbeitsmoral?

Lässt sich diesen Trends ein Verfall der Leistungsbereitschaft ablauschen? Wir wissen heute mit hinreichender Sicherheit (ich folge hier weitgehend den Forschungen Helmut Klages'), dass die Leistungsbereitschaft an sich ungebrochen ist, dass lediglich das Werteverwirklichungsangebot der Arbeitswelt die gewandelten Einstellungen nicht mehr auffängt. Unternehmen, die in der Vergangenheit auf Marktveränderungen schnell und gezielt reagierten, reagieren auf veränderte Wertvorstellungen ihrer Mitarbeiter kaum oder allzu häufig sehr verzögert.

Versucht man die Umfrageergebnisse der verschiedenen Forschungsinstitute zusammenzufassen und für unser Thema zu bündeln, so wird man folgendes zur Kenntnis nehmen müssen:

- der »Beruf, der mir gefällt«, und die »Freizeitaktivität, die mir gefällt«, werden gleichermaßen aufgewertet;
- ein tendenziell wachsender Teil der Arbeitnehmer will im Beruf »mehr Verantwortung« übernehmen, wobei die »zweite Reihe« häufiger als früher bevorzugt wird;
- auf die Frage »Glauben Sie, es wäre am schönsten zu leben, ohne arbeiten zu müssen?« antworteten heute kaum mehr Menschen mit »ja« als 30 Jahre zuvor;
- Menschen sind in dem Maße signifikant zufriedener, in dem ihr Handlungsspielraum während der Arbeit wächst;
- »Arbeit, die Spaß macht«, ist für Berufstätige genauso wichtig wie ein höheres Einkommen;
- »Arbeit, die Sinn macht«, erhält eine signifikant wachsende Bedeutung gegenüber Status und Karriere.

Es ist mithin keineswegs eindeutig, dass mehr oder weniger hedonistisch gelagerte Freizeitwerte die arbeitsbezogenen Werte ersetzen. Vielmehr erwartet der einzelne Mensch verstärkt Chancen, sich selbst und sein ganzes Persönlichkeitspotential einbringen zu können, d. h. als *ganze* Person angenommen, ernst genommen, einbezogen und anerkannt zu werden.

Besonders wichtig ist dabei: Es wird kein grundsätzlicher Unterschied zwischen Arbeitssphäre und den übrigen Lebensbereichen mehr gemacht. Arbeitssphäre und Freizeitsphäre verlieren ihre Autonomie. Die Mitarbeiter sind immer weniger bereit ihre Einstellungen und Wertorientierungen morgens beim Pförtner abzugeben. Sie verlangen in zunehmendem Maße, dass sich die Unternehmenspolitik auf die veränderten Sichtweisen der Mitarbeiter einstellt.

Unverkennbar ist zum anderen, dass Freizeitideale wie Spaß, Aktiv-Sein und Selbstentfaltung das Verhalten am Arbeitsplatz mehr und mehr beeinflussen. Der Freizeitforscher Horst W. Opaschowski: »Was sich die Arbeitnehmer als ›ideales Arbeiten‹ erträumen, ist fast deckungsgleich mit dem, was viele schon in ihrer Freizeit tun und finden.«

Trotz einer zunehmenden Freizeitorientierung des Lebens findet also die vielfach befürchtete Leistungsverweigerung im Berufsleben offenbar nicht statt. Ganz im Gegenteil: Das Bedürfnis, in der Arbeit etwas zu leisten, was Sinn und Spaß macht, ist größer denn je.

Unverträglichkeiten

Unsere Überlegungen haben jetzt einen Punkt erreicht, an dem der Blick frei ist für eine Neubewertung jener massenwirksamen Neigung zur inneren Kündigung, die von vielen Beobachtern als ein Driften der gesellschaftlichen Werte in Richtung hedonistischer Freizeitorientierung interpretiert wird. Es wird deutlich, dass sich die neuen Wertorientierungen zunächst unterschiedslos auf die gesamte Umwelt, also auch auf die Arbeitssphäre richten. Sie werden aber offensichtlich von der Arbeitswelt nicht ausreichend aufgefangen, sodass die freien Energien in die Freizeit umgelenkt werden, … wo sie offenbar eher Entfaltungsmöglichkeiten finden, wie das – als ein Beleg neben vielen – z.B. die Konjunktur des »Aktiv-Urlaubs« plausibel macht. Die »subjektive Dimension der Arbeit«, von der Johannes Paul II. schon in seiner Enzyklika »Laborem Exercens« spricht, wird auf breiter Ebene entdeckt. Der Gegensatz von Arbeitswelt und Freizeitkultur befriedigt nicht mehr. Das Verständnis von Arbeit als Wirtschaftsressource *und* als Erfüllung menschlichen Gestaltungs- und Leistungswillens kommen einander wieder näher.

Das also ist der Kern des Wertewandels: eine gleichsam »unfreiwillige«, kompensatorische Werterfüllung in der Freizeit

Aber die Verfechter der Mitarbeiter-Motivierung beäugen argwöhnisch weiterhin die *Leistungs-Bereitschaft.* Die veränderten Werthaltungen werden beharrlich ignoriert. Der »faule« Mitarbeiter wird restauriert und auf seine »Motivierbarkeit« hin erforscht. »Individualisierung« der Belohnungs-Mechanik heißt die neue Masche. Einiges davon hört auf den schönen Namen »Cafeteria-System« als neue Form der Entgeltpolitik. Im Regelfall wird aber der wachsende Motivierungs-Druck mit einer entsprechenden Verfeinerung der klassischen Anreiz-Systeme (Geld und Status) beantwortet. Die »fortschrittlichen« Unternehmen hingegen starten im Sog der von Peters und Waterman ins Rollen gebrachten Corporate-Identity-Welle ganze Kaskaden von Sinnbewirtschaftungsmaßnahmen, weit davon entfernt, das Prinzip des Blendens und Bestechens auch nur einen Zentimeter zu verlassen. Die Geste des Verführens bleibt erhalten. Der Geist der Motivierung lässt weiterhin die Fahnen der Incentives flattern. Ein wirkliches Ernstnehmen des Mitarbeiters findet nicht statt.

Und kaum jemand kommt auf die so nahe liegende Idee, dass es möglicherweise die Motivierung selbst ist, die das Gespenst der inneren Kündigung unablässig wieder belebt; dass die heimliche Illoyalität gerade Wirkung und Ergebnis der Motivierungs-Praxis sein könnte. Meine These: *Die Motivierung ist die massenhafte Verführung zur inneren Kündigung.*

Der kurze Hebel der Motivierung

In der Praxis ist allenthalben zu beobachten, dass dort, wo motiviert werden muss, es ohnehin oft zu spät ist. Den »Abgestellten« wieder zu einem »Angestellten« zu machen ist ein überaus schwieriges Geschäft. »Grundlegende Demotivation«, so führt der Management-Trainer und Jesuitenpater Rupert Lay aus, »kann nicht durch Motivation kompensiert oder gar vollständig geheilt werden.« Wo aber den Hebel ansetzen? *Fast alle Motivierungstechnik hebelt in der Arbeitssphäre.* Aber selbst wenn alle Bedingungen am Arbeitsplatz so optimal wie möglich gestaltet werden können, so ist allenfalls die notwendige Voraussetzung erfüllt, nicht die hinreichende. Denn es wird schlicht übersehen, dass die Motivation der Mitarbeiter sich aus einer Fülle von Einflüssen, unterschiedlichen Umständen und Gegebenheiten speist, die zum weitaus größten Teil außerhalb der Arbeitssphäre liegen. Ein kurzer Hebel also.

Die Arbeitssituation des Mitarbeiters ist mit den Elementen Aufgabeninhalte, Organisationsstruktur, Budgets, Informationsdichte und Führung für den Vorgesetzten noch einigermaßen steuerbar. Aber schon hier wird die mögliche Einflussnahme kompliziert, weil, wie wir heute wissen, vor allem bei längerfristigen Erwartungsenttäuschungen von Gruppen-Demotivationen ausgegangen werden muss. Gemeint sind hier breit streuende Demotivationslagen, die über formelle und informelle Kommunikationswege gruppenbildende Einstellungen und Haltungen prägen. Die berüchtigten »Jammerzirkel« sind die bekanntesten Phänomene dieses Typs mit hoher Infektionsdynamik.

Es bleibt aufzuzeigen, welche engen Grenzen die verbleibenden Einflusssphären den Motivierungs-Versuchen setzen.

Das Individuum

Die Analyse der menschlichen Leistungsmotivation und deren Einfluss auf Entscheidungen haben die Organisationstheoretiker ebenso beschäftigt wie die Philosophen und Psychologen. Dass Handlungsmotive nicht reduziert werden können auf bloß äußere Motive, dass insbesondere rein ökonomische Motive sich zur Erklärung menschlicher Handlungsweisen als völlig unzulänglich erwiesen haben, gehört dabei zu den Konstanten der gesamten Organisationstheorie seit den 30er Jahren. Die häufig losgelöste Behandlung der diese Aspekte berührenden Fragen (insbesondere auch die Isolierung und Bevorzugung des ökonomischen Faktors) beruht auf tradierten philosophischen Vorurteilen.

Man geht heute relativ übereinstimmend davon aus, dass bei Handlungsentscheidungen ethische, psychosoziale und wirtschaftliche Aspekte miteinander verknüpft werden; und zwar auf jeweils sehr individuelle Weise und situativ z. T. außerordentlich unterschiedlich. House/Wigdor wiesen schon 1967 anhand von fünfzig Studien nach, dass die Auffassung, die Herzbergschen »Motivatoren« führten zu immer höherer Leistung, nicht gültig ist, sondern dass situative Variablen hierbei eine wesentliche Rolle spielen. Daraus erwächst für die Motivierungs-Anhänger unter den Führungskräften das Problem, die Motivationslage jedes einzelnen Mitarbeiters genau zu erforschen, etwaige mittelfristige Verschiebungen zu beobachten und sogar situationsbedingte Verwerfungen mit entsprechenden »Gegenmaßnahmen« aufzufangen. Und in der Tat wird in der einschlägigen Literatur verstärkt die Individualisierung der Anreizsysteme gefordert, wird das einfühlsame Aufgreifen der je spezifischen Motivationslage des Mitarbeiters zur Kardinaltugend der Führungskraft erkoren.

»Unmöglich!«, höre ich die Mehrzahl der Vorgesetzten rufen, »dazu müssten wir alle noch Psychologie studieren und zudem einen 25-Stunden-Tag haben.« So rettet man sich in die Lektüre der regelmäßig veröffentlichten Forschungsberichte zur *allgemeinen* Motivationslage. Je nach Forschungsrichtung beweist dann die eine Erhebung beharrlich die materielle Orientierung der Arbeitnehmer, während die andere das Zeitalter der leistungsscheuen Genusssucht heraufdämmern sieht. Es werden Fragen gestellt wie etwa: »Wenn Sie die Wahl hätten zwischen mehr Freizeit (bei gleichem Gehalt) oder mehr Gehalt (bei gleicher Freizeit), welche Wahl würden Sie treffen?« Heraus kommen dann irgendwelche Prozentsätze, die vorgeblich die allgemeine Motivationslage der Mitarbeiter hinreichend sicher beschreiben. Da werden »Typen« identifiziert, Mischformen von Typen, differenziert nach Alter und Geschlecht, und Mischformen der Mischformen; was dem einen wichtig ist, gilt dem anderen nichts; die allgemeine »Leute-abholen-wo-sie-stehen«-Praxis kurvt führerlos von einem Motivierungsansatz zum anderen. Was noch nicht in die Mühle der totalen Individualisierung geraten ist, wird dankbar aufgegriffen und zu Schlussfolgerungen verdichtet, die genaue Handlungsanweisungen für die Motivierungsmechanik liefern sollen.

Natürlich wissen die Forscher um die Unschärfe ihrer Erhebungen. Die Führungskräfte, denen die Ergebnisse ja Handlungsorientierungen geben sollen, blenden diese Relativierungen jedoch zumeist aus und nehmen das Ergebnis als »Wahrheit« an. Nun ist aber der Soziodiagnostik seit einiger Zeit bekannt, dass die handlungs-erklärenden (*nach* der Handlung benannten) Motive nicht notwendig auch die handlungs-steuernden (*vor* der Handlung wirksamen) Motive sind. Erklärungen – so weiß man auch – sind späte Rationalisierungen meist unbewusster Entscheidungsprozesse, die zudem sich mit der Üblichkeit zu harmonisieren versuchen. Die eigentlich handlungssteuernden Motive bleiben weitgehend im Dunkeln.

Besonders deutlich wurde das in den letzten Jahren bei dem Versuch der Sportverbände, Menschen über das Gesundheitsversprechen zum Sport zu locken. Die Bemühungen und Kampagnen waren ein Fehlschlag: Eine bewegungslos rauchende Gesellschaft stand ob so viel »fürsorglicher Belagerung« betreten da, hustete und wechselte das Thema. Fragt man jedoch Sport-Einsteiger nach den Motiven ihres Tuns, dann rangiert »weil Sport *gesund* ist« mit Nennungen zwischen 80 und 90 Prozent regelmäßig an erster Stelle. (In der Kampagne »Sport ist im Verein am schönsten« ab 1990 wurde dann ein ganzes Motivbündel angesprochen.)

Vorsicht ist also geboten, will man aus den regelmäßigen Veröffentlichungen zur »Motivlage der Nation« weitreichende Schlüsse ziehen. Sie liefern Hinweise, mehr nicht. Festzuhalten bleibt, dass die intrapsychischen Ursachen der Entscheidungsfindung außerordentlich komplex sind und sich – wie Hawthorne in den 30er Jahren schon für Western Electric nachwies – zu einem erheblichen Prozentsatz unberechenbar-spontan artikulieren. Die Führungskraft, die nach dem Motto »alle wollen nur das eine« eine Motivierungspraxis unterschiedslos für alle Mitarbeiter gleichermaßen exekutiert, hat mithin zwangsläufig für viele Fische den falschen Köder aufgezogen.

Jene Führungskraft aber, die sich psychologisch sensibel in die (je wechselnden) Motivationen ihrer Mitarbeiter hineinfühlt, wird nicht nur einen erheblichen Zeitaufwand betreiben müssen. (Das wäre noch zu legitimieren, wenngleich bei tendenziell sich verbreiternden Führungsspannen das Problem wächst.) Sie wird auch – nach allem, was wir heute über die Psychodynamik der Menschen wissen – in der Mehrzahl mit einer großen Unschärfe ihrer Analyse zu rechnen haben, die noch durch die ebenso nahe liegende wie gefährliche Projektion der eigenen Bedürfnisse auf den Mitarbeiter weiter verstärkt wird.

Wen kann es also wundern, wenn Mitarbeiter aufgrund unterschiedlicher Motivationsstrukturen nicht in gleicher Weise auf die Kanalisierungsinstrumente des Unternehmens reagieren? Alle Formen des Rückzugsverhaltens sowie eine ausgeprägte Suchneigung sind die kostspieligen Folgen eines individuell als »unpassend« empfundenen Motivierungs-Systems. Wer hier hebeln will, muss mithin der völligen Individualisierung der Leistungsanreize das Wort reden. Zeitsparend ist das nicht. Ob es funktioniert, steht dahin.

Die Familie

Ein weiterer die Leistungsmotivation des Mitarbeiters beeinflussender Bereich ist zweifellos die Familie. Nach einer Anfang der 90er Jahre von der Psychologen-Vereinigung in Ohio veröffentlichten Untersuchung gaben 42 Prozent der befragten Angestellten »Schwierigkeiten mit dem Partner« als wichtigste Produktivitätsbremse an. Auch die Wertschätzung, die die Familienmitglieder dem Beruf, der Firma und dem Arbeitseinsatz (als Abwesenheit von der Familie) entgegenbringen, ist von hoher Bedeutung für das Selbstwertgefühl.

Die Motive, die die Mitarbeiter zur Mitarbeit im Betrieb veranlassen, werden letztlich weder vom Betrieb bewirkt, noch beziehen sie sich auf ihn. Sie werden von anderen Institutionen vorgegeben, zu ganz wesentlichen Teilen von der Familie. Hier wird die Motivausstattung entwickelt, die in das Unternehmen mitgebracht wird. Und hier wirken auch die Sanktionsmechanismen mit unverdeckter Schärfe. Diese Sanktionen können im Wertebereich greifen, wo etwa die Arbeit in der Nuklearwirtschaft auf massiven familieninternen

Protest stößt. In anderen Fällen, etwa bei (vordergründig) hochethischen Tätigkeitsfeldern, erfährt die Arbeit volle Unterstützung. Diese Sanktionen können sich jedoch auch schlicht auf den rein quantitativen Umfang der Arbeit bzw. die arbeitsmarktkonformen Mobilitätserfordernisse der Lebensführung beziehen, die den Vater zum kaum noch wiedererkannten »fremden Onkel« werden lassen und dadurch die Stabilität des Familienzusammenhalts gefährden.

Die Unternehmen schenken daher dem familiären Umfeld ihrer Mitarbeiter verstärkt Beachtung. (Bekannt ist das unvermeidliche Familienfoto auf amerikanischen Chef-Schreibtischen, das selbst nach lange zurückliegender Trennung die Fassade aufrechterhält.) Die Ehepartner werden verstärkt in das Berufsleben einbezogen. Ihnen soll »das Gefühl vermittelt werden«, dass das Unternehmen auch an sie denkt (es denkt natürlich nur mittelbar an sie, gleichsam als unvermeidbares Übel; Ziel des Ganzen ist die Leistungssteigerung und Bindung des Mitarbeiters). Die Hebel-Möglichkeiten, der potentiellen Bremsenergie des Ehepartners entgegenzuwirken, sind bekannt: Gutscheine für ein Essen zu zweit, Familienprogramme, Incentive-Reisen, Einbeziehung auf Betriebsfesten bis hin zur Unternehmenskultur als PR-Kampagne. Ehefrauen werden Weiterbildungsangebote gemacht. Das Motto dazu: »Der Erfolg macht nicht glücklich, aber der Glückliche ist erfolgreich.«

Das gesellschaftliche Umfeld

Die individuelle Psychodynamik mit ihren Bedürfnissen, Wünschen und Erwartungen ist ebenso wie der familiäre Hintergrund eingebettet in einen gesamtgesellschaftlichen Rahmen, der der »Motivierbarkeit« von Mitarbeitern mehr und mehr Grenzen setzt. Eine nüchterne Analyse dieser außerbetrieblichen Einflusssphäre hat von folgenden Überlegungen auszugehen:

- Zwar scheint sich das Primat des Politischen über das Ökonomische kaum mehr behaupten zu können; andererseits aber wird die Wirtschaft über viele Kanäle an die Gesellschaft zurückverpflichtet.

Wer hier hebeln will, muss wissen: Die legitimen Ansprüche der Öffentlichkeit an die umfassende Verantwortung wirtschaftlichen Handelns werden von immer mehr Mitarbeitern geteilt. Schon dadurch wird das Leben im Unternehmen politisiert, wertbezogen, mindestens in dem Sinne, dass die Skrupel (z. B. bei umweltbelastenden Produktionsverfahren, ökologisch fragwürdigen Produkten, Nichtberücksichtigung kommunaler Bedürfnisse) eher wachsen werden.

Ein schlechter Ruf des Unternehmens ist ein kaum zu überschätzender (und kaum »auszuhebelnder«) Wettbewerbsnachteil im Wettlauf um die Zustimmung der eigenen Belegschaft. Da hilft auch keine Firmenphilosophie auf Hochglanzpapier. Aber auch in dem sich abzeichnenden Kampf um die Besten der Jahrgänge wird für ein Unternehmen die öffentliche Zustimmung im umgebenden Meinungsklima grundsätzlich immer wichtiger. Der Wunsch nach einem Leben, das für Beruf und Freizeit dieselben Wertorientierungen verbindlich werden lässt, wird für immer mehr (v. a. junge) Menschen zur handlungsleitenden Zielidee. Die Mitarbeiter lassen ihre Einstellungen nicht mehr vor den Toren des Unternehmens.

Und gegen diese Einstellungen zu motivieren ist ein wenig taugliches Unterfangen, jedenfalls langfristig. Aber auch schon kurz- und mittelfristig produziert es einen lähmenden Wertkonflikt und verhindert, was für wirklich erfolgreiche Arbeit die einzig hinreichende Voraussetzung ist: *Begeisterung.*

• Diese oben genannte Entwicklung ist richtungsgleich mit einem Phänomen, das mit »neuer Kritikfähigkeit« sicher nicht unzutreffend bezeichnet ist. Auf einem Brüsseler Symposium mit Spitzenkräften europäischer Unternehmungen zum Thema »Der Manager des Jahres 2000« wurde diese neue Kritikfähigkeit von unten so beschrieben: »Früher ging es zu wie in der Armee, wo es hieß: Den Hügel einnehmen! Der Mitarbeiter der Zukunft wird sagen: Eine Sekunde bitte! Warum diesen Hügel?« Gute Gründe wird sich der Vorgesetzte einfallen lassen müssen, um seine Zielvorgabe zu begründen.

Die heutigen Arbeitnehmer sind in relativem Wohlstand aufgewachsen und haben eine weitaus bessere Bildung genossen als die Generationen zuvor. Veränderte Sozialisationsbedingungen kommen hinzu, immer mehr junge Menschen wachsen bei nur einem Elternteil auf, als Einzelkinder mit einem hohen Maß an Eigenverantwortung und einer ausgeprägten Individualstruktur. Die rasante technologische Entwicklung hat mit ihren vielfältigen beruflichen Anforderungen dazu geführt, dass die jungen Menschen zu oft hoch qualifizierten Spezialisten ausgebildet werden (was insbesondere viele ältere Manager vor verständliche Probleme stellt).

Und Wohlstand wie Bildung verändern die Einstellung, machen kritikfähiger. Für die hier in Rede stehenden Zusammenhänge ist es wichtig, dass aus dieser Konstellation sich ein besonderes Interesse an Ehrlichkeit, Glaubwürdigkeit und stabiler Partizipation ergibt. Glaubwürdigkeit, Authentizität und menschliche Integrität sind heute die vor allem von jüngeren Arbeitnehmern meistgesuchten Persönlichkeitseigenschaften. Ein Blick auf die Gerontokratie vieler Chefetagen macht die Sprengkraft dieser Wertedynamik deutlich: Diesem neuen Anspruch sind heute nur wenige Topmanager gewachsen.

Ich sehe nicht, wo am kritisch wachen Bewusstsein der jüngeren Generationen der Hebel der Motivierung langfristig erfolgreich anzusetzen wäre. Insbesondere dann nicht, wenn Unglaubwürdigkeit, mangelnde soziale Sensibilität und Feldherrenpose die Chefetage regieren. Nebelwerfen hilft da nur vorübergehend. Keine Winkelzügigkeit, keine Falschheit und kein hohles Pathos entgehen dem geübten Blick der jungen Individualisten. Und gerade die Besten, die »high potentials« unter ihnen, kann man nicht ködern, kann man nicht verführen. Sie wollen ernst genommen werden.

Die Zahlen zur Bevölkerungsentwicklung sind unmissverständlich: Es wird immer weniger junge Menschen geben. Schon jetzt sind die Geschäftsberichte großer Konzerne voll der Klagen, dass viele Stellen qualitativ nicht mehr wunschgemäß besetzt werden können. Unter dem demographischen Diktat der Knappheit ist es fahrlässig, diese wenigen nicht ernst zu nehmen. Der Wettlauf um die wenigen Guten kann sonst nur verloren werden.

Dass aber überhaupt gehebelt wird – das ist eine Frage des Menschenbildes.

Verdacht als Unternehmenskultur

Ein Problem definieren heißt ein Problem konstruieren. An den folgenden Problem-Konstruktionen kann der Leser seine persönlichen Reaktionen überprüfen und die Folgerungen erkennen. Das Problem heißt: »Menschen tun freiwillig nicht das, was sie tun sollen.«

1. »Der Mensch hat eine angeborene Abneigung gegen Arbeit und versucht ihr aus dem Weg zu gehen, wo immer er kann. Er sucht Lust ohne Anstrengung. Deshalb muss der Mensch unter Druck, Zwang, Strafandrohung und Kontrolle dazu gebracht werden, seinen Beitrag zur Erreichung der Organisationsziele zu leisten.« – Solange das Problem so »konstruiert« wurde, musste man den Hebel beim Mitarbeiter ansetzen und ihn zur Arbeit »anreizen«. Das Unternehmen hatte nur insofern ein Problem, als es sich die Mitarbeiter gefügig machen musste.

Später wurde das Problem umformuliert und konstruiert als eines, das durch den hedonistischen Zeitgeist geschaffen wurde: »Die Leistungsfreude stirbt aus!« Nun sah sich das Unternehmen nur insoweit in der Verantwortung, als es alle seine Anstrengungen auf die heldenhafte Aufgabe richtete, den Mitarbeitern ein entschiedenes »Nein« zum Zeitgeist beizubringen bzw. den Geist der Zeit selbst durch allerlei PR-Arbeit zu beeinflussen.

2. Das Problem kann aber auch wie folgt beschrieben werden: »Der körperliche und geistige Einsatz in der Arbeit ist für den Menschen ebenso natürlich wie Spiel und Ruhe. Wenn der Mensch Sinn in seiner Arbeit sieht, wenn die Ziele seiner Arbeit auch ›seine‹ Ziele sind, dann ist er bereit von sich aus Leistungen zu vollbringen und sich selbst zu kontrollieren. Unter geeigneten Rahmenbedingungen ist der Mensch nicht nur bereit Verantwortung zu übernehmen, sondern er sucht sie sogar. Scheu vor Verantwortung ist nicht angeboren, sondern die Folge negativer Erfahrung. Der Mensch ist von

Natur aus erfinderisch und kreativ, wenn man ihn nur lässt. Diese Potentiale werden jedoch am Arbeitsplatz kaum gefordert und genutzt.«

Jede dieser Problemformulierungen ergibt ein Bild, das man mag oder nicht – entsprechend dem eigenen Bewertungssystem. Die negativ belegte Problem-Konstruktion wird rasch zurückgewiesen, aber in der Regel nicht durch ein Menschenbild begründet, sondern durch Rückgriff auf wissenschaftliche Beweise, wie »wissenschaftlich« der Beweis auch immer sein mag.

Die zentrale Frage

Eine ähnliche Problem-Konstruktion steht im Hintergrund der Motivierung. Die zentrale Frage der Führungskraft lautet nämlich: *Wie bekomme ich die **ganze** Arbeitskraft meiner Mitarbeiter?*

Diese Frage beinhaltet unausgesprochen eine Voraussetzung: Die Mitarbeiter leisten aus sich heraus nicht das, was sie sollen, wozu sie sich vertraglich vereinbart haben und wofür sie bezahlt werden. Anthropologisch gewendet: Eigentlich wollen Menschen nicht arbeiten, nicht leisten; sie suchen nach Lust ohne Anstrengung, nach Entspannung statt nach Spannung im Leben.

Um es schärfer zu formulieren: Eigentlich – so die implizite Annahme – sind tendenziell alle Mitarbeiter *Betrüger.* Sie betrügen den Arbeitgeber um einen Teil der Arbeitskraft, die er bezahlt.

Ich glaubte kaum, dass das jemand in dieser Zuspitzung behaupten wollte – und wurde doch vom Altmeister der Management-Theorie eines Schlechteren belehrt: »Wenn Sie Chef sind, ist Ihr Mitarbeiter darauf aus, Sie zu betrügen«, ließ sich Peter F. Drucker vernehmen – entweder seine eigenen Erfahrungen projizierend oder sich wenig mühend genauer hinzusehen.

»Manche haben anderen das Betrügen beigebracht, weil sie fürchteten betrogen zu werden«, wusste schon Seneca. Projektion: Misstrauisch sind vor allem jene, die enttäuscht wurden, denen das Leben übel mitspielte. Misstrauen ist die Intelligenz der Benachteiligten. Und schon in den 50er Jahren wies Morton Deutsch nach, dass ein Vorgesetzter nur dann dazu neigt, seinen Mitarbeitern zu misstrauen, wenn er sich selbst misstraut: Ein Chef, der sich selbst verdächtigt, wird entsprechende Erwartungen hegen und damit den Teufelskreis »Misstrauen – Kontrolle – Kontrollumgehung – Misstrauen« in Gang setzen. Peter F. Drucker kommt wohl nicht auf die Idee, den Beitrag der Führungskraft am Verhalten des Mitarbeiters in Rechnung zu stellen.

Aber das ist doch die eigentlich interessante Frage: *Was trägt die Führungskraft dazu bei, dass sich der Mitarbeiter so verhält, wie er sich verhält?*

Der Ursprung der Motivierung

Damit also ist der Ursprung aller Motivierung identifiziert: *Ursprung aller Motivierung ist eine behauptete oder beobachtete Lücke zwischen tatsächlicher und möglicher Arbeitsleistung.*

Die zur Schließung dieser Lücke erfundene Motivierung stellt damit ein Handeln dar, dessen axiomatische Basis unübersehbar Verdacht und Misstrauen sind.

Das System der Motivierung ist *methodisiertes Misstrauen.*

Geröllhalde des Misstrauens

Spätestens an diesem Punkt der Überlegung wird deutlich (und das gilt auch für dieses Buch!), dass alle Rede über Motivation immer das jeweilige Menschenbild des Redners (zumeist unausgesprochen) mittransportiert, jenes Gemenge aus anthropologischen Grundannahmen, individuellen Erfahrungen und Zeitgeist, welches die persönlich und historisch unterschiedlichen Variationen des Themas bedingt. Über Motivation zu diskutieren heißt geradezu Menschenbilder zu diskutieren.

Pessimistische zumeist: Eine Studie des österreichischen Unternehmensberaters Christian Freilinger zeigt, dass die Mehrzahl der befragten 400 Führungskräfte selbst ihre engsten Mitarbeiter als arbeitsscheu, nur durch materielle Anreize angetrieben und Kontrollen diszipliniert einstuften. Interessanterweise bewerteten die meisten Führungskräfte ihre eigene Leistungsbereitschaft aber um ein Vielfaches höher.

Dieses Ergebnis korreliert in hohem Maße mit einer umfangreichen Studie (Haire 1968), die bei 3641 Managern aus 14 Ländern »a basic lack of confidence in others« feststellte. Das Vertrauen in die Leistungsbereitschaft und -fähigkeit der Mitarbeiter ist danach bei Managern aller Nationalitäten vergleichsweise gering ausgeprägt. Hingegen gehen Manager – sofern sie selbst Untergebene sind – in ihren eigenen Beziehungen zu übergeordneten Vorgesetzten vom Gleichheitsprinzip aus. Zu nicht geringen Teilen schätzen sie sich sogar hinsichtlich Kreativität, Flexibilität und Innovationsbereitschaft ihren Vorgesetzten gegenüber überlegen ein. Diese Auffassungen scheinen sich in den letzten Jahren trotz rapiden gesellschaftlichen Wandels nur wenig geändert zu haben (vgl. für die Bundesrepublik Witte 1980).

Ich kann eine Erfahrung aus vielen Seminaren und Management-Kongressen anfügen: Die Frage »Mit wie viel Prozent Ihrer möglichen Arbeitsleistung tun Sie Ihren Job?« beantworteten Führungskräfte aller (!) Hierarchieebenen unterschiedslos mit annähernd 100 Prozent. Das heißt: Selbstbild und Fremdbild klaffen ganz offensichtlich auseinander. – Auf die Frage »Wie möchten Sie von Ihrem Vorgesetzten motiviert werden?« reagieren Führungskräfte ebenfalls nahezu ausnahmslos ablehnend, halten bezeichnenderweise aber die Motivierung ihrer Mitarbeiter für unabdingbar – eine einigermaßen groteske Haltung, berücksichtigt man, dass fast alle Führungskräfte gleichzeitig auch wieder Mitarbeiter sind.

»Der Produktionsfaktor Mensch muss auf Trab gebracht werden«, sagte Wolfgang Röller, ehemals Chef der Dresdner Bank. Wer bringt Wolfgang Röller auf Trab? – Der Verdacht schielt offensichtlich immer von der Hierarchie hinab – nach »unten«, wo die Leistungsverweigerer, die Selbstpensionierten sitzen. Eine absurde Geröllhalde des Misstrauens.

Verdacht als Unternehmenskultur

Hier deutet sich schon zweierlei an. Erstens: Zum Motivieren gehört wesenhaft, dass es asymmetrisch, also von oben nach unten angewendet wird. Zweitens: Es offenbart sich die immanente Zweideutigkeit der Motivierung, die ihrerseits nur plausibel wird, wenn sie mit einem Bein auf der Seite des Leidens steht, gegen das sie zu kämpfen scheint.

Die Wirkungen auf die Kultur eines Unternehmens sind unübersehbar. So bilden die Dienstleistungen des Misstrauens beinahe das allein gültige, konkurrenzlose Angebot, das heute allem Miteinander im Unternehmen aufgenötigt wird. Selbst da, wo von einem Experten-Team ein Transparenz gewährleistendes MbO-Führungssystem eingeführt, die MbO-»Philosophie« auf vielen Seminaren als ebenso ethisch überzeugend wie ziel- und steuerungsbezogen funktional ausgewiesen wird, selbst da wird dennoch unverdrossen weiter-»gelockt« und weiter-»verführt«. Warum? Doch wohl nur, weil Misstrauen das Verhältnis der Führung zu den Geführten nach wie vor beherrscht. Das Ergebnis: eine Verdachts-Organisation.

Ich wurde Zeuge eines Gesprächs zwischen den Topmanagern einer Vertriebsorganisation, bei der ein Bereichsleiter äußerte: »Man müsste dem Außendienst mal so richtig in den … treten.« Das alles eher flüsternd. Wie ohnehin der Flüsterton offenbar der Komment der Motivierung ist. Vieles darf man nicht laut sagen. Das Wort »Antreiben« in Zimmerlautstärke? Im Kreise von Führungskräften wirft man sich oftmals Blicke stillen Einverständnisses zu, wenn Meinungen geäußert werden, Mitarbeiter seien im allgemeinen antriebsschwach und initiativescheu (wobei man nicht erkennt, dass die alltäglichen, scheinbaren Bestätigungen dieses Menschenbildes zum guten Teil auf »Self-fulfilling-prophecy«-Effekte zurückzuführen sind).

Noch einmal »self-fulfilling prophecy«: Misstrauen, so der Bielefelder Soziologe Niklas Luhmann, besitzt die unabweisbare Tendenz, sich im sozialen Miteinander zu bestätigen und zu verstärken. Wenn ich misstrauisch bin, wird es sich bewahrheiten. Das daraus resultierende Kontrollsystem funktioniert aber nur so lange, bis Wege gefunden werden, die Kontrolle zu umgehen. Im Spanischen sagt man: »Pensar la ley, pensar la trampa.« (Das Gesetz erfassen heißt seine Lücken zu entdecken.) Und Robert K. Merton sekundiert: »Misstrauische Vorgesetzte werden es immer erleben, dass Mitarbeiter das Misstrauen durch ihr Verhalten nachträglich rechtfertigen.« Wenn Führungskräfte ihre Mitarbeiter für dumm, antriebslos und unselbstständig halten, dann verhalten sich diese auch so. Mindestens aber lassen die Wahrnehmungsfilter gar kein anderes Urteil zu.

Es offenbart sich die für die Motivierung so typische Doppelung der Tendenzen, einerseits die Schließung der Motivations-Lücke zu begehren, andererseits zu hintertreiben, weil man erwartet von einem fremden Willen getäuscht zu werden.

Man spricht ja auch von »Kontroll-Spannen«. Im Dunstkreis der Motivierung ist diese Wortschöpfung denn auch sinnvoll und stimmig, weil eine auf Verdacht aufgebaute Unternehmenskultur ein entsprechendes Kontroll-Verhältnis zwischen Chef und Mitarbeiter definiert. Im Zeichen immer flacherer Hierarchiepyramiden muss sich das Wort »Kontrolle« aber wohl von der »Spanne« lösen und durch die »Vertrauensspanne« ersetzt werden. Vergleichbare Organisationen – Orchester, Kirchen, Krankenhäuser, Partnerunternehmen – funktionieren trotz oft extrem hoher »Vertrauensspannen«, weil die Grundwerte bekannt sind und gelebt werden. Nötig sind also klare Grundsätze, von denen die Mitarbeiter Detailentscheidungen ableiten können. Das heißt: Je flacher die Organisation, desto wichtiger ist eine auf Vertrauen gebaute Unternehmenskultur.

Dem pessimistischen Menschenbild aber entspricht, dass die losgelassene Menschennatur hier und jetzt keinen Optimismus, kein Vertrauen verdiene. Dieses Denken gibt sich hierin positivistisch. Es erklärt sich mit Erfahrung. Betrüger werden als Beleg dafür angeführt, wohin man kommt, wenn man sentimental wird und »modischen Ideologien« nachgibt. Ohne zunächst nach den Zusammenhängen zu fragen oder gar die Selbstbezüglichkeit der Phänomene zu sehen, registriert es, dass Menschen sich oft genug vereinbarungswidrig, habgierig und gemeinschaftsfeindlich verhalten. Ja, darum war und ist für die konservative Managementlehre das missbrauchte Vertrauen so überaus wichtig – weil es den schlagenden Beweis für eine pessimistische Menschenauffassung liefert, die ihrerseits die Basis für autoritäre Reglementierung oder verführende Motivierung bildet.

Es »gibt« aus dieser Sicht also bereits Betrüger, Antriebslose und Leistungsverweigerer von Natur aus – genau wie es Bäume, Tiere und Sterne gibt. Dieses Denken ignoriert, wie der Mensch *wird*, was er sozial *ist*. Das tatsächliche Vorkommen von betrügerischen, gierigen, antriebslosen Menschen beweist aber über deren Wesen noch gar nichts. Die Universalität eines Phänomens ist grundsätzlich kein Beweis, dass es z. B. eine genetische Basis gibt – wie es auch kein Beweis gegen eine genetische Basis ist, wenn hier und da eine Ausnahme in der scheinbar universellen Regel gefunden würde. Denn gewissermaßen einprogrammiert ist dem Menschen kein Verhalten. Angeboren ist immer nur eine »Blaupause«. Damit aus ihr ein Merkmal wird, müssen zu bestimmten Zeiten bestimmte Umweltfaktoren gegeben sein. Dieses Denken ignoriert, dass sich über die hochvernetzten Prozesse die misstrauische Prognose *immer* selbst erfüllt. Und es ignoriert vor allem den eigenen Anteil am Stein des Anstoßes: Die »Motivations-Lücke« wird von einer »behaupteten« zur »beobachteten«.

Die Folge dieses Denkens ist in vielen Unternehmen eine Verdachtskultur, in der das Misstrauen stets sprungbereit lauert. Ein Klima, das Verantwortung oligopolisiert und dadurch Initiative und Ideenentfaltung lähmt, in dem schlechtes Informationsverhalten, einsame Entscheidungen und Cliquenwirtschaft die Tagesordnung bestimmen, in dem alles geregelt und – immerzu (und gerade deshalb!) – motiviert wird. Die *misstrauische* Führungskraft wird flugs zur *leistungsorientierten* umgelogen. Und es entsteht ein für heutige Unternehmen charakteristisches Zwielicht, der allseitige Betrugsverdacht, Misstrauen als Prinzip, wenn Führungskräfte ihren eigenen möglichen Betrug projizieren, weil sie sich selbst nicht trauen, auch anderen nicht trauen; kurzum jene Lage, in der Betrüger Betrüger Betrüger nennen.

Was bleibt übrig? Die Doktrin des Verdachts. Sie geht davon aus, dass Leute ihren Job grundsätzlich nicht gerne tun, sondern besonders angestachelt werden müssen, damit sie ihn überhaupt tun. Schon diese Unterstellung ist die Ouvertüre für die unendliche Kette der Bestätigungen, die die self-fulfilling prophecy hervorbringt. Eine Bestätigung ist die tatsächliche Anwesenheit lustloser, innerlich gekündigter »Abgestellter«. Bei ihnen geht man nicht davon aus, dass sie eigentlich leistungsbereit sind, aber *aus Gründen* demotiviert sind. Sondern man unterstellt genau umgekehrt, dass sie grundsätzlich nicht gerne arbeiten und man ihnen zusätzliche Gründe liefern muss, damit sie überhaupt ... Eine Glaubensfrage? Ich denke, es gibt gute Gründe anzunehmen, dass die erste, optimistische Überlegung problematisch ist, Schwächen hat und eine auf ihr gründende Unternehmenskultur unvollkommen bleibt. Ein Unternehmen, das auf die zweite Annahme baut, steht aber auf dem Flugsand einer unlösbaren Paradoxie. Das funktioniert niemals. In einer Führungslehre, die mehrere Auflagen erlebte, heißt es entsprechend, von jedem Zweifel ungetrübt: »Motivierte Mitarbeiter sind das Ergebnis, nicht der Ausgangspunkt des Führungshandelns.« Nein! Ich werde zeigen, dass vielmehr motivierte Mitarbeiter der Ausgangspunkt, demotivierte Mitarbeiter das Ergebnis dieses Denkens sind. In einem Wort: *Alles Motivieren ist Demotivieren.*

Modelle, Theorien

Es geht mir hier um die *Wirkung* der Motivierung. Für dieses Vorhaben ist es völlig unnötig, sich im Dickicht der pseudorationalen Motivationstheorien zu verirren. Sie kommen und gehen – sind so vergänglich wie nahezu jede Modell-Bildung im Management. Calzaferri hat das verwirrend-erheiternd so ausgedrückt: »Wir arbeiten in Strukturen von gestern mit Methoden von heute an Problemen von morgen vorwiegend mit Menschen, die in den Kulturen von vorgestern die Strukturen von gestern gebaut haben und das Übermorgen innerhalb der Unternehmung nicht mehr erleben werden.«

Ob man nun zwischen »Motivatoren« und den »Hygienefaktoren«, der sprachschöpferischen Großtat Frederick Herzbergs, mühsam differenziert, ob man die Angemessenheit von Theorie »X« oder Theorie »Y« (McGregor) bzw. Theorie »Z« (Ouchi) wieder zu beleben sucht, ob man auf einem zur Karikatur verkürzten Abraham H. Maslow (der Mensch als hierarchisch gestaffeltes Bedürfnisbündel!) die abenteuerlichsten Bedürfnis-Befriedigungs-Konstruktionen sattelt – das scheint mir, was die Logik der Motivierung angeht, einigermaßen gleichgültig. (Wobei die nach Maslow benannte Pyramide trotz wissenschaftlich längst erwiesener Unhaltbarkeit auch heute noch von Beratern weltweit als Schlüssel zur Mitarbeiter-Motivierung zelebriert wird, wohl auch, weil sie so »schön plausibel« und der Hierarchiepyramide der Organisationen so ähnlich ist. Es wäre in diesem Zusammenhang interessant zu untersuchen, inwieweit dieses Modell die herrschende Auffassung von der ganz-obenstehenden, selbstentfalteten und motivierten Führungskraft und der antriebslosen, auf niedriger Bedürfnisebene vegetierenden und also zu motivierenden Mitarbeiterschaft geprägt hat.)

Auch wenn man neuerdings die »Erwartungs-Wert-Theorie« der Verhaltenswissenschaft bevorzugt: die unendlichen Variationen der

Motivierungs-Lehre, die alle nichts Neues unter der kalten Sonne der Verführungs-Technik bringen, scheinen auf Paul Feyerabends Wissenschaftsauffassung hinauszulaufen: Anything goes. Alle sind durch ein hohes Maß an Beliebigkeit und Willkür gekennzeichnet. Ihr wissenschaftliches Ansehen ist – so szientistisch sie sich auch gebärden – außerordentlich dürftig (einen kritischen Überblick bieten Wunderer/Grunwald, 1980, Bd. 1, S. 168ff.). Und sie »funktionieren« alle nicht, weil zum einen die Übertragbarkeit derartiger Modelle auf die Arbeitswelt organisatorische Bedingungen voraussetzt, die ähnlich utopisch konsequent und rational sind wie etwa Max Webers Modell der idealen Bürokratie. Zum anderen aber deshalb nicht, weil sie im Mitarbeiter nicht einen erwachsenen, gleichberechtigten Partner der Führungskraft sehen, sondern einen manipulierbaren Reiz-Reflex-Apparat; weil sie Mitarbeiter nicht wirklich als Verhandlungspartner ernst nehmen; weil ihr Kern nach wie vor Misstrauen und Manipulation ist. Und vor allem, weil sie die Spät- und Nebenfolgen ihrer Anwendung ignorieren. Da steht der Blätterwald schweigend.

Bedürfnisbefriedigung?

Müssen wir uns noch lange mit Maslow und den Folgen aufhalten? Da noch immer unzählige Motivierungs-Experten ihn zu Rate ziehen, nur einige kurze Bemerkungen.

Alle Motivationspsychologie geht aus von dem Streben der Lebewesen nach Bedürfnisbefriedigung. Die Motivierung bearbeitet dann den Raum, der durch die menschliche Wunschproduktion abgesteckt wird. Die älteren, nichtsdestoweniger unvermindert aktuellen Denktraditionen fußen auf der Vorstellung, dass der Mensch sich selbst für etwas sehr Sinnloses hält, ein nahezu reines Bedürfniswesen ist, welches man über diese Bedürfnisse und das Angebot, sie zu befriedigen, zu so ziemlich allem bewegen kann, wenn nur kein Bedürfnis verletzt wird. Mit zynisch-provokantem Unterton, der sich für intelligent hält: »Alles ist käuflich; alles nur eine Frage des Preises.« Die analoge Theorie lässt sich auf die Gleichung bringen: *festgestelltes Bedürfnis + entsprechender Anreiz = erwünschtes Handeln.*

Diese Gleichung ist kein Popanz, den ich aufbaue, um effektvoller auf ihn einschlagen zu können, sondern tatsächlich ein Denken, das bis heute die Führungsstrategie eines weiten Sektors der Industrie stark beeinflusst.

Um die Abneigung des Durchschnittsmenschen gegen die eigene Arbeit zu überwinden, verfährt die Führungskraft nach dem Motto »Zuckerbrot und Peitsche«. Als man merkte, dass das Zuckerbrot immer über die Peitsche siegte, suchte man das ursprünglich variationsarme Anreiz-Arsenal aus Einkommen und Status um weitere Verlockungen zu vervollständigen. Maslows Bedürfnispyramide und Herzbergs Zwei-Faktoren-Theorie kamen da zur Simplifizierung der komplizierten Zusammenhänge gerade recht. Nur konnten die genannten Konzepte der wissenschaftlichen Überprüfung nicht lange standhalten (vgl. zusammenfassend Greif, 1983; Wunderer, 1980). So wurde Neues geboren. Zum Beispiel:

$$M = IV_b + P_1 \times [IV_a + \sum_{i=1}^{n} (P_{2i} \times EV_i)]$$

Das sagt Ihnen nichts? Es ist nur die Motivationsgleichung zur »Weg-Ziel-Theorie« der Führung. Oder (ich hoffe, Sie können folgen): »Heute ist von einer Vielzahl handlungsleitender Einzelbedürfnisse auszugehen, die ein individuelles Repertoire an Verhaltens-Bereitschaften (!) begründen, das auf der Grundlage der Herausbildung unterschiedlicher Motivintensitäten durch frühe – sprich vorberufliche – Sozialisationserfahrungen und unter Hinzunahme der zuvor unberücksichtigten Umweltkomponente eine Anstrengungs-Resultats-Gratifikations-Erwartung des Individuums evoziert, die entsprechend vom Unternehmen aufzufangen ist und die Individualisierung der Anreizprofile als allgemeines Gestaltungsprinzip von Führung zur Folge hat.«

Alles klar? Dieser etwas böswillig konstruierte Satz beschreibt (natürlich völlig unzureichend) den »dernier cri« der Motivationspsychologie: die »Erwartungs-Wert-Theorie«. So ist leicht nachvollziehbar, wenn ein Autor schreibt, »dass Mitarbeiter zu motivieren keine leichte Aufgabe ist!«

Aufklärungsmanöver

In der bescheideneren Praxis hat man sich zunächst darauf verlegt, Bedürfnisse zu »wecken«, was auf eine intrapsychische PR-Kampagne hinauslief, deren Verführungstendenz überdeutlich war. Man ging dabei von der Annahme aus, dass alle Bedürfnisse potentiell angelegt sind, man müsse sie nur entsprechend anregen und aktualisieren, schon rennen alle begeistert los.

Führungskräfte, die so führen wollen, erfreuen sich dabei der Komplizenschaft der Psychologie. Insofern hat die Psychologisierung aller Lebensverhältnisse auch zu der umgreifenden Verdachts-Kultur beigetragen: Sie behauptet ja eine Metaebene, auf der ein »Eigentlich« hinter den beobachtbaren Phänomenen verborgen steuert. Dieses aufzuspüren sei dann die Kunst des Führens. Typisierungen, die von der Psychologie in allen Schattierungen angeboten und von den Führungskräften dankbar aufgegriffen werden, scheinen die komplexe und verwirrende Vielgestaltigkeit der Mitarbeitermentalitäten zu einem versteh- und vor allem handhabbaren Spektrum zu ordnen. Ist das Chaos der Individualitäten erst einmal zu Typen verdichtet und übersichtlich gemacht, dann kann man diese Typen auch in einer ganz bestimmten, eben typischen Weise »behandeln« (schon dieses Wort spricht Bände).

Nicht zuletzt die Kuschel-Kulturen und chronischen Bedürfnis-Debatten der 68er-Generation sind die Wurzeln der umgreifenden Empfangsbereitschaft für Bedürfnismodelle aller Art. Das ist vertrautes Gelände. Der Sinn-Hunger dieser Generation war es wohl auch, der das Feld für diese spezifische »Motivationsarbeit« in unseren Unternehmen bereitet hat. Aber selbst da, wo sich diese Raster als zu grob erweisen, ist die Psychologie noch hilfreich, wenn sie mit *hierarchisierten* Bedürfnis-Modellen um die Ecke kommt. Man weiß: »Jeder Mitarbeiter steht an einem anderen Bahnhof«; also muss man an den unterschiedlichen Bedürfnissen anknüpfen. Heraus kommt die bekannte »Am-Bahnhof-Abhol-Methode«, um die Einflussgrößen der Motivation der Mitarbeiter identifizieren und steuern zu können.

Die Führungskraft, eben noch ganz verzweifelt, dass ihre verschiedenen Mitarbeiter nicht alle in gleicher Weise auf die Anreiz- und Kanalisierungsinstrumente des Unternehmens reagieren und geschlossen durchstarten, darf also Hoffnung schöpfen. Die radikale Individualisierung der Anreizprofile verspricht die erwünschten Reaktionen. Der Vorgesetzte muss sich jetzt »nur noch« in den Lebensstil, in die Ziele und Motive jedes einzelnen Mitarbeiters sensibel einfühlen und den je wechselnden Bedürfnislagen, ja ganzen Bedürfnisbündeln in ihrer Sprunghaftigkeit, Gleichzeitigkeit und schwankenden Intensität hinterherhecheln.

Man sieht sie förmlich vor sich, diese Führungskräfte, wie sie dasitzen und den lieben langen Tag nichts anderes tun, als mit Fernrohren in die inneren Milchstraßen ihrer Mitarbeiter zu blicken. Mehr oder weniger unauffällig beobachten sie, auf welcher »Bedürfnisebene« diese gerade sind. Die Typentaxonomie wird abgeklopft und dann weiß man genau, wie dieser Mitarbeiter nach vorne zu bringen ist. Flugs wird ein entsprechender Appetithappen zubereitet und dem Mitarbeiter vor die Nase gehängt.

Das weniger verdeckte »Motivationsgespräch« gleicht dann einem Aufklärungsmanöver, bei dem (in einem Wort von Rolf Balling) »auf alle Büsche geklopft wird, um herauszukriegen, an welcher Motivationsschraube man beim Mitarbeiter drehen kann«. Es gilt hier die Überzeugung, dass man nur diese richtige Schraube (das richtige Bedürfnis) beim Mitarbeiter finden muss, um dessen Motivation den eigenen Vorstellungen entsprechend justieren zu können – und dass derjenige ein schlechter Chef ist, dem das nicht gelingt. So »einfach« ist das in Zeiten wachsender Führungsspannen und unter dem Diktat der Alltagshektik. Wer kann sich die Zeit für diese fortwährende Mitarbeiter-Beobachtung nehmen? Wer will sich noch auf die permanent wechselnden Bedürfnisse einstellen, wo doch das Marketing seit geraumer Zeit den »paradoxen« Kunden kennt, der kaum mehr einheitlich-typenbezogenes Kaufverhalten zeigt? Muss man nicht auch mit einem »paradoxen« Mitarbeiter rechnen? Die Veränderungsgeschwindigkeit hat doch auch bei Werthaltungen und Einstellungen stark zugenommen, v. a. in der jungen Generation, abgeschwächt auch in der älteren Generation und so, dass man nicht wie früher von konstanten Werthaltungen ausgehen kann, die, einmal analysiert, die stabile Grundlage der Motivierung bilden können. Und was immer man unter »kooperativem Führungsstil« verstehen mag: Gehen *so* Kooperations-Partner miteinander um?

Auf Seminaren wird jetzt »Menschenkenntnis als Voraussetzung der Persönlichkeits- und Verhaltensdeutung« trainiert. (So manche Führungskraft bleibt da lieber gleich bei Geld- und Statusanreizen. Da kennt man sich aus; die »ziehen« bei jedem.) Richtig daran ist: Nicht alle Mitarbeiter sind in gleicher Weise zu führen. Je nach Reifegrad des Mitarbeiters ist eine »Situative Führung« sicher angemessen. Aber Persönlichkeits- und Verhaltens*deutung*? Psychologische Aufklärungsmanöver? In Bedürfnisprofilen herumpfuschen? Nur eine Bemerkung zu diesen Trainings: »Ich weiß eine Menge über dich« ist eine der verständigungsfeindlichsten Behauptungen überhaupt. *Wissen über ...* schafft Überlegenheitsgewissheit; es schafft und bewahrt Herrschaft über den anderen, anstatt Beziehung zu suchen und Verstehen anzustreben. »Aber ich muss doch jemanden verstehen, wenn ich ihn richtig nehmen will«: *Jemanden nehmen,* ja, das ist etwas ganz anderes. – Es gibt halt immer wieder Menschen, die Fliegenklatschen für Denkmodelle halten.

Wie aber kommt man an die Bedürfnisse seiner Mitarbeiter heran? »Jeder weiß, dass es etwas gibt, was seine Entschlüsse in Bewegung setzt; was es ist, weiß er allerdings nicht. Er weiß auch, dass er eine antreibende Kraft in sich hat; welcher Art sie ist und woher sie kommt, weiß er jedoch nicht«, weiß der Alt-Psychologe Seneca und nimmt damit einiges von dem vorweg, was heute wieder ins allgemeine Bewußtsein sickert: dass uns wahrlich verschiedenartige, widersprüchliche Motive mal gleich-, mal nachrangig, mal gleich-, mal nachzeitig beschäftigen (ich spreche bewusst nicht von »steuern«). Passen sie überhaupt zusammen?

Ja, warum nicht? Fast niemals gehört die Eindeutigkeit, fast immer der Zwiespalt, die Vielfalt, ein Gewirr der Antriebe zum Menschen. Daran ändern auch Aussagen von Mitarbeitern nichts, die z.B. mit ihren als vergleichsweise niedrig eingestuften Gehältern Unzufriedenheit und Suchneigung begründen. Ebensowenig, wenn die regelmäßig veröffentlichten Umfrageergebnisse irritierend hartnäckig Gehaltserhöhungen als Motivierungsmittel beweiskräftig machen wollen. Hält man andere Statistiken dagegen, erweisen sich plötzlich zahlreiche Mitarbeiter als intrinsisch motivierte »Sinnsucher«. Diese unterschiedlichen Ergebnisse hängen – das wissen wir heute mit hinreichender Sicherheit – in hohem Maße von den Fragestellungen ab. Und was ist das: »Zufriedenheit«? Und sind Bedürfnisse – die Grundannahme der Motivationspsychologie – überhaupt zu »befriedigen«? Solange man der Bedürfnisbefriedigung nachjagt, hat man sie noch nicht. Wenn man sie hat, entwertet sie sich schnell. Für jedes Ziel, das erreicht wird, ist sie schon keine mehr. Sie gehört der Vergangenheit an. Wo liegt die Zukunft?

Keine Befriedigung ist je so vollständig, dass sie nicht durch die nächstgrößere oder andere oder einfach noch nicht vorhandene überholbar geblieben wäre. Also los! Überholen wir sie. Doch halt. Was ist das für eine Zufriedenheit, dass wir sie, kaum kam sie an, möglichst schnell wieder in die Zukunft abschieben? Sie schreitet andauernd fort von dem, der sie gerade erreicht hat. »Hinterm Horizont geht's weiter«, sang einer der letzten deutschen Philosophen mit breiter Publikumswirkung, Udo Lindenberg.

In Abwandlung eines bekannten Freud-Zitats möchte man sagen, dass die Fähigkeit, dass Menschen wirklich Bedürfnisse *befriedigen*, im Plan der Schöpfung nicht enthalten ist. Bedürfnisbefriedigung ist ein episodisches Phänomen mit grundsätzlich flüchtigem Charakter. Die Vorstellung annähernd stabiler Bedürfnisbefriedigung ist Illusion, vor allem, wenn die Wunschproduktion von neurotisierenden Entbehrungserlebnissen in der Kindheit in Gang gesetzt wurde. Baut man darauf, wird Führen zum Topfschlagen: Man weiß nie, was darunter ist.

Zusammengefasst sieht das Menschenbild der Motivierung also etwa so aus:

- Menschen sind tendenziell Leistungsverweigerer.
- Menschen sind hierarchisch gestaffelte Bedürfnisbündel.
- Menschen sind Reiz-Reaktions-Maschinen.

Grammatik der Ver-Führung

Die fünf großen »B«

Wie also die Motivations-Lücke schließen? Im Kontext des bisher Gesagten können wir zunächst die einleitend gestellte »zentrale Frage« der Führungskraft präzisieren: *»Wie kann ich einen Mitarbeiter dazu bringen, etwas zu tun, was er allein aus sich heraus nicht tun will?«*

Durch Motivierungs-Strategien, lautet die Antwort. Diese sind Kombinationen von Verhaltensweisen, die gekennzeichnet sind durch die fünf großen »B«:

- Bedrohen
- Bestrafen
- Bestechen
- Belohnen
- Belobigen

Im folgenden entfalte ich die drei gängigen Kombinations-Grundmuster als extreme Ausformungen. Tatsächlich mischen sie sich in der realen Anwendung und werden von anderen Mustern vielfach überlagert. (In Teilen folge ich dabei Rolf Ballings dankenswertem Strukturierungsversuch [1989].)

Strategie »Zwang«

Der typische Vorgesetzte ist hier der »Zwangsschraubendreher«. Er ruft seinem Mitarbeiter zu: »Tu, was ich sage, sonst werde ich dich bestrafen!«, oder als positiv formuliertes Versprechen: »Funktioniere, dann bleibst du ungeschoren!« Motivierungs-Techniken sind hier vor allem: Bedrohen und Bestrafen. Dazu zählt zum Beispiel die »motivierende Abmahnung« (ich habe nie gewusst, was damit gemeint sein könnte). Die Reaktion seiner Untergebenen – Angst und Ärger – nimmt dieser Vorgesetzte in Kauf, solange er die genau geplante Arbeitsleistung erhält. Beobachtete Furcht gilt als Zeichen der Stabilität. Wichtig ist: die Einstellung des Mitarbeiters, Gedanken und Gefühle interessieren ihn nicht, da sie für die zu erbringende »Maschinenleistung« keine Rolle spielen.

Die Wirksamkeit der Strategie »Zwang« hängt davon ab, ob Strafen zur Verfügung stehen, die für den Mitarbeiter so viel Gewicht besitzen, dass er vorzieht das gewünschte Verhalten zu zeigen. Der Mitarbeiter versucht unter diesen Verhältnissen natürlich möglichst wenig zu arbeiten, den Zwang zu unterlaufen und bei Gelegenheit zu »fliehen«. Sichtkontrolle und ein Fluchtverhinderungssystem werden installiert. Die keineswegs neue Strategie »Zwang« kommt in Schwierigkeiten, wenn

a) die Möglichkeit zur Flucht nicht durch Gewalt, Gesetze, Verträge und den Ausschluss besserer Alternativen verhindert und
b) die Arbeitsleistung nicht genau gemessen und/oder einer Person zugeordnet werden kann.

Die Leistung eines Qualitätsicherungsingenieurs, der durch vorausschauendes Handeln mögliche Fehler verhindert, ist kaum messbar. Ebenso die Leistung der Personalwirtschaftler. Wie kann die Endkontrolle der Bildröhrenproduktion feststellen, wer von den zwanzig Bearbeitern einer Röhre diese durch Ruckeln unbrauchbar machte? – Vor allem, weil sich das Kontrollsystem kaum mit angemessenem Aufwand weiter perfektionieren ließ, wurde eine zweite Strategie entwickelt: »Heute muss man die Leute motivieren. Anbrüllen allein nützt nichts mehr.«

Strategie »Ködern«

Den typischen Vorgesetzten nenne ich hier »Bonus-Schraubendreher«. Er bleibt tendenziell freundlich. Sein Slogan: »Tu, was ich sage, sonst schadest du dir selbst.« Sein Versprechen: »Streng dich an, dann bekommst du, was dir zusteht!« Die vorherrschenden Motivierungshilfen sind indirektes Belohnen und indirektes Bestrafen – aber selbstregelnd, d. h. mit Hilfe eines Systems, das ohne Zutun der Führungskraft allein aus der Initiative des Mitarbeiters heraus funktioniert: Strengt dieser sich an, erhält er automatisch seine vorausberechnete Belohnung; bleibt er passiv, fällt die Belohnung weg. Die Belohnung wird in diesem System als »Köder-Material« prozentual vom Einkommen zunächst einbehalten, als »variabler Anteil« oder »Bonus« deklariert und erst bei erbrachter Leistung gleichsam »rückerstattet«. Bei überproportionaler Anstrengung winken sogar reale Einkommenszuwächse.

Analog zu der Strategie »Zwang« ist die innere Einstellung des Mitarbeiters hier unbedeutend. Der große Vorteil aus der Sicht der Führungskräfte aber ist: Das System regelt sich von allein – der Mitarbeiter kann seinen Arbeitseinsatz weitgehend selbst bestimmen und trägt die Konsequenzen – im Guten wie im Schlechten.

Das System kommt folglich dann in Schwierigkeiten (was nicht selten zur vorübergehenden Restauration der Strategie »Zwang« führt),

a) wenn das Bonus-System auszuhebeln oder zu umgehen ist,
b) wenn eine Mehrzahl der Mitarbeiter nicht in gleichem Maße auf die für alle gleichen Anreize reagiert,
c) wenn die nicht vermeidbaren Ungerechtigkeiten Unruhe unter den Mitarbeitern erzeugen,
d) wenn die Arbeitsleistung nicht quantifizierbar ist.

Insbesondere die letztgenannte Bedingung – immer mehr Jobs erfordern eine nur noch qualifizierbare Arbeitsleistung – schenkte uns die dritte Strategie:

Strategie »Verführung«

Der »Seelen-Schraubendreher« ist hier der typische Vorgesetzte. Er ruft seinem Mitarbeiter zu: »Tu, was ich sage – aber gerne!« Sein Versprechen: »Sei mein, dann fühlst du dich großartig!« Leitidee ist hier die schon erwähnte Manipulations-Verherrlichung Dwight D. Eisenhowers: »Motivation ist die Fähigkeit, einen Menschen dazu zu bringen, das zu tun, was man will, wann man will und wie man will – weil er selbst es will.« Die eigenen Ziele sollen in die Persönlichkeit des Mitarbeiters gleichsam »eingeschleust« werden, ohne dass dieser es bemerkt. Das Ziel ist »Identifikation«; das Motto: »Right or wrong – my company«.

Die Motivierungs-Techniken sind entsprechend: Bestechen, Belohnen, Belobigen. Ich zitiere Balling: »Was hier gewollt wird, sind Anhänger, die ihr Selbstwertgefühl über die Zugehörigkeit und Zustimmung zu diesem System stabilisieren möchten. Angestrebt wird dies meist mit Versprechen von Größe wie: ›Wir sind die Nummer eins auf dem Markt und du bist auch der Größte, wenn du dich mit uns identifizierst.‹ Oder: ›Unser Produkt ist super und super bist du, wenn du es verkaufst.‹ (...) Ein solches System bietet Größenidentifikation für ein schwaches Ich und erwartet kreatives Funktionieren in seinem Sinne. Auf der psychologischen Ebene heißt das Angebot: ›Folge mir/uns, wir benutzen dich, aber du sparst dir die Mühen des Erwachsenwerdens.‹«

Das ist der bedeutende Unterschied zu den Strategien »Zwang« und »Ködern«: Die innere Einstellung der Mitarbeiter ist nicht mehr beliebig, sondern *entscheidend*. Gefordert wird Huldigung. Nicht gerade selten sind unter der progressistischen Tarnkappe der »Corporate Identity« Mitarbeiter gewünscht, die sich wie Halbwüchsige das Firmenlogo farbecht in den Oberarm tätowieren.

Die Fan-Kultur der Strategie »Verführung« aber kommt in Schwierigkeiten, wenn die versprochene Großartigkeit sich als hohl erweist und zusammenbricht; etwa wenn Produkte sich als Flop erweisen, bei öffentlicher Kritik am Unternehmen oder auch nur durch unglaubwürdiges Verhalten der Geschäftsleitung (»An ihren Taten sollt ihr sie erkennen!«). Das System »Verführung« ist im Prinzip nicht lernfähig: Fehler werden zwar gemacht, aber nicht mehr zugegeben, da sie die Identifikation stören könnten (an den Einbrüchen bei Nixdorf 1988/89 konnte man erleben, dass Fehler so lange ausgeblendet wurden, bis ihre Wahrnehmung unvermeidbar war). Die Fan-Kultur denunziert jede Kritik als Nestbeschmutzung.

Besonders interessant ist das Verhalten solcher Firmen gegenüber »Aussteigern« und »Unangepassten«. Firmen wie (um ein etwas entlegenes Beispiel zu nennen) die ›Rolling Stones‹: »Von den Stones geht man nicht weg; da wird man gefeuert!«, empörte sich ein tief beleidigter Mick Jagger bei der freiwilligen Demission des Gitarren-Virtuosen Mick Taylor. Der totalitäre Anspruch duldet keine Fahnenflucht. Zwar wird der eine oder andere der Zurückgebliebenen solchen »Mut« neiden, aber er lässt sich für sein Durchhalten auszahlen: »Ich verkneif mir was (den Weggang), also hast du dir auch was zu verkneifen!« (Die Grundstruktur eines jeden Konflikts: Nichts ist unerträglicher als die Freiheit, die sich ein anderer nimmt.) Der Abtrünnige wird als »Verräter« etikettiert und muss gegebenenfalls mit unnachsichtiger Rache des Systems rechnen. Auf Wiedereinstiegsversuche des Verirrten wird von solchen Firmen keineswegs mit Freude über die Rückkehr des »verlorenen Sohnes« reagiert, sondern – selbst bei objektivem wirtschaftlichen Nachteil im Falle gefragter Spezialisten – mit unverhohlenem Revanchismus: ›The Imperium strikes back‹.

Die Unangepassten haben in solchen Firmen ein schweres Leben. Dabei kreiert das System sie mit Notwendigkeit. Denn das Gefühl, »toller als die Wettbewerber« zu sein, kann dauerhaft kaum aufrechterhalten werden. Der Schein wird entlarvt. Ein Heißluftballon braucht ständig Heißluft. Aber eben: heiße Luft. Jede Funktionsstörung wird in dieser Logik aber gleich zur »Identifikations-Krise« des Mitarbeiters. Wenn der Mitarbeiter jedoch nicht mehr blind vor Begeisterung den Vereinsfarben hinterhertorkelt, kommt es zum Konflikt – selbst wenn er sich weiter für seine Arbeit engagiert. Zunächst gerät dieser »Phantast«, »Sturkopf« oder »Besserwisser« unter erhöhten Anpassungsdruck. Bei Resistenz wird er wie in einen Kokon eingesponnen, isoliert und sukzessiv abgestoßen. Falls er kündigt, kann er sich retten. Bleibt er »treu«, fällt er dem Zynismus anheim – meiner Wahrnehmung nach *die* vorherrschende Einstellungsweise der gegenwärtigen Managergeneration.

Strategie »Vision«

Insbesondere die großen multinationalen Konzerne wie Shell oder IBM haben begriffen, dass sie ihre Mitarbeiter nicht mehr (nur noch) mit den alten Methoden »motivieren« können. Veränderte, zentrifugale Werthaltungen müssen berücksichtigt werden. Außerdem gilt es die vielen kleinen Zwangsanpassungen, Abwertungen und alltäglichen Niederlagen durch einen glaubwürdigen Kontext »aufzuheben«, mindestens aber trostbringend umzudeuten. Wo der raumgreifende und sinnsuchende Individualismus gegen Systemzwänge und einschränkende Strukturen prallt, muss erkennbar sein, welcher höheren Idee die Einschränkung der individuellen Entfaltungsmöglichkeiten zugute kommt. »Motivieren« wollen diese Unternehmen also immer noch, wenn auch jetzt mit einem verfeinerten Instrumentarium. Eine Unternehmens-Wahrheit muss her. Betrachten wir daher die fortschrittlichste (und damit gleichzeitig verdeckteste) Methode moderner Mitarbeitermotivierung: die *Vision*. Licht am Ende des Tunnels? Oder der Tunnel am Ende des Lichts?

Wo die materiellen Anreize nicht mehr die erwünschte Wirkung zeigen, wird also jetzt die »Idee« reklamiert, die Suggestion von »exiting possibilities«, unternehmensübergreifend bis hinunter zur »vision for division«. »Volle Identifikation« ist das Ziel: »Das Unternehmen wird's schon richten!« Ein Unternehmen »aus einem Guss« (und gegossen wird immer von oben). Diese Forderung hat bei näherer Betrachtung eine totalitäre Spitze, die problemlos im Streubereich von Entmündigung angesiedelt werden kann. Der Mitarbeiter wird zum »follower«. »Identifikation« stimuliert eine »Fankultur« mit unübersehbar pubertären Zügen, ein verführerisches und verführendes »Sei mein! Dann bist du großartig!«, kaum geeignet eine wachsende und erwachsene »Loyalität« (die ich dem Begriff nach vorzöge) zu erzeugen.

Die Unterscheidung ist keineswegs Wort-Spalterei, sondern von höchst praktischem Nutzen, wird doch mit dem Hinweis auf »Identifikation« und in einem Klima geradezu männerbündischer Gefolgschaftstreue jede Kritik zum Defätismus umetikettiert. Dauernd von innerer Kündigung und äußerer Zerstreuung bedroht, fressen nun die Mitarbeiter den geschmacksarmen Gips der höheren Unternehmenswerte in sich hinein und sind bereit, nicht nur Kritiker solchen zweifelhaften Genusses, sondern sogar jene abzulehnen, die an dieser Tafel nicht Platz nehmen möchten. Reibungsverluste auf Grund von Kritik werden so zwar vermieden, aber die Organisation büßt auch ihre Lernfähigkeit ein. Und wenn – wie oft – die alltäglichen, kleinen Entscheidungen mit der Vision nicht richtungsgleich sind, eine Glaubwürdigkeitslücke entsteht, der Zweifel wächst, gar Demotivation droht? Mit unternehmensphilosophischem Pathos übertünchen! Menschen sollen nicht mehr vorangetrieben, sondern gezogen werden (push *and* pull); ihnen soll, wie Bennis und Nanus bezeichnenderweise schreiben, »*das Gefühl gegeben werden,* im aktiven Zentrum der sozialen Ordnung zu stehen«. Da ist sie wieder: diese Geberpose, die sich (listigerweise!) mit einem – auf irgendeine Weise manipulativ erzeugten – »Gefühl« beim Mitarbeiter begnügt, statt dass man sich intensiv um die Bedingungen der Realisierungsmöglichkeiten für aktive Teilnahme am Unternehmensgeschehen bemüht. Da die alten Steuerungsmotoren – Belohnung und Bestrafung – weiterhin in Kraft bleiben, ist die Mitarbeiter-Motivierung heute insgesamt eine Stimmungen herbeiredende Mischung aus Prophetie von goldener Zukunft, Strafandrohung und lockender Verheißung.

»Mit einer Vision Aufmerksamkeit erzielen« und die Energien bündeln, das Bild einer realistischen, glaubhaften und attraktiven Zukunft für die Organisation entwerfen und kommunizieren, das Bild eines Zustandes, der Sog ausübt und Kräfte mobilisiert: dieses Bild möchte ich trüben. Nicht, dass ich nicht auch überzeugt wäre, dass unternehmerisches Handeln Ziel und Richtung haben muss, um Mitarbeiter anzuziehen und zu binden. »Wenn keine Vision vorhanden ist, verdirbt das Volk«, sagte schon der weise Salomo. Die Art und Weise aber, in der die neuere Literatur »Kontext-Management«, »Management by Vision«, New Age, Light Age und neues Ethikbewusstsein der Wirtschaft zusammenrührt (wo doch die Ethik der real existierenden Vorstandsetage lediglich über den »Moral-Ertrag« nachsinnt), hat etwas Paternalistisch-Autoritäres, ja sogar Totalitäres an sich.

Es geht mir vor allem um den Weg des Zustandekommens, wer da wie an der Vision modelliert. Wieder die gleichen paramilitärischen Grundmuster: Da ist ein einsamer General, der mit Feldherrenblick auf seine nach Ziel und Richtung hungernden Heerscharen schaut und ihnen mit kühner, mitreißender Rede den Sinn ihres Schaffens erteilt. Seine Wahrheit ist die einzige. Die neue Welle der Mitarbeiter-Energetisierung reklamiert bezeichnenderweise ganze Ahnenreihen großer Entrepreneure – allen voran John F. Kennedy mit seiner Mondreisen-Vision, Alfred P. Sloan von General Motors, Lee Iacocca von Ford und Chrysler, Steve Jobs von Apple, Edwin Land von Polaroid bis hin zu Martin Luther Kings »Ich habe einen Traum«. Es sind die Träume dieser »great men«, die die Menschen in ihren Bann schlagen, die sie ansaugen und elektrisieren sollen – und die sie abstoßen und wieder fallen lassen, wenn sie nicht mehr blind vor Begeisterung durch die Gegend taumeln, hypnotisiert von einer Idee, die nicht ihre eigene ist. – Zunächst nicht und jedenfalls nicht mit Notwendigkeit. Sie könnte ja in Teilen die ihre werden, aber das ist Sache der *Verhandlung*, nicht der Hypnose.

Aber die Vision wird nicht gemeinsam modelliert, sondern erlassen. Sie interessiert sich nicht für den Einzelnen mit seiner sehr konkreten Wahrheit, für seinen sehr individuellen Lebensentwurf. Sie interessiert sich nicht für die Förderlichkeit der Arbeit für die Person, die dem Einzelnen erlaubt sich durch Arbeit zu entwickeln und seinen individuellen Sinn zu finden. Sie will *universellen* Sinn stiften. Makro statt Mikro. Großentwurf statt individuelle Wahrheit. CI-schwangeres Tremolo statt Interessenausgleich.

Die Suggestivkraft einer Vision wird heute – ein Standard unzähliger Seminare – vergleichsweise feinsinnig an einem Satz von Antoine de Saint-Exupéry illustriert. Wie unschuldig kommt er daher: »Wenn du ein Schiff bauen willst, dann trommele nicht Männer zusammen, um Holz zu beschaffen, Aufgaben zu vergeben und die Arbeit einzuteilen, sondern lehre die Männer die Sehnsucht nach dem weiten, endlosen Meer.« – Wessen Sehnsucht? – Und wessen Schiff? Die hoh(l)e Kunst der Beeinflussungstechnik mag sich noch so poetisch ornamental garnieren, es nimmt nichts davon weg, dass hier der »Lehrende« sein Primärinteresse verschleiert, »trickst« und andere fremdgesteuert zur Arbeit verführt. Die schiffsbauenden Männer sind die Dummen in der Geschichte. Die beschämend Verführten. – Und wessen Reise? Zur Strafe werden die Schiffsbauer wahrscheinlich nicht einmal mitreisen dürfen. Jedenfalls bleibt es offen. – Und warum gerade zum Meer? Eine inhaltliche Diskussion des Ziels wird nicht geführt.

Aber auch als Handlungsanweisung für Führungskräfte (»Führen durch Vision«) ist das Bild Saint-Exupérys mehrdeutig, ja, es entlarvt sich bei genauerem Hinsehen ein zynischer Kern. So versagt es jede Antwort auf die nahe liegende Frage der Industriekapitäne: »Wo kriege ich so schnell ein Meer her?«

Geradezu perfide wird die Story, wenn die Schiffsbauer wider Erwarten doch mitfahren dürfen und der Industriekapitän sich nun genötigt sieht eine neue Vision hervorzuzaubern. Die ist zwar älteren Datums und auch eher für schlechte Zeiten geeignet, hat aber auch heute noch nichts von ihrer verführerischen Wirkung verloren: »*Wir sitzen alle in einem Boot*«, tönt es nun, alle unbequemen Individualinteressen harmonisierend (ähnlich: »In Formation durch Informa tion«), alle internen Konflikte einebnend, alle Unangepassten und Querdenker zur »Schicksalsgemeinschaft« zusammenschweißend. Das *ist* Manipulation. Vision: Die Motivierung nach der Motivierung.

Wie sich wehren? Aber auch da weiß der Witz der »Mannschaft« Rat. Flugs wird das Boot zur Galeere: »Alle Mann auf die Ruderbänke. Der Chef fährt Wasserski!«

Erfolgssucher – Misserfolgsvermeider

Die oben skizzierten Strategien stellen insgesamt einen ungeheuren kognitiven und instrumentellen Aufwand dar, um jene Lücke zu schließen, die das methodisierte Misstrauen zwischen tatsächlicher und möglicher Arbeitsleistung von Mitarbeitern diagnostiziert. So unterschiedlich sie sich auch darstellen: ihre gemeinsame Konstante ist der *Verdacht.* Aber ist die Motivations-Lücke lediglich behauptet? Oder ist sie tatsächlich vorhanden?

Ich gehe im Folgenden beiden Möglichkeiten nach. Dazu konzentriere ich sie in zwei Mitarbeiter-Typen, die die zwei Grundmodelle von Mitarbeitern in jeder Firma darstellen und für die ich die Wirkung der Motivierung prüfe:

1. Mitarbeiter, bei denen die Motivations-Lücke *nicht* existiert, sondern die voll motiviert Erfolg und Befriedigung in ihrer Arbeit suchen, nenne ich *»Erfolgssucher«.*
2. Mitarbeiter, bei denen die Motivations-Lücke *tatsächlich* existiert, die in je individueller Abstufung demotiviert ihre Aufgaben mit dosiertem Arbeitseinsatz »erledigen« und dabei möglichst nicht durch Misserfolge auffallen wollen, nenne ich *»Misserfolgsvermeider«.*

Die Motivierungs-Mechanik wird nun für beide Typen in Gang gesetzt: Bedrohen und Bestrafen eher für die Misserfolgsvermeider; Bestechen, Belohnen und Belobigen eher für die Erfolgssucher. Der Regelfall sind Mischformen, die beide Mitarbeitertypen gleichzeitig und »mit einem Schlag« erreichen sollen. Es gilt die Erfolgssucher noch stärker zu motivieren (zumindest aber bei Laune zu halten), sie könnten ja noch ein *bisschen* erfolgreicher sein, was – und das ist wichtig – im Prinzip wieder auf die Behauptung vorenthaltener Leistung, auf die Existenz einer Motivations-Lücke hinausläuft! Und aus den Misserfolgsvermeidern sind Erfolgssucher zu machen. Ob das gelingt? Untersuchen wir das Werk der Motivierung für beide Fälle.

Meine These ist: Die Erfolgssucher werden – wenn sie erst einmal durch die Mangel der Motivierung gedreht worden sind – zu Misserfolgsvermeidern. Die Motivations-Lücke, die ursprünglich nicht vorhanden war, entsteht tatsächlich. Und die Misserfolgsvermeider werden nur noch tiefer in die Demotivation hineingeschraubt. Kurz: Dieses System verliert immer.

Zweiter Teil
Entlarvungen

Sisyphos: Belohnen und Bestechen

> *Alle Motivierung ist gekennzeichnet durch die Unabschließbarkeit des Sisyphos-Dilemmas.*

Das ist das Zauberwort, das sogleich aus dem Ärmel gezogen wird, will man motivierte Erfolgssucher noch ein bisschen erfolgreicher machen: Belohnen! Keine leichte Aufgabe, fürwahr: die »richtige« Belohnung, in der »richtigen« Höhe, zum »richtigen« Zeitpunkt, »gerecht« auch noch. »Sie müssen Ihren Leuten Belohnung in Aussicht stellen«, lautet dennoch unbeirrt der Rat, der schnell weitere Steigerung verspricht – und der im wahrsten Sinn des Sprichwortes teuer wird, wenn zum Beispiel an Prämie, Zulage und Incentives gedacht wird. Und dieser Rat, in die Tat umgesetzt, »hilft« auch. Scheinbar. Die Umsatzkurve beginnt leicht zu steigen. Leider nur für kurze Zeit. Gerade als man die ersten Sektflaschen öffnen will, neigt sich die Kurve wieder sanft. Was nun? Jammern über die Unzuverlässigkeit der Mitarbeiter? Das Spiel von vorn beginnen? Permanent Prämien wie Hilfsmotoren ans ewige Weiter-So anflanschen? Es eröffnet sich ein absurder Tanz der Raffinessen auf beiden Seiten, bei dem man oft nicht weiß, ob es nicht doch der Fisch ist, der den Angler fängt.

Incentives: Mit dem Schlauchboot durch die Wüste

Der »Einsatz« ist bei diesem Spiel nach oben unbegrenzt: Genügte vor drei Jahren noch das Rennrad, musste es ein Jahr später schon die einwöchige Reise zur Tour de France sein. Im letzten Jahr wurden die Mitarbeiter mit einer Weltreise zur Mobilisierung ihrer Kräfte angeregt. Und im nächsten Jahr will man sie gleich mit einem ganzen Hauptgewinn-Katalog aus der Reserve locken. Top-Angebot: Mit dem Schlauchboot durch die Wüste.

Auch hier hat man sich schon durch die Individualisierung des Angebots den verfeinerten Geschmäckern angepaßt: Maßgeschneiderte Einzelreisen, bei denen der Gewinner sein Ziel und die Reisebedingungen selbst bestimmen kann, werden z.B. von der Marriott-Hotelkette angeboten. Auf der National Premium Incentive Show (NPIS) in Chicago reichten die Angebote vom Straßenbahn-Führerschein über Strohhüttenbau auf den Bahamas, Tänze im ägyptischen Pharaonengrab und Feuerlöscheinsätze in Manhattan bis zum Dinner mit Kannibalen auf den Fidschi-Inseln oder dem Hotelfrühstück in Singapur mit einem leibhaftigen Gorilla am Tisch. Schneller. Weiter. Grotesker. Und wenn es nicht mehr den nötigen Push gibt? Mehr davon!

Die Spitze des Unfugs erfand ein bekannter Metallfabrikant aus Süddeutschland. Er hat sich mit geradezu abnormer Kreativität »Negativ-Incentives« einfallen lassen. Nach dem Motto »Niemand soll leer ausgehen« bietet er für umsatzschwache Verkaufsgruppen etwa eine Fahrradtour durch den novemberverregneten Hunsrück an (bei Sonnenschein fällt die Reise aus), was eben zur Leistungssteigerung und zehn Tagen Mallorca im nächsten Jahr anregen soll. Nur albern?

Jedenfalls eine Sechs-Komma-Null auf der nach oben offenen Incentive-Skala.

Wohin soll das führen? – Zu wenig mehr als zum Boom der Incentive-Branche. An diesem Boom und an den daraus für die Unternehmen entstehenden Kosten sind die Folgen der Motivierung wirklich *messbar*! Neue Incentives finden reißenden Absatz. Wie alle Analgetika. Doch die Branche ist zynisch und weiß: Incentives haben kurze Beine. Denn es liegt auf der Hand, dass nur um den Preis permanenter Neu-Motivierung motiviert werden kann. Die Belohnung, vielleicht einmal unerwartet und als verdienter Dank ehrlich gewährt, wandelt sich, schaut nach vorne und avanciert zur Bestechung: *Alle Prämie wird zur Rente.* Sie beinhaltet die Verheißung, bei ähnlichen Taten wieder und wieder ... wehe, wenn die Belohnung ausbleibt oder geringer als erwartet ausfällt.

Die bei Incentive-Programmen ausgelegten Leistungsanreize schrauben sich daher von Jahr zu Jahr in die Höhe. Aber die von solcher Bestechung ausgehende Faszination verliert mit jeder neuen Runde. Der Grenznutzen sinkt. Es wird für relativ immer geringere Leistung immer mehr geboten. (Von der steuerlichen Problematik – geldwerter Vorteil! – ganz zu schweigen. Um der Versteuerung einer Incentive-Reise zu entgehen, wird der Trip als Fortbildungsveranstaltung mit Rahmenprogramm deklariert [vgl. aber BFH v. 9.3.1990, VI R 48/87].) Stattdessen taucht bei einigen geradezu abenteuerlichen Incentives die Frage mancher Mitarbeiter auf: »Was muss das Unternehmen an mir verdienen (und mir damit anteilig vorenthalten), wenn es solche Unsummen für Incentives ausgeben kann?« Ob solche Überlegungen motivieren?

Das Gerechtigkeitsproblem

Das Gegenteil gilt: Gerade Außendienst-Mitarbeiter zeigen bestenfalls eine Abschöpfungs-Mentalität, die sich angepasst hat und mitnimmt, was halt mitzunehmen ist. Im schlechteren Fall ist die Wirkung demotivierend: Der Verdacht regt sich, dass sie am Unternehmens-Ergebnis nicht angemessen partizipieren. Im schlechtesten Fall aber ist die Wirkung katastrophal: für die Mitarbeiter, die leer ausgehen. So bekommt in jedem zweiten Unternehmen, das

Wettbewerbe veranstaltet, nur jeder zehnte das ersehnte Ticket. Diejenigen, die nicht in den »Genuss« der Incentives kommen, werden das System als ungerecht ansehen und dafür subjektiv gute, nachvollziehbare Gründe haben. Belohnungen müssen aber von der Mehrheit der Mitarbeiter, einschließlich derjenigen, die sie nicht erhalten, als gerecht eingeschätzt werden. Das ist selten. Und wer Incentive-Konstruktionen kennt, weiß, dass das Gerechtigkeitsproblem nicht lösbar ist.

Eine Sisyphosiade. Ein Impotenz-Traum. Unentwegt streben sie einem Höhepunkt entgegen, zu dem es sie hinaufzieht mit Erlösung versprechender Kraft. Jedoch den Höhepunkt zu erleben ist dem Mängelwesen nicht gestattet: Es erreicht ihn nie. Oder etwa in der kurzen Bewusstseinstrübung bei der Verleihung der Awards-Plakette? Der ständige Vergleich schafft Maßstäbe und Werteskalen; das Relative ist immer zur Stelle und erkennt keinen wirklichen Höhepunkt an. »Aber der Motivations-Schub, den es auslöst ...?« Ja, in der Tat: »Schub« kommt von »schieben«, und wenn es Ihnen um Mitarbeiter geht, die ständig angeschoben werden müssen ...

Ein Bild des ewigen Wollens und Nichtvollbringens: Wie das nie ans Ziel führende Steinwälzen des Sisyphos, so muss die Schraube immer neuer Anreize – wurde sie erst einmal bewegt – endlos weitergedreht werden. Psychologisch sensibel und trainiert von den Seelen-Schraubendrehern unter den Führungskräften oder, wie in diesem Fall, offen ködernd von den Incentive-Schraubendrehern.

Die Frage aber bleibt offen: Wer schraubt wen? Führungskräfte springen wie Douglas Fairbanks in der Incentive-Takelage herum, mit gezogenem Säbel, mal Sieger, mal besiegt, mal Antreiber, mal Getriebener, unberechenbar umhergestoßen auf den Weltmeeren der Manipulation. Mich rührt sie nicht, die Atemnot der Motivierungs-Rhetoriker, die über die Anspruchsinflation und Verwöhnungssucht ihrer Mitarbeiter klagen. Denn für jeden ist er erkennbar, mitten in der scheinbaren Rationalität der Motivierungslehre: ein doktrinär irrationaler Kern.

Mit der tendenziellen Unabschließbarkeit, dem Sisyphos-Charakter der Motivierung ist somit ein weiteres kennzeichnendes Element identifiziert. Treibsand der Anreizkultur: In den Wanderdünen der Incentive-Tours sinken alle Beteiligten ein, je fester sie auftreten.

Motiviert Belohnung?

Wie ist dieses Dilemma zu erklären? Welche psychischen Kräfte wirken da im Hintergrund? Die Verhaltensforschung hat dazu Bemerkenswertes zu Tage gefördert.

Ein alter Mann wurde täglich von den Nachbarskindern gehänselt und beschimpft. Eines Tages griff er zu einer List. Er bot den Kindern eine Mark an, wenn sie am nächsten Tag wieder kämen und ihre Beschimpfungen wiederholten. Die Kinder kamen, ärgerten ihn und holten sich dafür eine Mark ab. Und wieder versprach der alte Mann: »Wenn ihr morgen wiederkommt, dann gebe ich euch 50 Pfennig.« Und wieder kamen die Kinder und beschimpften ihn gegen Bezahlung. Als der alte Mann sie aufforderte ihn auch am nächsten Tag, diesmal allerdings gegen 20 Pfennig, zu ärgern, empörten sich die Kinder: Für so wenig Geld wollten sie ihn nicht beschimpfen. Von da an hatte der alte Mann seine Ruhe.

Der amerikanische Sozialpsychologe Alfie Kohn schildert dieses Beispiel in der Zeitschrift »Health« (5/1990). Er steht damit in einer ganzen Kette neuester psychologischer Studien, die ein fundamentales Lerngesetz zu widerlegen scheinen: Belohnung ist *nicht* das beste Mittel der Leistungssteigerung. In unserem Beispiel waren die Kinder anfangs intrinsisch motiviert den alten Mann zu ärgern. Später ärgerten sie ihn nur noch, weil es eine Belohnung dafür gab – ihre intrinsische Motivation wurde durch die Motivierung zerstört; sie wandelte sich in eine extrinsische. Und der Reiz, die Spannung, die Neugier waren verschwunden.

In einer anderen Untersuchung wurden Mädchen aufgefordert jüngeren Kindern ein neues Spiel beizubringen. Für erfolgreichen »Unterricht« wurde ihnen jeweils eine Freikarte fürs Kino versprochen. Einer anderen Gruppe von Mädchen wurde die gleiche Aufgabe gestellt, nur konnten sie mit keiner Belohnung rechnen. Das erstaunliche Ergebnis: Erfolgreichere »Lehrerinnen« waren jene Mädchen, die die Aufgabe sozusagen »umsonst« übernommen hatten.

Weitere Untersuchungen, im Aufbau ähnlich wie diese, bestätigen: Wenn Kinder mit Belohnungen für eine Aufgabe gewonnen werden, verlieren sie schnell das Interesse, werden unzufrieden und erbringen geringere Leistungen als jene, die eine Aufgabe ohne versprochene Belohnung übernehmen. Der Grund: Sie handeln nicht, weil sie es für sinnvoll halten, sondern weil eine Belohnung ihnen diesen Sinn »ersetzt«.

»Kinder, ja, die sind auch noch nicht verdorben!«, höre ich den Skeptiker einwenden, »wer aber erst eine Belohnungs-Karriere hinter sich hat, macht nichts mehr ohne zusätzlichen Anreiz.« Wie schön, dass er irrt. Ich erinnere noch sehr gut den Mitarbeiter eines Elektrokonzerns, der mit großem Erfolg ein System zur Personalauswahl an andere Unternehmen verkaufte. Eines Tages erhielt er von der Unternehmensleitung einen Scheck über DM 5000. In dem beiliegenden Dankschreiben wurde die Prämie mit der Erwartung verbunden, dass er sich auch weiterhin so für den Verkauf des Systems einsetze. Stante pede stellte der Mitarbeiter seine Bemühungen ein. Vielleicht nicht der Regelfall, gewiss. Aber es ist doch zu bedenken, dass Prämien alles in den Bannstrahl der Profanisierung ziehen. Insbesondere dann, wenn die Arbeit mit Begeisterung und Initiative getan wird. »Geld ist manchmal wie ein Tritt in den Hintern«, sagt in »Wall Street« der Blaumann-Vater zum Broker-Sohn, der ihm nach einer Hausse mehr als das vorher geliehene Geld zurückgeben will. Aber selbst, wenn man in Rechnung stellt, dass es der oben beschriebene Mitarbeiter vielleicht »nicht unbedingt nötig« hatte; sicher ist: Alle Begeisterung für die *Idee* löst sich im Säurebad der Prämie in nichts auf.

Incentives werten die gesamte Mitarbeiterschaft zu einer Horde belohnungssüchtiger »Kinder« ab, denen es nicht mehr um ihre Tätigkeit geht, sondern nur noch um die nachfolgende Belohnung. Alle sind zutiefst fremdbestimmt.

Auch für weniger reflektierende Erwachsene geht die Rechnung nur scheinbar auf. Denn unabhängig davon, ob der »erwachsene« Mitarbeiter ohne motivierenden Anreiz tatsächlich oder nur angenommenerweise das gewünschte Verhalten nicht an den Tag gelegt hätte: die Verhaltensbiologie hat einleuchtend dargetan, dass sich der Mensch schnell an ein immer höheres Reizniveau gewöhnt, er also bald ohne »Zusatz«-Reiz in der Tat eine geringere Leistungsbereitschaft zeigt: ein Zirkelschluß, den Robert K. Merton schon 1957 als »self-fulfilling prophecy« beschrieb.

Das Sisyphos-Dilemma

Aus der Verhaltensbiologie ist in diesem Zusammenhang das Prinzip der »doppelten Quantifizierung« interessant. Es erklärt eine Handlung aus dem Verhältnis der beiden Variablen »Triebstärke« (Motivation) und »Reizstärke« (Motivierung). Bei entsprechender Reizhöhe ist demnach nur noch ein geringer Eigenantrieb nötig, um eine Handlung auszulösen: Je höher die Reizstärke, desto geringer die benötigte Triebstärke. Da aber die Reize bekanntermaßen schnell abflachen, müssen sie immer höher geschraubt werden, was zu der allerorten grassierenden Anspruchsinflation führt. Entsprechend sinkt der Eigenantrieb. Die Mittel sabotieren ihre Zwecke. Das aus diesem Zusammenhang abgeleitete Gesetz nenne ich das Sisyphos-Dilemma der Motivierung. Es lautet:

Alle Motivierung zerstört die Motivation.

Dieses – in seinem Folgenreichtum unübersehbare – Gesetz macht aus allen voll motivierten Mitarbeitern mit mechanischer Sicherheit jene Heerscharen demotivierter Misserfolgsvermeider, die unsere Unternehmen bevölkern. Die zuvor allenfalls behauptete Motivations-Lücke zwischen gemessener und möglicher Arbeitsleistung – der Ursprung der Motivierungs-Idee – entsteht *tatsächlich.* In einem Wort: Die Motivierung ist die Krankheit, für deren Heilung sie sich hält.

Diese Gesetzmäßigkeit produziert eine ebenso ständig unzufriedene wie lässig abwartende Konsumentenhaltung, die auf den lockenden Pusher/Puller wartet und weiß, dass er kommt, wenn man nur beharrlich genug ist. Man hat sich daran gewöhnt, verwöhnt zu werden. Wie der Kopfgeldjäger des Wilden Westens wartet, bis die Belohnung zur Stellung des Mörders hoch genug ist, so muss man nur mit langem Atem warten, bis die Zeitschraube dem Management die Luft abdreht und der Prämienköder nachhelfen soll. Diese Mechanik kreiert die Verführungsforderung, mit der große Teile der Mitarbeiterschaft an das Management herantreten und die schon so gewohnheitsmäßig eingeübt ist, dass sie offensichtlich niemandem mehr auffällt. Und wenn das Management dann der Erwartung entspricht und der Verführungsforderung erliegt, kreiert es genau das, was zu vermeiden und zu beheben es aktiv wurde: Demotivation.

Immer höhere Ansprüche. Immer weniger Eigeninitiative. Warten auf Belohnung statt Selbstverantwortung. Hechelnd jagt das Management den immer neuen Forderungen hinterher. Die Meute hetzt den Jäger.

Unzufriedenheit als Verwöhnungsfolge

Es ist dabei geradezu grotesk, wie in dem Maße, in dem Eigeninitiative, Selbst-Verpflichtung, kurz: Motivation zerstört wird, auf Hochglanzpapier von individuellem Unternehmertum, Intrapreneurship und Selbstverantwortung gefaselt wird. Als wolle man herbeireden, was man zuvor zuschüttete.

Damit nicht genug: Wenn bei Erhöhung der Reizstärke die eigene Antriebsenergie nur noch ungenügend abgerufen wird, so bleiben menschliche Aktionspotentiale, z.B. die Lust, Pläne aufgehen, Dinge funktionieren zu sehen, und vor allem Kreativität und Neugierverhalten ungenutzt, unbefriedigt und werden in bedenklicher Weise angestaut: Frustration, aggressive Langeweile, ständig steigende Ansprüche und die Umleitung der Energie ins Mäkeln und Lamentieren sind die Konsequenzen der Verwöhnung. Die leer laufende Reiz-Virtuosität der Incentive-Mechaniker erzeugt – Ironie der Verhältnisse! – eine latente Quengeligkeit, Unzufriedenheit als typische Verwöhnungsfolge. Treibstoff für die Jammer-Zirkel in unseren Unternehmen. *Das* ist die Rendite, die bei Investitionen in immer neue Incentives erzielt wird.

Dabei ist die Undankbarkeit der Mitarbeiter verhaltensökologisch nicht nur zwingend, sondern auch moralisch gerechtfertigt. Denn sie müssen natürlich auch nicht dankbar sein! Incentives werden mehr und mehr zum Gehaltsanteil, zum vorher budgetierten geldwerten Vorteil, den man eigentlich nur noch »unberechtigterweise« vorenthalten kann. Überdies sind Incentives ja auch beim Wettbewerber üblich. Wenigstens also wäre es fair, den Mitarbeitern nicht vorzutäuschen, Incentives seien eine »Zusatz«-Leistung. Es sind vorher kalkulierte Lohn- und Marketing-Kosten. Kein Grund zur Dankbarkeit.

Ich hege nur geringe Hoffnung, dass Einsicht in das Sisyphos-Dilemma der Motivierung den Manager unserer Tage schon sehr bald zur Verhaltensänderung veranlasst. Mein Zweifel begründet sich durch die Struktur des Manager-Systems. Denn die finanziell auf Kurzfristigkeit, schnelle Erfolge, schnelle Job-Rotation und Nach-mir-die-Sintflut-Mentalität angelegte Manager-Kultur entspricht dem Incentive-Denken wesensgemäß. Die kurzfristig zweifellos zu erzielenden Steuerungsgewinne spielen kurzfristigen Sicht- und Verhaltensweisen richtungsgleich in die Hände. Diese Mechanik lässt sich beschreiben als Privatisierung des Nutzens und Sozialisierung der (Folge-)Kosten.

Zur Not können sich die Incentive-Schraubendreher mit der Sisyphos-Deutung von Albert Camus trösten, der in dem mythischen Helden das Urbild des heroischen Menschen erblickte, der bewusst das Widersinnige und Absurde des Lebens auf sich nimmt. Wohlan!

Plateaued Employees

Betrachten wir kurz eine Spätfolge des Sisyphos-Dilemmas, einen weiteren Beleg für die These, dass jede Motivierung die Motivation nachhaltig zerstört.

Alles spricht vom Abflachen der Hierarchien. Die »Zwiebel« ersetzt die Pyramide. Die Führungskräfte buchstabieren ein neues Wort: Hetrarchie. Und bei sich verbreiternden Führungsspannen, die unter dem Signum kürzerer Kommunikationswege (und einzusparender Kosten) ganze Hierarchieebenen herausfallen lassen, gewinnt die alte Frage »Wie motiviere ich meine Leute?« ungeahnte Aktualität. Geplante Karriereschritte sind plötzlich beschnitten. Die Motivierungsschraube scheint totgedreht. Dadurch gibt es eine neue, riesige Problemgruppe in den Unternehmen: die »plateaued employees«. Das sind jene Mitarbeiter und Führungskräfte, die unter Umständen die nächste, nun aber weggefallene Hierarchiestufe noch erreicht hätten, denen aber das Potential für die übernächste Verantwortungsebene abgesprochen wird oder aber die aus organisationsstrukturellen Gründen nicht weiter befördert werden sollen.

Das ist der Fluch der bösen (Motivierungs-)Tat: Jahrzehntelang hat man die Mitarbeiter mit der Karriereverheißung extrinsisch motiviert, sie mit hohen Gehältern und weithin sichtbaren Ehrenzeichen begehrlich auf höhere Positionen schielen lassen – und erklärt dies alles nun plötzlich für einen nicht mehr zeitgemäßen Spuk von gestern. Aus karrierelüsternen Angestellten werden massenhaft demotivierte Abgestellte: Eine Generation von Frustrierten. Wie heißt das neue Ziel? »The organisation has to widen its criteria of success so that the majority, who are plateaued, can feel that they are winners.«

»... sich als Gewinner *fühlen*«: Zynischer geht's kaum noch. Eine hektische Defensive, die Muster bleiben die alten: Behende werden die Motivierungs-Systeme umkostümiert, die »lateral moves« zwischen den Unternehmenseinheiten forciert, die Titelstruktur überprüft, Hinhalte-Trainings eingerichtet, das Spektrum der symbolischen Anerkennung (um die »Goldene Plateau-Nadel«) erweitert: ein ebenso aufwendiger wie leicht durchschaubarer Verschleierungsaktionismus, der wohl nur in den seltensten Fällen das erreicht, was er zu leisten vorgibt: Energie und Initiative, kurz: Motivation.

Die Geister, die man rief, werden die Zauberlehrlinge nun nicht mehr los. Die intrinsische Motivation ist über Jahrzehnte durch immer neue extrinsische Gratifikationen nachhaltig zerstört worden. Jetzt muss die Schraube weitergedreht werden. Kaum noch jemand kommt auf die Idee, dass jemand etwas tut, weil er es tun *will*.

Der erste Schritt, diese verschüttete, aber in jedem schlummernde Energiequelle wieder freizulegen, wäre Klarheit, offenes Ansprechen der Situation und neues Verhandeln. Der zweite wäre, den Geist der Motivierung in die Flasche zurückzukorken, das Abbauen der Lockmittel, sonst würde die nicht mehr zu befriedigende Erwartung weiter geschürt. Das ist zweifellos schwer bei eingefahrenen Traditionen. Aber auch der längste Marsch beginnt mit einem ersten Schritt.

Loben als Herrschaftszynismus

> *»Und wie ist es dir gelungen, ihn fertig zu machen?«*
> *»Durch Lob …« (E. Kishon)*

Schon Abraham Lincoln formulierte für Führungshandbücher: »Wir sind alle für Komplimente empfänglich, das stimmt. Wir wollen alle Anerkennung, und zwar Anerkennung, die von Herzen kommt, und finden sie doch allzu selten. Alle Menschen haben einen nagenden, nie stillbaren Hunger danach. Aber nur die wenigen, denen es tatsächlich gelingt, diesen Hunger anderer zu stillen, nur diese ganz wenigen haben eine wirkliche Macht über die Menschen, und wenn ein solcher Mann stirbt, dann trauert sogar der Leichenbestatter.« Lincolns Sätze: Man muss sie sehr genau lesen. Dann erschließt sich die eigenartige Spannung des Themas, das einen Bogen spannt von einer Anerkennung, die »von Herzen kommt«, zu einem Bedürfnis, das »Macht über Menschen« heißt.

Grundbedürfnis nach Zuwendung

Dass der Mensch nicht vom Brot allein lebt, ist lange bekannt. Vor allem auf Anerkennung kann kein Mensch verzichten, wenn er nicht unsicher, verbittert und unglücklich werden will. Selten können wir davon genug bekommen, ja, nicht wenige Menschen sind gleichsam »wandelnde Anerkennungsdefizite«, weil sie selbst und die Menschen um sie herum oft so sparsam damit umgehen. Aus allen Ritzen ihres Daseins saugen sie dieses wärmende Gefühl der Zustimmung.

Das Grundbedürfnis nach Zuwendung und Anerkennung ist insbesondere von der Kinderpsychiatrie immer wieder untersucht worden. René A. Spitz (und andere Forscher vor ihm) hat darauf hingewiesen, dass Säuglinge ohne Zuwendung durch Körperberührung, Gehaltenwerden und zärtlichen Stimmenklang selbst unter sonst günstigen Lebensumständen degenerieren, krankheitsanfällig werden und sogar sterben können. Dies ganz im Gegenteil zu solchen Kindern, die unter sonst ungünstigen Umständen (unhygienisch, unterernährt), jedoch an der Seite zugewandter Kontaktpersonen aufwachsen.

Das Kleinkind, das noch wenig Maßstäbe für sein Tun und Lassen hat, braucht nach vorherrschender Lehrmeinung das Lob seiner Eltern dringend als Richtschnur seines Handelns. Dies bleibe hier undiskutiert; Lob für Kinder ist heute nur allzu oft die Fast-food-Zuwendung der Zeitmangel-Generation.

Sicher ist, dass Kinder, wenn sie denn keine positive Zuwendung bekommen, sich diese auf irgendeine Weise *negativ* holen. Mit anderen Worten: Ein Kind, dem keine oder nur ungenügend positive Zuwendung zukommt, holt sich lieber böse Worte und Blicke oder sogar Schläge, als dass es gar keine Beachtung findet. Dieser Reflex scheint gut zu funktionieren, wie in einer britischen Studie festgestellt wird: Danach »ernten« britische Kinder täglich durchschnittlich 412 negative Bemerkungen, aber nur 37 positive!

Anerkennungs-Ökonomie

Auch wir Erwachsenen brauchen offensichtlich unsere »Streicheleinheiten«. Ein Zitat aus Manager-Mund: »Wenn ich mir überlege, warum ich morgens aufstehe, dann eigentlich nicht, weil ich Geld verdienen muss, sondern weil ich hoffe, dass an irgendeiner Ecke jemand steht und sagt: ›Das hast du gut gemacht.‹«

Aber schon der Begriff der Streichel-»Einheit« verweist auf eine instrumentelle, mechanische Handhabung. Gerade in unseren Unternehmen ist die »sparsame Streichel-Bewirtschaftung« – das ökonomische Umgehen mit der Anerkennung – Anlass vieler »psychologischer Spiele« um Zuwendung und Nähe. Mitarbeiterbefragungen belegen immer wieder ein oft gravierend empfundenes Anerkennungsdefizit in den Organisationen. Denn obwohl »Streicheleinheiten« unbegrenzt zur Verfügung stehen, sind sie durch die üblicherweise praktizierte Form des zwischenmenschlichen Umgangs zu einem knappen Gut geworden: Mein Partner und meine Kinder bekommen noch viel, mein Freund schon weniger, meine Mitarbeiter noch weniger usw. Menschliche Zuwendung und persönliche Beachtung werden künstlich begrenzt und damit zur Manipulationsmasse, mit der ich – ähnlich dem Duzen – Distanz und Nähe dosiere.

Diese generöse Geste ist auch dem Lob eingebaut: Lob wird »gespendet«. Schon allein deshalb, weil es nach der Erfahrung vieler Führungskräfte materielle Erwartungen geradezu provoziert.

Loben ist »in«

Wenn wir etwas geleistet haben und ein anderer sagt, dass er das gut findet, dann freut uns das in der Regel. Wir fühlen uns anerkannt und haben mehr Lust und Mut so weiterzumachen. Wenn aber alles, was wir tun, immer nur als selbstverständlich hingenommen oder gar kritisiert wird, verlieren wir Lust, Mut und langfristig auch Selbstvertrauen. So scheint es jedenfalls.

In der Managementlehre hatte daher in den letzten Jahren die Führungstechnik des »Lobens« Konjunktur. Loben ist »in«. Seit die Waffen aus dem Arsenal des kalten Führungskrieges (Zwang, Drohung) stumpf und rostig geworden sind, gilt das Loben des Mitarbeiters als besonders humane, »mitmenschliche« Form des betrieblichen Miteinanderumgehens. Es »menschelt« in den Organisa-

tionen. Analog zu Baden Powells Pfadfinder-Motto »Jeden Tag eine gute Tat« gilt nun als höchste Form der Führungsweisheit: »Du sollst deinen Mitarbeiter täglich einmal loben.«

Die überall mehr proklamierten als gelebten kooperativen Führungsstile haben die »Technik« des Lobens dabei immer weiter ausdifferenziert und damit den »lobenden« Manager als Inbegriff mitarbeiterbezogenen Führungsverhaltens kreiert. Das »motivierende« Lob soll sich direkt in die Seelen der Mitarbeiter schrauben und dort ungeahnte Energie freisetzen – wenngleich so manchem Manager alsbald aufging, dass die formale Handhabung des täglichen Lobens den angestrebten Effekt schnell ins Gegenteil verkehrte.

Das Problem ist dabei, dass Ratschläge, wenn sie überhaupt aufgegriffen werden, sofort mechanisch instrumentalisiert werden. Das heißt hier »Lobintervalle« einzubauen. »Lobkonten« werden eröffnet. Ehemals bärbeißige Manager kommen plötzlich als Lob-Wurf-Maschinen daher und begegnen kopfschüttelnden Mitarbeitern, die mit der Bemerkung »Er war wieder auf einem Seminar« auch diese neue Marotte der Führungstechnik ins Leere laufen lassen.

Zugegeben: Viele Menschen spüren an ihrem Arbeitsplatz schmerzlich ein Anerkennungsdefizit – aber spüren sie auch ein »Lob-Defizit«? Skepsis ist angebracht. Denn Loben ist bei genauerem Hinsehen ein sehr zwiespältiges, tückisches Verhalten, dessen verhängnisvolle Wirkung nicht sofort zu Tage tritt. Es schadet unter Umständen jedoch dem Vorgesetzten-Mitarbeiter-Verhältnis eher, als es nützt. Das ist zu erläutern.

Das Lob-Dilemma

Offenbar besteht ein Lob-Dilemma: Lobt der Vorgesetzte niemals, beklagen sich die Mitarbeiter; lobt er zu oft (die berüchtigte »Lobhudelei«), wird das Lob nicht ernst genommen. Aber wie oft ist »zu oft«? Von Mitarbeiter zu Mitarbeiter und von Situation zu Situation dürfte das sehr unterschiedlich sein. Und schon mancher sah sich scharf kritisiert für eine Arbeit, auf die er selbst stolz war, und hoch gelobt für eine Arbeit, deren Besonderheit er kaum erkennen konnte. Aber vielleicht sollte gerade mal ein »Lobintervall« eingebaut werden …

Auch ist das Gerechtigkeitsproblem nicht lösbar. Was bei dem einen auffällt und gelobt wird, wird bei dem anderen übersehen. »Mit jedem Orden, den ich verleihe, schaffe ich mir 99 Neider und einen Undankbaren«, sagte schon Ludwig XIV. Ein kaum lösbarer Zirkel des »Wie man's macht, macht man's falsch«. Auch ein anderer großer Führungspsychologe wußte darum: Jesus hat seine Anhänger nie gelobt.

Manipulative Handhabung

Zurechenbares und ehrliches Handeln setzt einen glaubwürdigen, berechenbaren Handlungsraum voraus. Wenn aber unter der Bedingung der Motivierung das Führen zum Verführen verkommen ist, der Manipulationsverdacht stets wachsam lauert und Glaubwürdigkeit aus weiten Teilen des Wirtschaftslebens ausgezogen ist, dann kann noch das wohlmeinendste, herzlichste Lob verhext sein: Es ist und bleibt verdächtig, manipulieren zu wollen.

Genau das ist es: Lob wird in unseren Unternehmen hochgradig *manipulativ* gehandhabt. Mancher wird sich dabei ertappt haben, dass er sich nach einer eigentlich angenehmen Unterredung mit viel Lob und Streicheleinheiten undefinierbar gespannt und bedrückt – einfach nicht o.k. fühlte. Die Erklärung ist denkbar einfach: Es ist unbemerkt mit Lob manipuliert worden. Nach dem Motto: »Zunächst kräftig streicheln und erst dann die Katze aus dem Sack (Ablehnung oder Kritik, ›konstruktiv‹ natürlich!).«

Diese Methode hat Tradition. »Lob und Tadel« gehören als Wortverbindung schon seit jeher zusammen. Ja, Lob soll sogar die Wirkung des Tadels erhöhen, wie in einer Führungslehre zu lesen ist: »Nur beim Vorgesetzten, der lobt, kommt Tadel zur vollen Geltung.«

Der »Tadel« erschien dann wohl zu altväterlich und avancierte zur »Kritik«. Das »Lob«, offenbar weniger verdächtig, blieb, was es war: die ›bessere Hälfte‹ von Zuckerbrot und Peitsche.

»Lob und Kritik«, so heißt es nun, gehören untrennbar zusammen. Das Ergebnis liegt auf der Hand: eine manipulative Wechsel badpolitik, die die Abhängigkeit des Mitarbeiters vom erhobenen oder gesenkten Daumen des Chefs zwar etwas abwechslungsreicher umwölkt, keineswegs aber mildert, geschweige denn durch Klarheit ersetzt. Lob degeneriert zur Ouvertüre für die nachfolgende »konstruktive« Kritik. Gesprächstaktische Schmierseife. In der Regel schnell durchschaut und mithin allen eigenen Wertes beraubt.

Wie oft sieht man einen Mitarbeiter die vorgeschaltete Lob-Einleitung voller Ungeduld abwarten, weiß er doch, dass erst »danach« das eigentlich wichtige »dicke Ende« kommt. Die richtige Startrampe für endlose Rechthaben-Debatten.

Deutlicher noch beim »Weg-loben«. Hier wird der manipulative Charakter des Lobens gewissermaßen zur Kenntlichkeit entstellt. Desgleichen mit dem gezielt eingesetzten »Lob von der falschen Seite«, das so manchen öffentlichen Abstieg einleitete. Vorstandsmitglieder großer Unternehmen wissen, wie außerordentlich gefährlich es ist, vor einem großen Revirement vom Vorsitzenden gelobt zu werden.

Variante »kompensatorisch«

Mancher Leser wird auch die Situation kennen, in der er ein Lob eigentlich ablehnen wollte, weil er dem Lobenden die Kompetenz zum Loben einfach abstritt. Oder weil er spürte, dass oft geehrt wird, der sich ausnutzen lässt. Oder weil der Chef seinen Vorschlag so deformierte, dass das Lob fast wie eine Verhöhnung klang. Vielleicht wurde dieses Verhalten gefühlsmäßig gleich als *»kompensatorisches Lob«* entlarvt, dann wahrscheinlich doch nicht abgelehnt, weil der Mut dazu fehlte. Folgsam dem Gebot: Lehne nie ein Lob ab, selbst wenn du es nicht haben willst! Wie kann man jemanden auch so brüskieren, wo er es doch ›nur gut meint‹!

Aber genau so kann es eingesetzt sein: Lob engt die Handlungsfreiheit des Mitarbeiters ein. Erst recht, wenn man mit Lob »überhäuft« wird. Wer kann sich schon gegen Lob wehren? Manipuliert und beschämt steht der Gelobte hilflos da, seiner Freiheit beraubt. »Gegen Angriffe kann man sich wehren, gegen Lob ist man machtlos« (S. Freud).

Mit Lob bringt man die Freiheit um.

Ein machtvolles, tückisches Instrument. Machtvoll, weil es so unschuldig daherkommt.

Variante »strategisch«

Auf die vorherrschend manipulative Lob-Verwendungsstrategie reagieren viele Menschen in beinahe hilfloser Weise angemessen, indem sie das Lob »beschämt« ablehnen: »Das ist doch selbstverständlich.« – »Das war doch nur meine Pflicht.« Die Betroffenen widerstreben, sicher auch, weil sie nach den Regeln der »Streichel-Ökonomie« seit ihrer Kindheit kaum Gelegenheit hatten, mit solchem Verhalten umgehen zu lernen. (Der abwertende Klang des Verbs »schmeicheln« hat diese Tradition bewahrt.) Sie lehnen sicher auch ab, weil sie instinktiv den manipulativen Charakter erspüren und misstrauisch sind: »Das sagt er nur, weil er etwas von mir will.«

Schon wahr: Manche Führungskräfte bewahren Lob wie in einer Konserve auf, um es bei »Bedarf« herauszuholen – dann nämlich, wenn man vom Mitarbeiter etwas »Außerplanmäßiges« erwartet und dafür das Lob gleichsam »in Zahlung« gibt. Auch Prämien werden ja »ausgelobt«. Vielleicht läuft der gelobte Mitarbeiter tatsächlich dreimal strahlend los und macht die unglaublichsten Dinge; beim vierten Mal zögert er; beim fünften Mal sagt er leise »Nein«. Man spürt die Absicht und ist verstimmt.

Übertriebenes, plakatives Lob formuliert zudem unterschwellig auch Ansprüche für die Zukunft, nicht selten durch ein angehängtes ›Weiter so!‹ ausgedrückt. Auch hier wirkt die mangelnde Klarheit kontraproduktiv. Insbesondere bei Misserfolgsvermeidern wächst dadurch die Angst, dem Anspruch nicht entsprechen zu können. Angesichts hoher Erwartungen verkrampfen sich viele Mitarbeiter und gehen in Deckung. Die angestrebte Wirkung ist dahin.

Oder ist es so gemeint: Die Faulen und Nichtsnutzigen müssen ob ihres fehlenden Einsatzes für das Unternehmen beschämt werden, derweil die Guten und Tüchtigen weithin sichtbar aufs Podest gehoben werden, um der Belegschaft als Vorbild zu dienen. Überdies wird ein erkleckliches Quantum an Sozialneid produziert, das die Mitarbeiter (minus den Erhobenen) im gemeinsamen Ressentiment vereint – was in unserer Zeit, in der schnöder Individualismus der Corporate Identity geopfert werden soll, als Sozialzement nicht zu verachten ist.

Nach dem kompensatorischen Lob ist somit hier ein *strategisches* Lob identifiziert, was beim motivierungserfahrenen Manager in der Führungsweisheit gipfelt: »Manche Mitarbeiter kann man einfach nur nach-vorne-loben.« – Das muss man sich mal auf der Zunge zergehen lassen: ›nach-vorne-loben‹. Aber die Spruchweisheit kennt es schon lange: »Lob ist ein Mittel, den Menschen so weit zu bringen, dass er es verdient.«

Und was macht man mit den Kritikern im Unternehmen, den Unbequemen, die durchblicken? Der Bereichsleiter lächelt: »Ganz einfach: totloben. Was die Kritiker immer fertig macht, ist unser Herrscherlob. Dann denken alle Zuschauer, wenn wir schon unsere schärfsten Gegner für ihre bedeutende Arbeit loben können, kann das alles nicht so schlimm sein.« Offene Kommunikation? Weit gefehlt. Stattdessen der verführerische Sirenengesang des Lobens.

Von diesem Gesang kann man sagen, dass er seine Kräfte um so verführerischer spielen lassen kann, je geheimer er seine Wirkkräfte behält und je besser er sie verbirgt. Wer dann von ihm gefangen ist, ist zugleich betört und beschämt. Von den Sirenen wird man ja nicht einfach nur zerrissen, man wird auch noch verspottet, dass man ihren Melodien zugehört und ihnen nicht widerstanden hat. Gelobt ist man beschämt. Weil man sich exponiert sieht. Weil Scham das Gefühl peinlich empfundener Ungleichheit ist, das Gefühl des Ausgestelltseins, dem man nicht gewachsen ist. In der Tat: Lob beschämt.

Wie eindringlich der Sirenengesang des Lobens verführt, zeigt der hier klassisch illustrierbare Zusammenhang, dass er uns in Erinnerung an unsere Kindheit mit kaum stillbarer Sehnsucht erfüllt, süchtig macht, nicht nach dem Ergebnis unseres Handelns, sondern, dieses gleichsam überspringend, süchtig macht nach dem erhofften Lob: bis dass uns der Anlass des Lobes fast gleichgültig ist. Wie es Seneca vortrefflich ausdrückte: »Diese Dinge werden nicht gelobt, weil sie wünschenswert sind, sondern gewünscht, weil man sie lobt.«

Und im Berufsleben? Da verschwindet die Rationalität des Arbeitsergebnisses angesichts der möglichen Zuwendung einer Autorität. Das Ergebnis ist die heillose »Präsentationskultur« vieler Firmen. Nicht mehr um die Sache geht es, sondern darum, ob sie dem Chef gefällt. Es ist dann die Hoffnung auf Lob, die viele »Sondergastspiele« beim Chef motiviert. Bis dieser den Mitarbeiter mit der zynischen Frage empfängt: »Glauben Sie, Ihre Arbeit könnte mir gefallen?«

Wettkampf der Schlitzohren

Wer mit Lob motiviert, wird mit Erfolgsmeldungen bestraft. – Das mag ja noch hinnehmbar sein, wenn lediglich die individuelle Lobsucht befriedigt wäre, im übrigen aber die Mitarbeiter zu schnellerer und effizienterer Zielerreichung angestachelt würden. Aber die Gefahr von Schein-Erfolgsmeldungen ist groß: Etiketten-, Statistik-, Schnellschuss-Schwindel aller Art, ungerichteter Aktionismus ohne nachprüfbare Wirkung. Kommt der lobspendende Chef dahinter, lamentiert er tief beleidigt über die Selbstsucht und Winkelzügigkeit seiner Mitarbeiter – über Eigenschaften, die er selber gerade noch als Hebel zu *seinem* Vorteil nutzen wollte. Pech gehabt im Wettkampf der Schlitzohren!

Im Hintergrund dümpelt die absurde Unterstellung, dass die Ziele loblüsterner und karrierebewusster Ehrgeizlinge mit denen des Unternehmens weitgehend identisch seien. Wenn dies anfangs auch zutreffen mag – nach einigen belobigten Erfolgen stehen die Verhältnisse auf dem Kopf: Der Karrierist benutzt das Unternehmen zu seiner Profilierung. Alles ist ihm Material applausheischender Selbstdarstellung. Was dabei für das Unternehmen herauskommt, ist bestenfalls fragwürdig.

Interpretationsmonopolisten

Ein weiterer Gesichtspunkt resultiert aus obiger Überlegung: Es ist klar geworden, dass dem Loben immer ein Bewertungsvorgang vorausgegangen ist, der sich auf eine Leistung oder ein Verhalten bezieht, also nicht eigentlich auf die Person als solche, sondern auf etwas, was die Person gemacht hat. Es trägt daher deutlich erkennbar einen Tauschcharakter: Lob gegen Leistung.

Das damit eng zusammenhängende Wesensmerkmal des Lobens ist die Tatsache, dass es immer ein *Interpretationsmonopol* definiert, und zwar einen, der sagen darf, was gut und richtig ist, und einen, der dieses Urteil über sich ergehen lassen muss. Lob ist eine hierarchische Kategorie. Nach unten wird gelobt. (Übrigens wie beim Schweigen, nur umgekehrt: nach oben wird geschwiegen.) Loben bestimmt mithin ein »Oben« und ein »Unten«, krass gesagt: ein Herr-Knecht-Verhältnis. Schiller sagt es im ›Gang nach dem Eisenhammer‹: »Der Graf wird seine Diener loben.«

Lob macht jedoch nicht nur indirekt zum Chef; man nutzt es auch aktiv zur Selbsterhöhung. Sloterdijk lässt seinen van Leyden mit aggressivem Elan sagen: »Ich frage, wer es ist, der sich herausnimmt, zu urteilen, wo er nur zusehen sollte. Denn urteilen hieße einen Anspruch darauf anzumelden, überlegen zu sein …« So mancher Lobesbrief mit großem Verteiler »erhebt« vor allem den Lobenden. So haben denn – scheinbar – alle was davon. Und so mancher Chef hat aus diesem (mehr gefühlten als gewußten) Grund das Wangentätscheln im ständig leicht erhobenen Arm, die Komplimente vorgekaut im Mund. Man weiß ja: Erst der Knecht macht den Herrn.

Im Deutschen ist dieses Verhältnis im Verb »be-lobigen« aufgehoben, das die Verkündigungsrichtung des »von oben nach unten« noch deutlich beinhaltet, wobei das Präfix »be-« im Deutschen häufig ein »von, weg« bezeichnet. Lob kommt mithin von oben, aus einer gütigen Eltern-Position, die sich an ein angepasstes, dankbar Lob empfangendes Kind richtet.

Auch in der Körpersprache drückt sich dieses Machtgefälle aus: in der Geste des »Schulterklopfens«. »Anerkennend« ist sie zumeist gemeint und ist doch ganz ausdrücklich ein Schlagen, eine Geste von oben nach unten. Sie symbolisiert Macht. (Klopfen Sie Ihrem Chef anerkennend auf die Schulter?) Das englische Wort »stroke« hat die Doppeldeutigkeit des verbalen Lobens und non-verbalen Schulterklopfens bewahrt: einerseits bedeutet es zärtliches »streicheln«, andererseits auch »schlagen, ärgern«.

Einen Höhergestellten zu loben hat mithin einen irritierenden Unterton. Es wird als despektierlich und anmaßend wahrgenommen. *Wer »das Sagen« hat, hat auch »das Loben«.*

Auf solcher Einseitigkeit und Asymmetrie der Verhältnisse beruht mithin das Wesen des Lobens. Es kreiert Eltern-Kind-Verhältnisse und schafft – insbesondere auch im Unternehmen – ganze Legionen unselbständiger, lobsüchtiger Kinder: unverantwortlich, notorisch unterversorgt, angepasst. Sind das die Entrepreneure, die alle Welt sucht? Sind das die Exzellenten, die unsere Wettbewerbsposition mit ihrem Pioniergeist und ihrer Kreativität sichern und ausbauen sollen?

Im Gegenteil: Lob verhindert Exzellenz! Wer vom Lob abhängt, strengt sich so lange an, bis er bekommt, was er sucht. Er strengt sich an bis zur »Lob-Barriere«. Damit macht er das Lob des Chefs, mithin dessen Bewertungskriterien zum Maßstab seiner Exzellenz. Darf sich ein Unternehmen damit begnügen? Auf diese Weise wurde noch nie Außergewöhnliches geboren. Nur wer total bei der Sache ist, wer sich in seine Aufgabe ohne Seitenblick auf mögliches Lob hineinkniet, trägt das Attribut »exzellent« zu Recht. Das sind jene, die sich unabhängig von Zustimmung und Ablehnung mit Elan und Entschlossenheit bewegen und es nicht nötig haben, sich loben zu lassen. Diese von ihrer Aufgabe Besessenen (und nicht die Profilierungsakrobaten) sind in Wahrheit die Stützen des Unternehmens.

Weit bedenklicher noch sind die Auswirkungen des Lobs jedoch für das Individuum. Denn wenn man von etwas abhängt, verliert man leicht das Gleichgewicht. Unabhängig davon, wie reif wir sind – wenn wir aufrichtig in uns hineinblicken, so werden viele den Wunsch nach einer Mutter- oder Vaterinstanz finden, die uns versorgt und behütet. (Einer der Gründe, warum viele Vorgesetzte die Prinzipien der Kindererziehung schlicht in die Führung von Mitarbeitern übertragen.) Viele Menschen tragen seit ihrer Kindheit das unerfüllte Bedürfnis in sich, sich von anderen Stärke zu holen. Ihr äußerliches Verhalten mag diese Menschen in vielem reif erscheinen lassen. Dennoch ist es ihnen nicht gelungen, eine entscheidende Tatsache menschlicher Existenz zu akzeptieren, nämlich, dass das Zentrum ihrer Schwerkraft nirgendwo anders als in ihnen selbst ruht. Stillschweigend erwarten sie von ihrer Umwelt, dass diese ihnen liefert, was sie irrtümlicherweise glauben selber nicht zu besitzen: Selbst-Vertrauen im wahrsten Sinn des Wortes, die vitale Kraft des Selbst. Lob hingegen erzieht zur Kraft-Losigkeit.

Wenn diese Gefühle unser Leben regieren, die Qualität unserer Existenz bestimmen und zum entscheidenden Antrieb allen Handelns werden, dann sind wir abhängig. Ein Mensch, dessen Leben von Abhängigkeit regiert wird, leidet im strengen Sinne unter einer passiv abhängigen Persönlichkeitsstörung, einer der häufigsten psychischen Störungen unserer Technikkultur überhaupt. Was M. Scott Peck zur Abhängigkeit vom geliebten Menschen sagt, das gilt auch für das Lob: »Das ist das Schlimmste, was Sie sich antun können. Sie wären besser dran, wenn Sie von Heroin abhängig wären. Solange Sie welches haben, lässt Heroin Sie nie im Stich und macht Sie immer glücklich. Wenn Sie aber von einem anderen Menschen erwarten, dass er Sie glücklich macht, so werden Sie unablässig enttäuscht.«

Das mag mancher für überzogen halten. Sicher ist: Wer jemanden loben kann, darf ihn auch tadeln. Und wer von dem Lob anderer abhängig ist, lebt in der ständigen Angst, es nicht zu bekommen. Er verliert immer: wenn er es nicht erhält, sein Selbstwertgefühl; wenn er es erhält, seinen Selbstrespekt durch die Abhängigkeit vom Urteil anderer und durch eine »abgeleitete« Sicherheit, die der Sicherheit des Kindes entspricht.

In ihrer Gier nach dem Applaus der Umwelt werden zwar so manche alt, aber nie erwachsen.

Umkehrbares Lob

Lob vermeiden? Zunächst war es mir wichtig, auf die Mehrdeutigkeiten des Lobens hinzuweisen. Außerdem könnte man ja auch mit den Mitarbeitern über das Loben ins Gespräch kommen, Erwartungen abgleichen, den Wunsch nach Lob nicht einfach hinnehmen, sondern im Sinne des Coaching Bewusstsein fördern. Zweifellos erwarten viele Mitarbeiter erziehungsbedingt und traditionell das Lob des Vorgesetzten, selbst wenn es sie in eine kindliche Anpassungshaltung zwingt. Sie sind verunsichert, wenn ihre Erwartung, ihre Hoffnung auf Lob enttäuscht wird. Mindestens macht das Lob ja klar, dass der Chef einverstanden ist. Es ist also besser als keine oder eine unklare Reaktion. Man mag zudem einwenden, dass es immer auch auf die Art und Weise des Lobens ankomme, ob man unprätentiös etwas »prima« findet oder aber alle Angemessenheit mit dem betörenden Sirup der Lobrede oder der öffentlichen Zur-Schau-Stellung verkleistert.

Machen wir uns aber nichts vor: In den Unternehmen wird das Lob in der Regel manipulativ, d.h. kompensatorisch oder instrumentell-strategisch gebraucht. Nur wenige Vorgesetzten-Mitarbeiter-Verhältnisse sind so symmetrisch und offen, dass Lob echt, frei und nicht-manipulativ möglich ist. Das ist in einem System von Über- und Unterordnung auch fast Illusion. Erst wenn – umgekehrt – der Mitarbeiter auch den Vorgesetzten loben kann (ohne dass der Vorgesetzte nun seinerseits den Verdacht des strategischen Lobs hegen muss), wäre das Loben als eine Form positiver Zuwendung, der wir alle so sehr bedürfen, ohne Widerhaken. Als Regel kann mithin gelten: *Lobe nur dann, wenn das Lob prinzipiell umkehrbar ist!*

Gleichviel: Lob ist und bleibt »second best«. Ich möchte stattdessen ein Verhalten vorschlagen, das mit »Anerkennung« und »Ernstnehmen« sicher zunächst unscharf bezeichnet ist.

Wahrnehmung, Zugewandtheit, Aufmerksamkeit

Das erste Gebot der Anerkennung klingt eher trivial: den Mitarbeiter *wahrnehmen*! Viele Mitarbeiter teilen das Gefühl, nicht gesehen, nicht wahrgenommen, tatsächlich »übersehen« zu werden. Kein Echo auf Vorschläge und Initiative. Kaum eine Reaktion des Vorgesetzten auf die bare Anwesenheit, oder nur eine flüchtige Reaktion, die das zielbewusst angesteuert »Wichtigere« fast noch stört. »Anerkennung ist eine Pflanze, die vorwiegend auf Gräbern wächst«, schrieb Robert Lemke.

Reaktion spüren, Feedback erhalten: Niemand anderes hat das in so einfache und klare Worte gesetzt wie Botho Strauß: »Du gehst dem nach, von dem du dich wahrgenommen fühlst. Dem du so ernst erschienen bist. Überall sonst die treulos streifenden Blicke, die knisternden Fünkchen ungenauen Hinsehens. Jedoch, wahrgenommen werden: als sanfte Erhöhung spürst du, was schon als unaufhaltsame Auszehrung, Entleerung, Ermattung deiner Person seinen Lauf genommen hat.« Eine intensive Form des »management by wandering around«?

»Anerkennung« und »positive Zuwendung« äußern sich zudem durch *Freundlichkeit* und *Aufmerksamkeit,* grundsätzlich und beständig. Sie äußern sich durch verbale und non-verbale *Zugewandtheit,* durch wirkliches *Interesse* am Mitarbeiter im Sinne von (lat. inter esse) »dazwischen sein«, durch die partnerschaftliche Art des alltäglichen Kontaktes.

Diese grundsätzliche Haltung von Freundlichkeit und Zugewandtheit sollte nicht an Leistungsbedingungen geknüpft sein und sich nicht auf eine konkrete und zu belobigende Leistung des Mitarbeiters beziehen, sondern der Person *als solcher* gelten; sie sollte jedem Mitarbeiter entgegengebracht werden – nur und allein auf Grund seines ›Daseins‹ als Mitglied der Unternehmensgemeinschaft.

Heute können sich nur wenige Menschen vorstellen, dass sie ein Recht auf positive Zuwendung, Aufmerksamkeit und Anerkennung haben, ohne dass sie dies oder jenes »gemacht« haben, nur – weil sie »da« sind. Hans Jonas hat diesen Anspruch des Menschen am Urbild des neugeborenen Kindes aufgezeigt, das einen unwidersprechlichen Appell an seine Umwelt richtet, sich seiner zuzuwenden und anzunehmen.

»Gut, gut«, höre ich manchen Leser sagen; »aber auch im daily business?« Ich selbst durfte es einmal erleben. Ich war gerade einige Monate bei der 3M Deutschland eingestiegen und saß eines Abends nach einem langen, kräftezehrenden Konferenztag mit einem hierarchisch »weit entfernten« Vorgesetzten in der Sauna. Fast beiläufig bemerkte er zu mir: »Ich finde es schön, dass Sie bei uns sind.«

Viel Lob habe ich vergessen. Diese Worte nicht.

(Dieses Kapitel richtet sich vor allem an »fortgeschrittene« Führungskräfte. Wenn ich in manchen Punkten dieser Analyse von einigen Hardlinern unterstützt werde, so kann ich nur versichern, dass mir jede Einigkeit mit ihnen zutiefst unerwünscht ist. Wer nach der Lektüre lediglich seine Vorurteile gegenüber »weichem« Führungsverhalten bestätigt sieht, für den ist schon das Loben ein Riesenschritt in Richtung Führungskompetenz.)

Bonus-Systeme als Nullsummen-Spiele

> *Die Bonus-Praxis in den Unternehmen ist die Krankheit, für deren Heilung sie sich hält.*

Die Farbe des Geldes

»Nach Golde drängt, am Golde hängt doch alles!« Goethe. »Die 100 bestverdienenden Manager«. Eine Wirtschaftszeitschrift. »How to win the money game«. Ein Bestseller. »Leistungsbereitschaft ist einzig und allein eine Frage der Bezahlung.« Ein Unternehmer.

Umfragen bestätigen in regelmäßigen Abständen den »Motivations-Faktor Gehalt«: Nach einer Emnid-Erhebung sind 48 % der befragten 2000 Arbeiter und Angestellten bereit bei höherem Einkommen ihre beruflichen Anstrengungen zu steigern. (Das wäre in der Tat des Rätsels Lösung: Man bräuchte allen Unproduktiven nur höhere Gehälter zahlen und schon schwingen sie sich von Erfolg zu Erfolg.) Aus vielen Signalen muss man den Eindruck gewinnen, dass immer nur das eine erfolgreiche Menschen antreibt: Geld. Money makes the world go round. Und alle tun dafür alles.

Umfragen bestätigen aber in zunehmendem Maße auch gerade das Gegenteil. Eine bei der Deutschen Bank durchgeführte Befragung wies für rund 80 Prozent der Befragten Lust und Spaß an der Arbeit wichtiger als das Einkommen aus. Dies bei den Mitarbeitern eines mit Geldgeschäften befassten Unternehmens! Bei Nachwuchskräften ist – überblickt man die Erhebungen der letzten Jahre – die Tendenz sogar relativ einheitlich: Ihnen sind eine herausfordernde Tätigkeit, individuelles Arbeiten, Aus- und Weiterbildung sowie eine partizipative Führung durchweg wichtiger als ein attraktives Gehalt.

Aber unabhängig von den Moden der Werte-Dynamik: dass Geld

als »Motivator« nur eine sehr geringe Halbwertszeit besitzt, ist ein alter Hut der Betriebspsychologie. Jeder kennt das an dem »motivierenden« Effekt der Gehaltserhöhung. Nur konnte man unter den Bedingungen der Nachkriegszeit bis in die späten 70er Jahre hinein davon ausgehen, dass über einen latenten materiellen Nachholbedarf Menschen tendenziell mit Geld zu »bewegen« waren. Jetzt, in den 90er Jahren, wo in den westlichen Industrienationen die materiellen Bedürfnisse sehr weitgehend gedeckt sind, zerbröselt diese Bedingung. (Die Vereinigung der beiden deutschen Staaten hat allerdings wohl noch einmal Aufschub gegönnt.)

Um nicht missverstanden zu werden: Jeder will gut verdienen. Ich sage auch nicht, dass sich Menschen nicht durch Geld – wenigstens kurzfristig – zu zusätzlichem Einsatz animieren ließen. Und viele Manager, die kurzfristige Erfolge benötigen, werden nach diesem Strohhalm greifen. Der Strohhalm gibt ein Stichwort: *Alle Motivierung erzeugt bestenfalls Strohfeuer-Motivation.* (Die Folgen trägt dann meistens jemand anderes.) Viele Signale weisen aber – jenseits aller ständig neuen Thesen zum Wertewandel – darauf hin, dass Geld in zunehmendem Maße nicht mehr ausreicht Sinndefizite, mangelnden Freiraum und eine demotivierende Unternehmenskultur langfristig zu kompensieren. Für Geld allein lässt sich heute kaum noch jemand seine Zeit abkaufen.

Die Botschaften der empirischen Forschung aber sind uneinheitlich. Nach allem, was sich jetzt vorausschauen lässt, werden sie es auch bleiben. Denn alles wird fragmentierter. Die Gesellschaft läuft, wie John Naisbitt es nennt, auf eine Multi-Options-Gesellschaft hinaus. Mehr und mehr differenzieren sich Personen, Gruppen, Szenen. Das Wort von der »neuen Unübersichtlichkeit« macht die Runde. Extremfall: der Erfolg und die Schlagkraft von Non-Profit-Unternehmen wie Greenpeace, Amnesty International, dem Roten Kreuz, kirchlichen Einrichtungen und vor allem auch der riesigen Organisation des vereinsgebundenen Breitensports. Deren Mitglieder arbeiten ehrenamtlich oder für vergleichsweise geringe Gehälter – mit nicht selten exzellenten Ergebnissen.

Natürlich, Wirtschaftsunternehmen sind keine Schwimmvereine, schon gar nicht das Rote Kreuz. Dennoch bleibt hier die Frage, ob sie von jenen noch etwas lernen können. Mindestens so viel: Leistung kann mit Geld allein nicht erkauft werden, heute weniger denn je. Geld mag viele anziehen, aber es »motiviert« nicht nachhaltig zu höherer Leistung. Wird ein Unternehmen den Wünschen nach sinn- und wirkungsvoller, Spaß machender Arbeit nicht gerecht, werden gerade die guten Mitarbeiter das Unternehmen verlassen. Ja, die wertvollsten Mitarbeiter sind oft die, die jederzeit in eine andere Firma umsteigen könnten. Bleiben werden dagegen jene, die für das, was sie bereit und in der Lage sind zu leisten, in einem anderen Unternehmen niemals so gut bezahlt würden. Daraus folgt: Gute Bezahlung kann – wenn es sonst in weiten Bereichen des Unternehmens nicht »stimmt« – möglicherweise sogar ein Faktor für eine *Negativ*auslese von Mitarbeitern sein, gerade bei solchen Mitarbeitern mit »freizeitorientierter Schonhaltung«: Dem, der sagt, da könne nur Geld helfen, ist nicht zu helfen.

Eine Fußnote dazu: Norman R. Augustine, Chairman and Chief Executive Officer der Martin Marietta Corporation, hat mit Blick auf die fünfzig profitabelsten US-amerikanischen Firmen auf die nachgerade banale Tatsache aufmerksam gemacht, dass es zwischen den Gehältern von Führungskräften und ihrer Leistung (gemessen am Unternehmensgewinn) keine statistisch nachweisbare Korrelation gibt. Er bemerkt dazu: »Es wäre ein bisschen untertrieben zu behaupten, dass das für Führungskräfte, die hoffen ihrer Belegschaft gute Leistungen abkaufen zu können, etwas enttäuschend ist.«

Macht über Motivation

Der neue Manager wird mehrere, einander scheinbar widersprechende Wahrheiten gleichzeitig aushalten müssen: z.B. »Geld ist wichtig« *und* »Geld ist unwichtig«. Schon der Atomphysiker Niels Bohr wies nach, dass es keine Einzig-Richtigkeit geben könne. Das auf Beherrschung der Mitarbeiter-Motivation gerichtete Manager-Bewußtsein aber vergewaltigt die Komplexität des Wirklichen auf »Überschaubarkeit« hin. Derjenige, der linear denkt, ist daher gezwungen, simple, widerspruchsfreie Wirklichkeiten zu erfinden, um überhaupt linear handlungsfähig zu sein. Nur das scheint Macht zu sichern.

In einer wertrelativen, sich extrem differenzierenden Gesellschaft gewinnt damit die uralte Quelle der sich selbst regelnden Anreiz-Mechanik neue, ja dramatische Aktualität: die einigermaßen unangenehme Vorstellung von der unbeeinflussbaren, sprunghaften und eigenständigen Motivation des Mitarbeiters. Motivation, die sich dem Einfluss der Führungskraft und damit aller Kalkulierbarkeit zu entziehen scheint. Dieser unkalkulierbaren, scheinbar wankelmütigen Variablen ein Netz von Verhaltensanreizen überzuziehen ist aber wenig mehr als der Versuch, das Irrationale zu rationalisieren und beherrschbar zu machen. Es speist sich aus der Furcht, sich im Dschungel des Individuellen, Unberechenbaren und irgendwie bedrohlich Chaotischen zu verlieren.

Um Berechenbarkeit und Machbarkeit zu garantieren, einigt man sich auf »simple truths«, auf etwas, das Motivation *dauerhaft* sichern soll und das offenbar alle wollen: Geld. Die Voraussetzung ist: Motivation kann man kaufen. In turbulenten Zeiten, in denen das Tempo der Veränderungen zunimmt und divergierende Werthaltungen gleichzeitig nebeneinander stehen, kann ein derartiges, angeblich »pragmatisches« Denken geradezu unternehmensgefährdend sein. Wenn dennoch weiterhin in unvermindert heftiger, ja sogar verstärkter Weise auf das »bewährte« Rezept des Geldangebots zurückgegriffen wird, dann deshalb, weil der Wunsch nach Macht über die Motivation der Mitarbeiter weiterhin besteht. Je orientierungsloser das Macher-Denken angesichts der Komplexität der Gegenwart, desto hilfesuchender und entschlossener der Rückgriff auf scheinbar »Bewährtes«. Rückgriff auf den Dinosaurier der Antreiber-Praxis: Bonus-Systeme.

Alle wollen das eine

Bisher haben wir mehr über die grundlegenden Interpretationen und Annahmen gesprochen und wenden uns jetzt den Strukturen zu, auf die sich diese Gedanken beziehen. Bonus-Systeme gießen den Wunsch nach Beherrschung und Steuerung der Mitarbeiter-Motivation in mechanisch-institutionelle Form. Zwar geht überall die Ära des Taylorismus zu Ende, doch bei Bonus-Systemen vertraut man unverdrossen dem mechanistischen Menschenbild: Diese Königswege quasi-automatischer Motivierung ködern offen. Sie haben den Menschen als »Bedürfnis-Reflex-Apparat« zur unbefragten Voraussetzung.

Aber sie gießen ihre Verlockungen und Bestrafungen auch undifferenziert über jeden Mitarbeiter gleichermaßen aus. Haben wir da die Bonus-Mechaniker wieder beim Topfschlagen erwischt? In der Tat: Die Bonus-Schraubendreher unter den Führungskräften gleichen Kindern beim Topfschlagen, die mit verbundenen Augen wild in der Gegend herumhämmern, in der Hoffnung, unter dem getroffenen Mitarbeiter-Topf befinde sich auch ein entsprechendes Geld-Bedürfnis. Sie ignorieren – in ihrem Streben nach »Überschaubarkeit« – die schlichte Tatsache, dass finanzielles Anreizprofil und individuelles Bedürfnisprofil oft beträchtlich divergieren. Man muss auch nicht erst den oft zitierten Wertewandel bemühen: Wen kann es wundern, wenn Mitarbeiter aufgrund unterschiedlicher Motive nicht in gleicher Weise auf die Kanalisierungsinstrumente des Unternehmens reagieren? Dies wäre ja zu verschmerzen, wenn Bonus-Systeme bei denen, die auf sie positiv reagieren, nur Gutes (nämlich Motivation) stifteten (das gilt es im Folgenden zu prüfen). Bei jenen aber, die der Wink mit dem Geldschein kühl lässt, sind alle Formen des Rückzugsverhaltens sowie ausgeprägte Suchtneigung die kostspieligen Folgen eines individuell als »unpassend« empfundenen Anreizsystems. Mindestens aber graduelle Ent-Identifikation mit der Arbeit und dem Unternehmen.

»Negative« Verdachtsstrafe

Das Folgende führt in die heiße Zone meiner Überlegungen. Nicht jeder wird mir hier folgen wollen – zum Sinnzentrum der Bonus-Systematik. Erinnern wir uns: Die Quelle aller Motivierung ist der Verdacht. Dieser Verdacht sagt: »Wenn ich nicht die Möglichkeit habe, dir Geld vorzuenthalten, arbeitest du nicht voll.« Es wird dabei unterstellt, dass der Mitarbeiter einen Teil seiner möglichen Arbeitsleistung vorenthält, wodurch eine Motivations-Lücke zwischen tatsächlicher und möglicher Arbeitsleistung entsteht. Um diese Lücke zu schließen, wurde die Motivierung erfunden. Grafisch dargestellt sieht das etwa so aus:

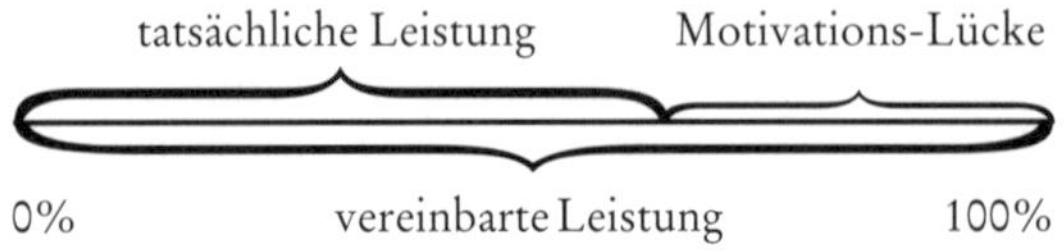

Und genau an dieser Grafik orientiert sich das Bonus-Denken. Künstliche Verknappung: Es wird eine Mangel-Situation geschaffen, die dazu anreizen soll, sich besonders anzustrengen. Entsprechend der 100 % vereinbarter Arbeitsleistung wird ein Plan-Gehalt festgelegt und dann ein Teil des Einkommens abgespalten und als »variabler Einkommensanteil« ausgewiesen. Damit ist der Bonus eigentlich ein *Malus,* der sich beschönigend das besser klingende Sprachkleid des »Guten« umgehängt hat. (Wer möchte denn auch schon ein Malus-System?)

Aus Gründen der Einkommenssicherheit beträgt der Bonusanteil im Normalfall etwa 20-30 % des geplanten Jahreseinkommens. Teilweise liegt er höher. Auf die obige Grafik übertragen sieht das so aus:

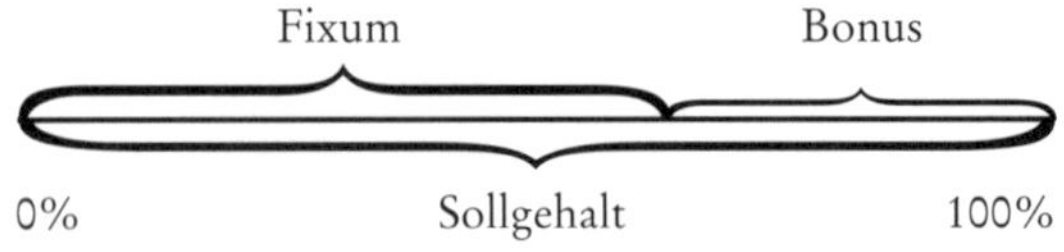

Damit liegt die Logik des Bonus-Systems offen zu Tage: Der Bonus ist in dieser Variante nichts anderes als ein *Mißtrauensabschlag,* eine vorab verhängte, gleichsam *negative* Verdachtsstrafe. »Leistungsbezogenes Einkommen« heißt es. »Misstrauensorientiertes Einkommen« meint es. Es sagt: »Ich glaube dir nicht, dass du die vereinbarte Arbeitsleistung erbringen willst. Wenn du aber deine Vereinbarung einhältst, bekommst du dein volles Gehalt. Wenn nicht, schadest du dir selber.«

Es ist einer der kardinalen Fehler der Vertriebsleitungen, die Selbstverpflichtung der Mitarbeiter zur Einhaltung der vereinbarten Leistungsziele mit der Bonus-Keule zu zerstören. Denn die Wirkung der Verdachtsstrafe ist, auf der verdeckten sozialpsychologischen Ebene, eben nicht motivierend, sondern demotivierend. Es ist nämlich davon auszugehen, dass sich die Mitarbeiter nach eigener Einschätzung voll einsetzen, leistungsbereit und vereinbarungsfähig sind (und nur der penetrant misstrauische Blick verneint das). Dann aber ist der Bonus absurd und widerspricht der individuellen Forderung nach gerechter Bezahlung. Im Bewusstsein des Mitarbeiters gehört der Bonusanteil dann fest zum Gehalt und es wird als abwertend empfunden, hinter einem Gehaltsanteil herzulaufen, der ihm gerechterweise ohnehin zusteht! Über den diffusen Revanchismus als Konsequenz von Abwertung werde ich noch sprechen.

Zurechenbar? Gerecht?

Meinungsumfragen bei Vertriebsorganisationen belegen seit Jahren, dass 95 % und mehr der Mitarbeiter ihre Arbeitsmoral als »hoch« bezeichnen. Es ist nun völlig unsinnig, von Seiten des Managements diese Zahlen in Zweifel zu ziehen oder dem Mitarbeiter gar mangelnde Leistungsbereitschaft nachweisen zu wollen. In die Marktsituation fließt eine so unüberschaubare Summe von Variablen ein, dass nur in den seltensten Fällen die Isolierung der Variablen »Leistungsbereitschaft« etwa bei zurückgehenden Umsätzen gelingt. Ein Nichterreichen des Plangehalts (Fixum und Bonus) wird vom Mitarbeiter in der Tendenz *immer* als ungerecht empfunden, ganz gleich, ob das Management anderer Meinung ist. Es verbleibt stets ein Rest an Legitimationsdefizit in der konsequenten Anwendung des variablen Einkommensanteils, eine Unsicherheit, die dann über Garantiebonus, Fixbonus, Mindestbonus, Poolbonus, nachträglich zugestandenen Bonus etc. »ausgebügelt« wird. Jede »Im-Nachhinein-Zahlung« läuft ins Leere, weiß auch Heinz Evers von der Kienbaum-Vergütungsberatung, »sie hält die Begünstigten im übrigen keineswegs davon ab, ein entsprechendes Anspruchsdenken zu entwickeln und zugleich die Festsetzung der Bonushöhe als willkürlich zu beklagen«.

Thomas v. Bonoma, Marketing-Professor in Harvard, will hingegen nicht nur die Verkaufsleistung, sondern auch die Prognosegenauigkeit belohnen. Sein Plan: »Die Gewinnbeteiligungsquote steigt nahe der 100-Prozent-Marke für Plantreue rascher an.« Voraussetzung dafür sei es, »dass sich die Voraussetzungen für die Aktivitäten der Verkäufer nicht im Laufe der Verkaufsperiode ändern«. Gut gesagt. Das erinnert an die Ceteris-paribus-Klausel der Volkswirtschaftler: Turbulenzen im Markt werden ausgeblendet. Schon heute aber haben sich die Prognosedaten auf Grund permanent wechselnder Marktbedingungen oft schon zwei Wochen nach Festlegung der Bonuspläne so gravierend verändert, dass die Grundbedingung für Bonussysteme, die *Zurechenbarkeit von Leistung*, nicht mehr gegeben ist.

So wird – um ein Beispiel aus Vertriebsorganisationen zu nennen – vielfach noch davon ausgegangen, wir hätten regionale Märkte, die den Umgrenzungen der Verkaufsgebiete entsprächen; die Verkaufsleistung sei individuell und exakt zuzuordnen. Überregional agierende Händlernetze (natürlich auch der Versandhandel) machen das zur Illusion. Ebenso machen die zunehmend internationalen Einflüsse der sogenannten ›cross border sales‹ die Voraussetzung aller variablen Vergütung zunichte: den individuellen und direkten Bezug zwischen Leistung und Umsatz.

Zwei Außendienst-Mannschaften desselben Medizintechnik-Unternehmens spielten sich aufgrund der Bonus-Regelung gegenseitig aus: Mannschaft A, die in die Klinik mit niedrigeren Preisen hinein verkaufte, wollte die niedergelassenen ehemaligen Klinikärzte weiter betreuen. Mannschaft B, die die niedergelassene Ärzteschaft mit höheren Preisen besuchte, wollte sich die neuen Bonus-Anteile sichern und diese Ärzte in ihren Stamm übernehmen ... Die Ärzte – dadurch wurde die Sache kritisch – spielten dann alle zusammen aus.

Als weiteres Beispiel zitiere ich aus dem Brief eines Regionalleiters eines deutschen Pharma-Konzerns (geschrieben vor der Wiedervereinigung): »Das Prämiensystem bzw. die Praxis der Auswahl der 10 Besten im Umsatzzuwachs (vergleichbar mit der Tonnenideologie östlicher Prägung) wirkte und wirkt sich schädigend auf die Motivation der Mitarbeiter insgesamt aus, da bei diesem System weder Index noch Marktausschöpfung oder der Vergleich zu Konkurrenzpräparaten berücksichtigt werden. Da also das Prinzip der Gleichbehandlung gleicher Tatbestände gröblich verletzt wird, hatten beispielsweise die Berliner Mitarbeiter, die aufgrund regionaler Situation meist die hinteren Plätze einnahmen, keine Aussicht auf eine Prämie oder gar einen Top-Ten-Platz, obwohl sie im Vergleich das Konkurrenzpräparat XY umsatzmäßig überholt oder gleichgezogen hatten. Auf diese Weise ist es nicht verwunderlich, dass wir in den letzten Jahren drei gute Mitarbeiter in Berlin verloren haben.«

Es ist so: Ein Bonus-System kann man nur mit schlechtem Gewissen verhängen. Weil eine angemessene Zielbeschreibung, die der Komplexität des Marktes hinreichend Rechnung trägt, selten gelingt. Dies Ergebnis steht in eklatantem Gegensatz zur Meinung vieler Manager, die die »Leistungsentlohnung« qua variabler Vergütung – im Gegenteil – gerade als besonders gerecht empfinden: »Bringst du deine Leistung, bekommst du dein Geld. Bringst du sie nicht, erhältst du entsprechend weniger.«

Das klingt zunächst plausibel, klingt nach Fairness, Leistungsprinzip, Marktwirtschaft – und befriedigt doch nichts weiter als ein gewisses Ausmaß an Rache. Das archaische Bedürfnis, Gleiches mit Gleichem zu vergelten, gehört zu den machtbildenden und -erhaltenden Elementen primitiver Kulturen. Und es hat den unerhörten Vorteil, dass sich die Strafe auf mechanische Weise selber regelt: Der Unproduktive bestraft sich selbst! Das erfüllt mit Genugtuung.

Was aber erzeugt wird, ist ein *falsches* Gefühl der Gerechtigkeit. Solche selbstregelnden Bestrafungssysteme setzen den »Straftäter« kurzerhand ins Unrecht – und begnügen sich damit. Sie kümmern sich zunächst nicht um das hoch vernetzte Ursachengeflecht aus Markt, Konjunktur, Preis, Produkt, Wettbewerb, Führung, sondern reduzieren diese Komplexität auf einen einzigen Parameter: die Leistungsbereitschaft des Mitarbeiters. Sie forschen nicht nach Ursachen. Sie liefern keine Lösungen. Sie verschlimmern nur die Probleme, die sie lösen sollten.

Mit Mitarbeitern im hoch vernetzten Marktgeschehen wird also nicht verantwortlich umgegangen, sondern sie werden »bestraft«. Das ist nicht falsch. Aber es gibt Konsequenzen. Denn wenn man jemanden ins Unrecht setzt, wird er seinerseits und mit mechanischer

Sicherheit den »anderen«, das »System«, ins Unrecht setzen wollen. Was immer an Bestrafungssystematik erfunden werden mag, es wird immer als ungerecht empfunden werden. Der »direkte Bezug« zwischen Leistung und Umsatz als konstitutiver Grundsatz aller Bonuspläne ist im strengen Sinne niemals beweisbar. Der viel gespielte Rechtfertigungs-Blues ist die Folge. Demotivation und Revanchegelüste.

Ein »Vorteil«: Kostenflexibilität

Man reibt sich die Augen: Manager, die knochentrocken die längsten Verhandlungsmarathons durchstehen und denen man kein X für ein U vormachen kann, schenken dem irrationalen Kern der Bonus-Systeme keinen Blick. Sie senken den Kopf vor den absurden Widersprüchen dieser Mechanik, der Magna Charta des Misstrauens. Aber völlig überzeugt sind die Strategen auch nicht, dass sie über einen finanziellen Misstrauensabschlag die richtige Einstellschraube beim Mitarbeiter gefunden hätten, denn es gäbe ja – erstens – dann kein Unterschreiten der Ziel-Vorgaben mehr, d.h., der Forecast würde immer erreicht, und man brauchte – zweitens – den Mitarbeitern nur mehr Geld zu geben und der Erfolg ließe sich nicht mehr bremsen.

Was aber überzeugt und ein Festhalten am bewährten Bonus-System scheinbar zwingend nahelegt, ist ein weiterer mechanischer Vorteil, ein tiefer liegender Grund: Beim Nichterreichen der Zielvorgaben (z.B. Verkaufszahlen) sinken über den nicht ausgezahlten variablen Einkommensanteil die Gehaltskosten automatisch mit (und es wird – wie oben beschrieben – ein verqueres Vergeltungsbedürfnis befriedigt). Das ist aus der Sicht des Arbeitgebers ein Vorteil. Er folgt aber einer geradezu abenteuerlichen Logik. Denn wenn das Vorenthalten eines Einkommensanteils (so die Behauptung) tatsächlich Energien freisetzt, motivierend wirkt, muss es doch bei niedrigen Verkaufszahlen wohl eher an anderen Markt-Einflussgrößen gelegen haben, Einflüssen, die vom Mitarbeiter im Regelfall kaum zu verantworten sein dürften.

Gerade aber die Außendienstler, die überwiegend einen hohen variablen Einkommensanteil haben, dürfen die Suppe auslöffeln, die Rechnung bezahlen – mit Teilen ihres Gehalts. Bei geringerem Umsatz sinken auch die Personalkosten, unternehmerisches Risiko wird auf die Mitarbeiter verlagert. Das Management bleibt in dieser Unmittelbarkeit ungeschoren. Mehr noch: Es drohen Versorgungslücken gerade bei Mitarbeitern, die während ihres Berufslebens einen hohen Anteil an variablen Leistungsboni erhalten haben, weil diese nicht ruhegeldfähig sind. Gerecht? Mindestens fragwürdig.

»Positive« Verdachtsstrafe

Wie gesagt: Ein Bonus-System kann man nur mit schlechtem Gewissen verhängen, … wenn es nicht als *Doppelwaffe* einzusetzen wäre:

1. Bonus (eigentlich Malus) als negative Verdachtsstrafe für diejenigen, denen man ihre Leistungsbereitschaft nicht glaubt und die man mit Einkommensverlust bei Zielverfehlung bedroht.
2. Bonus (jetzt im eigentlichen Wortsinne) als gleichsam »positive« Verdachtsstrafe für diejenigen, denen man ihre Leistungsbereitschaft glaubt und denen man Gelegenheit geben will, durch verstärkten Einsatz über die geplanten Solleinkommen hinaus noch mehr zu verdienen.

Grafisch dargestellt sieht das etwa so aus:

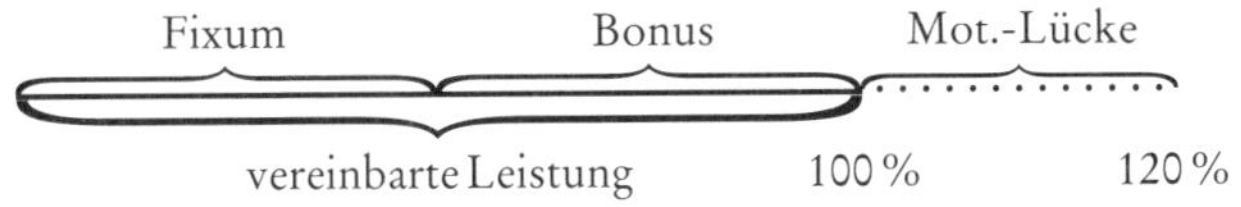

Das klingt gut: durch verstärkten Leistungseinsatz mehr verdienen können. Aber es ist zunächst nichts weiter als Verführung nach vertrautem Muster. Es wird zum einen dazu benutzt, um hohe Gehälter vorgaukeln zu können, wenn die Arbeitsmarktsituation zur Erhöhung des Gehaltsniveaus zwingt. Es ist zum zweiten der verführerisch lächelnde Januskopf des altbekannten, törichten Verdacht-Prinzips. Aus seinem Munde tönt es: »Eigentlich könnte, wenn du wolltest, deine Leistung noch höher als die vereinbarten 100 Prozent sein. Aber diesen Teil deiner Leistungsbereitschaft enthältst du mir bewusst vor und bist nur dann bereit ihn zur Verfügung zu stellen, wenn du dafür zusätzlich belohnt wirst.« Auch dieser Mitarbeiter ist also eigentlich ein Betrüger. Ein Tiefstapler, über den nun eine Art »positive« Verdachtsstrafe verhängt wird. Bestechung nach dem

Motto: »Wenn du dies oder jenes zusätzlich tust (wozu du unter normalen Umständen nicht bereit bist), bekommst du diese oder jene Belohnung.« Daraus ergeben sich zwei Möglichkeiten:

1. Er ist tatsächlich ein Betrüger und er hat nur geschickt verhandelt, seine Leistungsfähigkeit bewusst tiefer angesetzt, um (ähnlich der früheren Handicap-Bemessung beim Tennis) einen Wettbewerbsvorteil zu erlangen. Bei Thomas v. Bonoma liest sich das so: »Falls Sie glauben, ein Marktanteil von zehn Prozent sei drin, versprechen Sie acht, weil Ihre Bezahlung vom Überschreiten des Solls abhängt, nicht vom wirklich Erreichten (schon gar nicht vom Erreichbaren, R. S.). Sie werden sich doch keinen Bonus durch die Lappen gehen lassen – oder?« Ein absurdes Spielfeld des Tarnen und Täuschens tut sich auf. Man muss nur clever sein.
2. Er ist kein Betrüger, aber seine Leistung wäre noch zu steigern. Er könnte bei entsprechendem Anreiz eine Art Leistungsreserve mobilisieren.

Im ersten Fall gilt die Analyse wie oben dargestellt. Im zweiten Fall haben wir den klassischen Fall des Dopings. Dazu mehr im nächsten Kapitel. Zunächst möchte ich noch einige Verwerfungen aufzeigen, die die Bonus-Praxis begleiten.

Produkt-Mix-Steuerung und die Folgen

Weit verbreitet ist die Steuerung des Produkt-Mix durch Bonifizierung bestimmter Produkte oder Produktgruppen. Entweder werden Bonusanteile entsprechend der Zielsetzung unterschiedlich auf Produktgruppen aufgeteilt (Bonussplittung) oder es werden – sehr viel differenzierter – bestimmten Produkten entsprechend ihrer Wertigkeit Faktoren zugeordnet, mit denen der Umsatz multipliziert wird, um die Bonusanteile zu errechnen (Faktorenregelung).

Ob der angestrebte Steuerungsgewinn nicht auch auf der Basis klarer Absprachen zu erzielen wäre, steht dahin. Doch auf diese Idee scheint niemand zu kommen. Absurd aber wird das Ganze, wenn auf Koordinierungssitzungen die Marketing-Experten händeringend die Schieflage des Produkt-Mix beklagen. Die Außendienstleitung möge doch dafür Sorge tragen, dass vom Außendienst auch die nicht bonifizierten Produkte verkauft werden. Schnell wird man mit neuen Systemen aktiv, um die Vertriebsbreite wieder herzustellen.

Das ist der Fluch der bösen Tat: Es ist geradezu schizophren, das Einkommen des Mitarbeiters an den Verkauf bestimmter Produkte zu koppeln und sich anschließend darüber zu erregen, dass der Mitarbeiter sich dann nur auf die Produkte konzentriert, an denen sein Einkommen hängt.

Völlig widersinnig wird es, wenn man einen Blick in die Didaktik der Verkaufstrainings wirft. Dort hat man sich sehr weitgehend von der Drücker-Mentalität vergangener Zeiten gelöst und trainiert nun unter hohem medialen Aufwand »Strategisches Verkaufen«, »Soft Selling«, Kunden-»Beratung« und langfristige Kunden-»Bindung«, vor allem aber – Standard aller Verkaufs-Trainings – eine saubere Bedürfnisanalyse in der Verkaufsgesprächsführung. Das Bedürfnis des Kunden gilt als Peilschnur verkäuferischen Handelns. In Videoszenen wird das Bedürfnis des Kunden wieder und wieder erfragt, bestätigt und mit einem entsprechenden Angebot aufgefangen – und dann wird der Verkäufer mit dem »bonifizierten« Auftrag ins Feld geschickt, soundso viel Stückzahlen vom Produkt X in den Markt zu drücken. Und das tut er natürlich auch, weil man, um der Botschaft Nachdruck zu verleihen, große Teile seines variablen Einkommens daran gekoppelt hat. Lächerlich. Und es hat Konsequenzen, weil es nicht ernst nimmt.

Konzentrationsschwächen

Die vorausgehenden Überlegungen machen deutlich, dass da etwas nicht passt: Entweder trainieren die Trainingsstrategen an der Praxis vorbei bzw. gaukeln dem Außendienstler eine seriöse, kundenorientierte Tätigkeit nur vor oder aber die Produkt-Mix-Steuerung über Bonus ist ein völlig überlebtes Relikt aus der Hard-Selling-Ära.

Es liegt auf der Hand, wie der Verkäufer dies Dilemma löst: Er orientiert sein Handeln nicht zuerst an den Bedürfnissen des Kunden, sondern an Bedürfnissen seines Bonusplans. Er konzentriert seine Energie auf die Erfüllung von Vorschriften zur Sicherung seines Gehaltes. So ist das Resultat von Bonussystemen: Planerfüllungsdenken, nicht Unternehmertum.

Das erinnert an einen Politbüro-Bericht, den Chruschtschow zu

Beginn der Entstalinisierungsphase über die Situation der sowjetischen Industrie gab: Die russischen Fabriken seien Opfer der zentralen Planungsbehörde geworden, ihres Plansolls und ihrer Betriebsziele, die wenig Spielraum gegeben hätten. Für die Möbelfabriken, so Chruschtschow, sei das Plansoll in Rubel angegeben gewesen. Bei Nichterreichen der Planziele drohte den Direktoren Sibirien (im guten Fall) oder, bei Verdacht konterrevolutionärer Umtriebe, Schlimmeres. Nun gelang die Planerfüllung eher, wenn man große Sessel aus möglichst teurem Material herstellte. Folglich waren die Lagerhäuser voll gestopft mit Riesensesseln, die in keine Sozialwohnung passten, während normale Stühle überall fehlten. Ähnlich bei Lampen. Die fehlten überall, weil die Quoten der Glasfabriken in Gewicht festgelegt wurden und das folgerichtig hergestellte sehr dicke Glas für Lampen unbrauchbar war.

Aber man braucht nicht erst in den sozialistischen Trödelladen vergangener Tage zu schauen. Ein Verkaufsleiter eines divisional organisierten Konzerns erzählte mir, dass seine Außendienstleute von den Inhabern kleinerer Lebensmittelläden im süddeutschen Raum nach dem Blick auf die Visitenkarte regelmäßig fast gesteinigt und an die Luft gesetzt wurden: Der Außendienst einer anderen Division der gleichen Firma hatte vor Jahren Unmengen Haushaltsschwämmchen an die kleinen Läden verkauft (und damit sicher hohe Boni abgesahnt).

Das ist das Wichtige: Mechanische Motivierungs-Systeme wie Bonus-Pläne führen offensichtlich dazu, dass sich die Mitarbeiter auf die Kalkulation und Manipulation des variablen Einkommensanteils konzentrieren, statt sich um den Kunden und den Wettbewerb zu kümmern. Ihre Energie fließt nach innen (zum Gehalt) statt nach außen (zum Markt).

Selbst jahrzehntelange Anwender entsprechender Systeme sind sich über die positiven Wirkungen unsicher. Die erzeugten Reflexe ergeben sich nach ihren Erfahrungen meist erst kurz vor dem optimalen Bonusziel und die verbreitete Praxis ist dann keineswegs die erwünschte intensivierte Anstrengung, sondern z. B. ein Verschieben und Vorziehen von Abschlüssen, was für das Unternehmen oft zum Null-Summen-Spiel gerät. »Leistungsabhängige Vergütungsformen verführen die Mitarbeiter häufig dazu, nur den kurzfristigen Erfolg zu sehen, um am Ende eines Jahres oder Quartals namhafte Beträge einzuheimsen«, meint Michael Pochhammer, Geschäftsführer von Johnson & Johnson. Wenn es denn wirklich »Erfolg« wäre! Rechnungen werden auf Absprache am 31. geschrieben und am 1. wieder storniert. Gerade zum Geschäftsjahresende wird von allen »hereingeholt«, was hereingeholt werden kann, um in den Genuss des Bonus zu kommen. Unter Druck läuft der Außendienstler zu »guten Freunden« und drückt ihnen noch einige Produkte aus lauter Freundschaft aufs Auge. Die Folgen werden dann im nächsten Geschäftsjahr ausgebadet: Auftragsflaute, Rückläufe, Gutschriften. Oder man »spart« fürs nächste Jahr auf, wenn man keine Chance hat in die Bonus-Ränge der »Top-Ten« zu kommen. Oder aber man hütet sich zu viel zu verkaufen, da dies einen ungünstigen Einfluss auf die anstehenden Bonusverhandlungen für das Folgejahr hat. Das Bonussystem *verhindert* den Umsatz! Ich selbst kenne eine kleine Verkaufsabteilung für medizinische Spezialgeräte, die schon seit Jahren alle Mühe hat, Umsätze aus diesem Grunde zurückzustellen. *Leistungs*orientierte Entlohnung?

Der Bonusplan bestimmt, was zu tun ist. Das erzeugt gegenüber dem Kunden tendenziell eine Haltung der Gleichgültigkeit und des Desinteresses, eine Haltung, der dann um so nachdrücklicher mit Slogans wie »Der Kunde ist König« gegengesteuert werden muss. Hü und Hott. Eine Groteske.

Belohnungs-Sucht

Das führt zu einer noch tiefer ansetzenden Überlegung, der innerhalb der Arbeitswelt eine fundamentale Bedeutung zukommt: der Rolle individueller Erwartungen für das Verhalten von Menschen. Es empfiehlt sich nämlich, sorgfältig zwischen zwei verschiedenen Arten individueller Erwartungen zu unterscheiden. Die erste Teilklasse betrifft Vorstellungen, ob und unter welchen Umständen eine Anstrengung oder Arbeit zu ganz bestimmten Ergebnissen und Resultaten für die Empfänger der Leistung führt. Das ist die *Anstrengungs-Ergebnis-Erwartung:*

$$A \rightarrow E$$

Ihr gewissermaßen nachgelagert ist allerdings eine weitere Art gedanklicher Vorwegnahme, die als *Ergebnis-Belohnungs-Erwartung*

$$E \rightarrow B$$

bezeichnet werden kann. Die gesamte Erwartungskette lautet also:

$$A \rightarrow E \rightarrow B$$

Belohnungssysteme haben eine konditionierende Kraft, die den Menschen als Mitarbeiter prägt, sein Verhalten steuert und die wieder auf die Organisation zurückwirkt (z.B. wenn man »von Herzen« interessierte, halbwegs reife, ausbalancierte und verantwortungsfähige Mitarbeiter sucht – und kaum welche findet). Ist im Falle variabler Einkommensanteile das geplante Jahresgehalt latent ungesichert bzw. steigerungsfähig, wendet sich nach aller Erfahrung die Energie und Konzentration von den Arbeitsinhalten und dem Ergebnis von Arbeit *ab* – und der Belohnung *zu*.

Die Frage lautet dann nicht mehr: »Was muss ich tun, um mit meiner Arbeit den größten Nutzen zu stiften?«, sondern: »Was muss ich tun, um die größtmögliche Belohnung zu erhalten?« Der Prozess des Arbeitens, aber mehr noch die Wertigkeit der geleisteten Arbeit werden gleichsam »übersprungen« mit Blick auf die winkende Belohnung:

$$\overset{\ulcorner\!\!\longrightarrow\!\!\urcorner}{A \quad E \quad B}$$

Das ist der Grund, warum so viele Mitarbeiter dem Satz »Ich arbeite, um zu leben!« zustimmen und damit ihr *eigentliches* Leben erst um 17.00 Uhr beginnen lassen. Die Folge ist Arbeit, um belohnt zu werden. Arbeit, um die Freizeit zu finanzieren. Ein gigantisches Umerziehungsprogramm, um die freizeitorientierte Schonhaltung zu *erzeugen,* nicht zu verhindern. So produziert man »Gastarbeiter«.

Wenn das Interesse an der Arbeit selbst vom Interesse an der Sicherung des Einkommens überlagert wird, dann wird Verantwortung für den gestifteten Nutzen, für das Ergebnis von Arbeit nicht übernommen. Das »um zu« lenkt die Energien. (Das wird zugegebenermaßen schon früh eingeübt: »Wenn du den Teller leer isst, darfst du Fernsehen gucken.« – »Wenn du studierst, stehen dir später mal Tür und Tor offen.« … um zu …)

Hier liegt auch der Unterschied zur Einkommensdifferenzierung über Gehaltserhöhung: in der Mittelbarkeit des »um zu«. Das Bonus-System legt nahe etwas zu tun, um den Bonus zu bekommen. Es lockt mit der Belohnung als Folge von Arbeitsergebnissen. Das

Gehaltssystem ist träger; und in dieser Trägheit liegt ein wesentlicher Vorteil: Der Mitarbeiter kann seine Energien weit stärker darauf fokussieren, seine Arbeit »inhaltlich« zu machen. Arbeit ist nicht direkt an die Belohnung rückgebunden, das Verhältnis zum Geld ist nicht reflektorisch belohnend bzw. bestrafend. Die Energien können sich weit eher auf die Arbeit selbst konzentrieren.

Noch einmal der oben zitierte Unternehmer: »Leistungsbereitschaft ist einzig und allein eine Frage der Bezahlung. Ist diese gesichert und zugesagt, wird Leistung erbracht. Freiwillige Überstunden werden absolut keine geleistet. Jeder Mitarbeiter versucht seinen Verantwortungsbereich so klein wie möglich zu halten. Eigeninitiative ist so gut wie keine vorhanden.« ...? Und man wundert sich, wenn über den Außendienst gesagt wird, ihn interessiere nur Status und Geld. Schon wahr: *Weil man ihm das Interesse an den Inhalten seiner eigentlichen Arbeit systematisch zugeschüttet hat.* Systematisch mit Bonus-Systemen. Wenn das Denken strukturbedingt um den Bonus kreist, interessiert man sich nur für den Bonus. Wie ein klassischer Zirkel der sich selbst erfüllenden Prophezeiung.

Symbol der Abwertung

Große Organisationen werden über Symbole und Rituale gesteuert. Das Bonus-System ist ein solches. Bonus oder nicht: das ist dann eine Frage des Menschenbildes. Es definiert in den Betrieben eine Art verdeckte Klassengesellschaft, eine Oberschicht, die in der Regel keinen oder nur sehr risikoarmen variablen Einkommensanteil hat, und eine Unterschicht, die der Bannstrahl des Verdachts frontal trifft, häufig der Außendienst und alle Mitarbeiter, die man nicht eng genug kontrollieren zu können glaubt. Dabei könnte man, wenn man nur eine Grundlage für die Leistungsbewertung brauchte, gerade die Arbeitsergebnisse des Außendienstes noch am ehesten an Zahlen quantifizieren; die »Steuerbarkeit« des Außendienstes ist als alleiniges Argument also keineswegs hinreichend.

Bezieht jemand Gehalt, gilt er als verhandlungs- und vereinbarungsfähig; man glaubt ihm seine Leistungsbereitschaft. Bezieht jemand ein variables ›leistungsabhängiges‹ Einkommen, steht hinter seiner Leistung ein Fragezeichen. Deutlicher kann man nicht abwerten. Die Oberschicht ist froh nicht in das Verhältnis von Esel und Möhre gepresst zu werden und lässt das allenthalben spüren, gewissermaßen als seien variable Einkommensanteile nur für die Dummen, die Verdächtigen da, während um die Lippen der Wissenden jenes fatal kluge Lächeln spielt.

Aber der Verdacht zieht Kreise. Elektrisiert vom Phänomen der inneren Kündigung, sind die Loyalitätsingenieure aus der Abteilung »Moderne Menschenführung« allenthalben zur Motivationsrazzia ausgeschwärmt. Wo diese Herren eine Motivationslücke entdecken, rollen sofort die Angriffswellen der Prämien, Dekorationen, Sonderaktionen, Incentives und letztlich auch die Lawine der variablen Vergütungssysteme – in jüngster Zeit auch verstärkt auf die Managementebenen (nicht nur der Vertriebsbereiche) zu.

Einem allgemeinen (und aus meiner Sicht begrüßenswerten) Trend zur Individualisierung und Flexibilisierung folgend, werden nun sogenannte Cafeteria-Konzepte als innovative Entgeltpolitik angeboten. Was das soll? Motivieren natürlich: »Verstärkung der Leistungsmotivation« verspricht ein Seminar-Prospekt zum Thema »Management-Vergütung«. Und: »Finanzielle Anreize als Führungsinstrument!« Da stockt der Atem: Ist *das* Führen? Eher verschämt hintendran: »Kostenvorteile durch leistungsbezogene Entgeltgestaltung« – da ist der Verdacht möglicher Zielverfehlung offenbar gleich mit eingebaut. Je orientierungsloser das Macher-Denken und je inniger begehrt die Kontrolle über die Motivation der Mitarbeiter, desto mehr Unternehmensbereiche werden in den Strudel der »Einkommensflexibilität« hineingezogen. »Mehr vom selben«: das Ornament der Neurose. (Der § 71 Aktiengesetz schränkt den Spielraum des Mitteleinsatzes für deutsche Unternehmen allerdings etwas ein.)

Der ungeheure Aufwand, der schon bisher in die Verwaltung der Anreizsysteme floss (und alles klagt über den bürokratischen Wasserkopf!), wird also nicht nur quantitativ weiter erhöht, sondern auch qualitativ intensiviert durch die Suche nach neuen Systemen, Leistungsmaßstäben, Normen und Zielsetzungen. »Traditionelle Gehaltsvergleiche ...«, so ein Fachtagungsprospekt der Deutschen Gesellschaft für Personalführung (DGfP) zum Thema ›variable Vergütung für Führungskräfte‹, »werden in Zukunft weniger aussagekräftig sein. Es wird vielmehr darauf ankommen, für die einzelnen Teilelemente der Gesamtvergütung Bewertungsmaßstäbe zu finden, die eine Vergleichbarkeit der Vergütung ermöglichen und eine bessere Steuerung und Kontrolle erlauben.« Für die Initiatoren der Fachtagung ist sogar das Anreizsystem ein Bewerber-Anreiz. »Einkommen werden zukünftig immer variabler gestaltet werden, denn auf der Suche nach qualifiziertem Führungsnachwuchs sind für die Unternehmen Leistungsanreizsysteme ein entscheidender Wettbewerbsfaktor.« Ich bezweifle, dass diese Aussage zutrifft. Mehr noch bezweifle ich, dass die Unternehmen mit den so gewonnenen Bewerbern einen guten Griff tun.

Immer häufiger lese ich: »Leistungsbezogene variable Vergütungsanteile als Motivationsinstrument für *Führungskräfte*«. Diese Ungeheuerlichkeit scheint niemandem mehr aufzustoßen. Beim Außendienst mag man sich ja noch mit nachlässiger Rekrutierung oder der dezentral bedingten Steuerungslücke herausreden. Aber gilt das denn auch für Führungskräfte? Wieso sind Führungskräfte Führungskräfte, wenn man nicht einmal *ihnen* die Leistungsbereitschaft glaubt? Wenn ich nicht einmal meinen Führungskräften vertrauen kann, wem dann? Das hat mit einem idealistischen Menschenbild nichts zu tun. Das ist eine pragmatische Frage: Sind Zweifel an den Auswahlverfahren für Führungskräfte angebracht? Dann liegt doch wohl *dort* das Problem, welches mit dem Anstacheln der Leistungsbereitschaft nicht zu beheben ist.

An dieser Stelle: Nichts gegen eine allgemeine Beteiligung am Unternehmensgewinn. Die verführt zwar auch zur Kurzsichtigkeit. Aber wenn gut gearbeitet wurde, dann haben *alle* gut gearbeitet. Oder spielt hier die allseits geforderte Teamorientierung plötzlich keine Rolle mehr? Eigenartiger Widersinn: Da wird auf der einen Seite der Team-Gedanke, Zusammenarbeit, die Kommunikation groß geschrieben. Da investiert man in Training und unternehmensinterne PR-Kampagnen, um das »Miteinander« im Unternehmen reibungsloser und produktiver zu gestalten. Da wird das »vernetzte Denken« entdeckt, um die Verantwortung des Einzelnen für die Gesamtorganisation zu stärken. Und auf der anderen Seite wird der individuellen Leistungszurechnung weiter das Wort geredet, individuelle Leistung (was immer das heute sei) belohnt, der interne Unterscheidungs- und Darstellungswettbewerb durch Sprüche wie »Konkurrenz belebt das Geschäft« zum »impression management« angeheizt. Weil die weichen Faktoren (Team, Kommunikation) in der Regel auf der Ebene von Appellen und gutem Zureden gehandhabt werden, individuelle Leistungsbelohnung aber strukturbildende hard facts sind, lässt sich erahnen, was dabei herauskommt: Zwielicht und Unglaubwürdigkeit.

Sogar die Personalarbeit wird vor allem in amerikanischen Großunternehmen mit Wettbewerb und Bonus-Systemen »angereichert«. Ein Hauptabteilungsleiter für Human-Resources-Development eines US-Computerriesen erklärte im Seminar dazu ungerührt, dass er auf diesen Unsinn mit ebensolchem Unsinn geantwortet hätte: »Ich habe mir alle Projekte der letzten zwei Jahre, die schon in meinem Schreibtisch verstaubten, bonifizieren lassen. Das war leicht verdientes Geld.«

Die Wirklichkeit blamiert die Idee

Die zynische Ausnutzung der Tatsache, dass Menschen nur selten gelernt haben die Arbeit vorrangig um ihrer selbst willen zu tun und über Geld verführbar sind, bestärkt die Illusion, über variable Einkommensanteile könne Motivation »erzeugt« und permanent aufrechterhalten, Leistungsbereitschaft »erkauft« und mithin kostensenkendes, umsatzsteigerndes und gewinnvermehrendes Handeln dauerhaft gesichert werden. Die Wirklichkeit aber blamiert die

Idee. Bonus-Systeme blockieren, was sie zu fördern vorgeben: Motivation, die sich auf die Arbeit selbst richtet.

»Regen vorhersagen kann jeder. Archen bauen – das zählt.« Und so bleibt denn die Frage nach dem »Wie denn besser?«. An dieser Stelle nur so viel: Die Abschaffung von Bonus-Systemen wird immer wieder an Voraussetzungen geknüpft, die wieder an Voraussetzungen geknüpft werden, die dann wieder an Voraussetzungen geknüpft werden. Anreizsysteme ja oder nein ist für mich keine Frage von Feldversuchen, sondern letztlich des Willens. Geeigneter erscheint mir eine klare Entscheidung für eine Unternehmenskultur der *Vereinbarung zwischen mündigen Menschen.* Dann beugen sich die Dinge dem Willen. Denn wenn ich die Herausforderungen der Zukunft bestehen will, brauche ich eigen-sinnige, vereinbarungsfähige und verantwortungsbewusste Menschen, die *gerne* mitmachen und die sich im Rahmen gemeinsamer Zielabsprachen und Spielregeln selbst fordern, selbst entwickeln, selbst beschränken, aber auch selbst bestimmen. Gerne mitmachen heißt *freiwillig* mitmachen. Diese Menschen muss ich in jeder Form ernst nehmen, sonst grabe ich ihnen das »Motivations-Wasser« ab. Und diesen Menschen kann ich dann nicht über variable Vergütung, Bonus-Systeme oder sonstige auf reflexhaftes Verhalten abzielende Anreizsysteme den Stachel des Misstrauens ins Fleisch bohren. Für das Unternehmen resultiert daraus allenfalls ein Nullsummen-Spiel.

Doping

> *Motivierung ist wie Doping im Sport:*
> *Man spürt den Schmerz nicht mehr.*

Verbürgt ist der Ausspruch eines bekannten deutschen Industrieführers über einen geschiedenen Manager: »Sehen Sie, wenn dieser Mann seiner Familie nicht treu ist, muss ich doch ein Idiot sein, wenn ich denke, dass er der Firma treu sein wird. Also früher oder später bekomme ich mit dem Probleme.« Von der Dürftigkeit der Analogie ist hier nicht zu reden, weit eher vom ebenso zynischen wie unintelligenten Kern, der sich bei genauerem Hinsehen erkennen lässt. Wenn jemand, um seiner Familie einen angemessenen Lebensstandard zu sichern, so viel arbeitet, dass er kaum noch Zeit hat sich seiner Familie zu widmen, gar jemand neun Monate pro Jahr auf Geschäftsreisen ist oder aber in einer Firma arbeitet, die hohe Leistung und Produktivität rein quantitativ anhand der am Arbeitsplatz verbrachten Zeit misst – dann ist das Ergebnis häufig ein belastetes Familienleben. (Und gerade die Beschwörer der Familienharmonie sind oft diejenigen, die ohne Rücksicht auf sie eine arbeitsmarktkonforme Lebensführung mit entsprechenden Mobilitätserfordernissen einklagen.)

Um nicht missverstanden zu werden: ich verkenne nicht die Selbstverantwortung des Einzelnen, in die Lob- und Anreizsysteme einzusteigen oder ihnen zu widerstehen. Ich reklamiere auch nicht das Gewissen der Unternehmen, auf überhöhten Leistungsdruck zu verzichten, Mitarbeiter erst gar nicht zu verführen, noch erinnere ich an die Fürsorgepflicht des Vorgesetzten. (Nicht, dass eine ethische Argumentation hier überflüssig wäre; ich fürchte nur, sie verfinge [noch] nicht.) Ich problematisiere, ob das stetige Anreizen zu überschwelliger Belastung durch Prämien, Incentives oder Bonus, ob die unphysiologische Beanspruchung und Arbeit »im roten Bereich« sich für das Unternehmen auszahlt. Denn niemand macht das ungestraft lange mit. Gespanntheit und Gelöstheit sind die zwei Pole jedes lebendigen Ganzen. Das Antreiben drängt aber nicht zur Spannung, sondern zur Ver-Spannung, zur Verkrampfung, und die war noch niemals leistungsfördernd.

Ein Vergleich mit dem Einsatz des Dopings im Sport ist hier hilfreich. Denn gerade Bonus- und Prämien-Systeme werden häufig mit Sport- und Wettkampf-Metaphorik verbrämt. Ich gehe dafür im Folgenden vom Typ des voll motivierten Erfolgssuchers aus, der seine Leistungs-Bemessungsgrenzen nicht heruntermanipuliert hat, bei dem die Motivations-Lücke nicht existiert, der aber auch von der alles durchsetzenden Motivierung erfasst wird und bei entsprechendem Anreiz noch »ein Schüppchen drauflegen«, eine Art Leistungsreserve mobilisieren könnte.

Unermüdlich?

Nur etwa 80 Prozent der maximalen Leistungsfähigkeit sind beim Menschen durch normalen Willenseinsatz nutzbar. Diese 80 Prozent sind die individuell erfühlte Schwelle des »well balanced«. Der Professor der Medizin Max Halhuber: »Jeder Mensch hat dieses Gefühl der individuellen Balance, einen persönlichen Gleichgewichtszustand des Leistungsverhaltens, den er ungestraft nicht über einen längeren Zeitraum brechen darf.« Das ist auch jene Leistung, die der Einzelne freiwillig und über einen längeren Zeitraum in einem Gefühl inneren Gleichgewichts zu leisten bereit ist; ein »set point«, über den nur kurzfristig hinwegzumotivieren ist, der aber langfristig stabil bleibt. Die restlichen 20 Prozent der maximalen Leistungsfähigkeit befinden sich außerhalb der willentlichen Verfügbarkeit und werden »autonom geschützte Reserve« genannt. Erst in Extremsituationen (Lebensgefahr, Wut, Angst) sind diese Reserven zugänglich.

Der Zugang zu diesen Leistungsreserven wird normalerweise (und sehr sinnvoll!) durch das Ermüdungsgefühl und die damit verbundene Leistungsminderung »versperrt«. Von diesem Ermüdungszustand bis zur völligen Erschöpfung gibt es also noch einen ausreichenden »Sicherheitsabstand«. Dopingsubstanzen durchbrechen die Barriere zur autonom geschützten Reserve. Der Sportler spürt die Ermüdungszeichen deswegen erst *nach* dem Einsatz der Leistungsreserve, also im Erschöpfungsbereich. Durch das Hinausschieben der Ermüdungsgrenze können latente und akute Erschöpfungszustände bis hin zu Kreislaufzusammenbrüchen mit Todesfolge der Preis sein.

Im Sport wie im Business. Die Motivierung wirkt wie Doping beim Sport: *Man spürt den Schmerz nicht mehr.* Durch Motivierung/Doping wird eine unphysiologische Belastung möglich, die die Gesundheit massiv gefährden kann. Dopingmittel wie Prämien, Incentives, Lob und Boni machen eine Leistungsreserve verfügbar, die unter normalen Umständen vom Schmerz geschützt ist. Und auf genau diese Leistungsreserve zielt ja die Motivierung, die zu mehr als der üblichen, vertraglich geregelten und insofern auch (siehe oben) »familienverträglichen« Leistung reizen will.

Burn-Out-Gefahr

Der Ansporn als Stachel im Fleisch tut weh und hinterlässt blutige Spuren. Heerscharen amerikanischer Manager haben unter dem Quasi-Diktat des »be positive«, der Immerzu-lächeln-Ideologie und der Anreiz-Mechanik »Ja« gesagt, obwohl sie eigentlich »Nein« meinten. Hinter den Fassaden ihrer geschäftigen Wichtigkeit sind sie langsam ausgebrannt wie Wunderkerzen. Erst liefen sie mit ihrer Gesundheit dem Geld hinterher, später mit dem Geld ihrer Gesundheit. Wie die Lemminge sind sie in den sogenannten »burn out« gewandert, in jenes moderne Manager-Syndrom, das als typisches Resultat des Sich-selbst-Antreibens und Angetriebenwerdens die Pilz-Kulturen der Outplacement-Industrie nährt.

Dabei ist der »burn out« keineswegs vorrangig eine Folge hoher quantitativer Arbeitsbelastung. Er resultiert vielmehr aus der inneren Einstellung zur eigenen Arbeit, wie jemand seine Arbeit *erlebt.* Wer sich voll mit seiner Aufgabe identifiziert, wird eine hohe Arbeitsbelastung allenfalls als »fordernd«, nicht aber als »stressig« erleben. Aus der hier vertretenen Sicht erzwingt die Motivierung förmlich, dass Bedeutung und Ergebnis der Arbeit im Bewusstsein des Mitarbeiters zurücktreten hinter die Erwartung und das planvolle Anstreben einer Belohnung. Nicht mehr »meine Sache« ist wichtig, sondern eine Verrichtung als Mittel zum Zweck der Belohnung. Die Konsequenz ist Ent-Identifikation. Und das ist die eigentliche Wurzel von Stress. Man kann also sagen, dass in dem Maße, in dem die

Motivierung greift, die Identifikation mit der eigentlichen Aufgabe sinkt. Damit existiert eine geradezu mechanische Verbindung zwischen dem Phänomen des »burn out« und der Wirkung der Motivierung. Mag das Schmerzensgeld auch noch so erhöht werden; die Schmerzen bleiben.

Und die Verwundetenliste wächst täglich. Der typisch ausgebrannte Mitarbeiter ist an der Peripherie seiner Existenz permanent gefordert und droht sich in diesem Gefordertsein zunehmend zu verlieren. Er nimmt wahr, dass dieses reine Funktionieren sich nicht nur auf das Unternehmen beschränkt, sondern sich zu Hause fortsetzt; dass er in einer Welt voller Funktionen lebt; dass die Anerkennung, die ihm zuteil wird, nicht ihm als Mensch, sondern lediglich seiner Funktion und seiner Position gilt und dass dabei sein Menschsein immer weiter verkümmert. Er ist etwa 45-50 Jahre alt, arbeitet permanent im »roten Bereich«, hat Herzrhythmusstörungen, ein erstes Magengeschwür, hohe Cholesterinwerte, sitzt auf den Überresten seiner leer gelaufenen Ehe, Kinder kommen immer zu kurz, Freundschaften werden kaum noch gepflegt. Die Familien haben, wenn sie überhaupt noch als solche existieren, einen hohen Preis bezahlt (viel höher allerdings, als die Beteiligten gemeinhin wahrhaben wollen): Häufig sind sie nur wenig mehr als die Infrastruktur für die Karriere des Mannes. Wie das Graffito treffend sagt: »Eine Managerfrau ist eine Witwe, deren Mann noch lebt.«

Er hat sich immerzu motivieren lassen (dabei ständig über »Stress« gejammert), er hat seinerseits die Verantwortung für die Motivation, die Leistungs-Bereitschaft seiner Mitarbeiter übernommen, die Warnsignale seines Körpers überhört, aber seinen überquellenden Terminkalender wie einen Orden vor sich hergetragen. Zuletzt noch – als Notbremse, aber erfolglos – hat er den Top-Hit unter den Verhaltenstrainings »Sag nein ohne Skrupel!« besucht – und soll nunmehr dennoch aus der Linie heraus an die Peripherie des Unternehmens »weggelobt« werden, auf eine ungeheuer bedeutsame Gnadenbrotstelle, wo er – »über«-reizt und »über«-motiviert – nicht mehr viel richtig machen muss, aber dafür auch nicht mehr viel falsch machen kann. Der Höhepunkt dieser Karriere: ein Herzinfarkt.

Erst angereizt, jetzt ausgereizt: Ausgebrannt und abgehalftert stehen sie nun nicht nur vor den Trümmerhaufen ihrer Karriere, sondern sind auch noch körperlich angeschlagen, bis zur Erschöpfung ausgemolken.

Wenigstens gut fürs Unternehmen? Die Rechnung wird auch hier, wie alle Motivierungs-Rechnungen, durchkreuzt. Sie wird durchkreuzt vom ausgebrannten Manager, der nur noch eine betriebliche Kostenstelle bildet, eine Führungskraft, die weittragende Fehler macht, ja sabotiert, Jammerzirkel initiiert, zynische Bemerkungen verstreut, alle in ihrer Umgebung »herunterzieht« und schließlich auf einen unbedeutenden Posten an der Peripherie des Unternehmens geschoben wird. Dies mit einem u. U. enormen Gehalt, das ihrer jetzigen Verantwortung nicht mehr annähernd entspricht, aller Mitarbeiter enthoben, kalt gestellt. Zu prüfen wäre noch, ob das Gnadenbrot oder die Outplacement-Kosten höher liegen. Im Gegensatz zu vielen anderen betrieblichen Bereichen, wo der Preis der Motivierung nur deshalb immerfort gezahlt wird, weil er kaum wahrnehmbar in den allgemeinen Betriebskosten versteckt ist, liegt hier die Kontraproduktivität des Verfahrens offen und gleichsam messbar zutage. Jetzt muss man nur noch rechnen.

Klarer und auf beinahe makabre Weise greifbarer noch wird die allseitige Kostspieligkeit in jenen Branchen, denen das Risikoverhalten ihrer Arbeitnehmer an unfallträchtigen Arbeitsplätzen Sorgen bereitet. So wird zum Beispiel im Bergbau die Leistung immer noch nach Abbau-Metern gemessen, die Prämien werden entsprechend vergeben. Ein hohes Einkommen ist daher nur zu realisieren, wenn man ein vergleichsweise hohes Verletzungsrisiko eingeht. Die steigenden Unfallzahlen sind gerade bei knapp bemessener Personaldecke bedrohlich. Sie veranlassen die Unternehmen zunehmend das Thema »Sicherheit« aufzugreifen. Nun bieten sie verstärkt Arbeitssicherheits-Seminare an, in denen bemühte Trainer das herbeizureden versuchen, was die strukturellen Bedingungen gar nicht zulassen. Absurd und teuer.

Drogenszenen

Was aber, wenn über Jahre und Jahrzehnte eine Abhängigkeit von Anreiz-Systemen aufgebaut wurde und die Verführungsforderung mit unverminderter Lautstärke erhoben wird? Können wir Herr der Motivierungs-Technik werden, die wir selbst geschaffen haben? In der Tat produziert die Motivierung durch Incentives, Boni und Prämien fortwährend neue *Abhängigkeit* von diesem System, eine Dynamik, die in die immer gleiche Richtung drängt und uns jede freie Entscheidung aus der Hand zu nehmen scheint. Mitarbeiter werden nahezu zwangsläufig zu Dauerpatienten am Motivierungstropf.

Die Motivierung bestimmt das Unternehmen als Drogenszene und die Dopingmittel »Prämie, Incentive, Bonus« als Drogen. Nicht zufällig spricht man von der Motivations-»Spritze«. Im Erziehungsprogramm, das »Belohnen und Bestechen« heißt, werden Bedürfnisse geschaffen, die nur für kurze Zeit, niemals aber in ausreichendem Maße befriedigt werden. Die Wirkung der Droge »Belohnen« ist dabei anregend und dämpfend zugleich und ihr »Genuss« kann für den Bedürftigen so bedeutsam werden, dass er meint, nicht mehr ohne die durch die Droge stimulierten Gefühle leben zu können. Abhängigkeit ist die Folge. Die zeitweilige Absetzung der Droge (bei Zielverfehlung) führt zu Entzugserscheinungen, zu psychischen Krankheitssymptomen und zu Willkürlichkeit des Mitteleinsatzes, um sich die Droge wieder zu beschaffen (das kann man in unseren Unternehmen täglich erleben!). Ein erneuter Genuss der Droge beseitigt den Entzug schnell, aber nicht nachhaltig. Da – wie gezeigt – bei konstanter Drogendosis die Wirkung allmählich nachlässt, nimmt Sisyphos seine Arbeit auf: Drogendealer und Konsument steigern die Dosis – um die *bisherige* Wirkung zu erzielen!

Ist es dem Abhängigen aus irgendwelchen Gründen unmöglich, sich die Droge auf legalem (Leistungs-)Wege zu verschaffen, resigniert er, wandert in die Demotivation ab oder wendet eine teilweise kriminelle Energie auf, um sich die Belohnung zu erschleichen. Auf Grund der Doppelmoral des motivierenden Unternehmens bezahlt der Abhängige bei unerlaubter Zulagen-Erschleichung dies mit direkter Fremdbestrafung, immer aber mit Selbstbestrafung in Form von Unruhe, Neidgefühlen, Angst, psychosomatischen Krankheiten und dem Verlust des Selbstrespekts.

Entwöhnung

Es gibt keine harmlosen Drogen. Jeder Drogenkonsum, auch die Verwöhnung durch Incentives und Prämien, ist nichts anderes als Selbstzerstörung. Die Zerstörung der Motivation. Die Führungskraft hat daher zu entscheiden, ob sie ständig in immer neue Drogen investieren will, um ihre Mitarbeiter bei Laune zu halten bzw. deren

Entzugserscheinungen zu mindern, oder ob sie zu Selbstverantwortung und Risikobereitschaft unterstützt. Wenn die Motivierung der selbstverschuldete Weg aus den Zumutungen der Selbstverantwortung ist, dann ist dieser Weg auch wieder umkehrbar. Wer da glaubt, seine »besten« Leute verließen ihn, wenn er ihnen Prämien und Incentives vorenthielte, dem biete ich eine Überprüfung seiner Wertmaßstäbe an. Sind es die »besten« Leute, die ausschließlich wegen ermangelter Prämie kündigen?

Wenn Mitarbeiter schon einige Schritte in die innere Kündigung gegangen sind, so sind sie aller Erfahrung nach mit Geld nicht mehr aus dem Jammertal zu ziehen. Nach den Gründen für ihre Unzufriedenheit befragt, greifen die meisten Mitarbeiter nach dem Nächstliegenden und wenig Erklärungsbedürftigen: »Mehr Geld würde uns schon motivieren.« Und wieder erfüllt die Prophezeiung sich selbst: Wer würde zu einer in Aussicht gestellten Prämie »Nein« sagen? So sind auch angesichts flächendeckender innerer Kündigung die neuen Motivierungsrezepte die alten. Das Motto: Mehr vom selben.

Es scheint mir nicht gewagt, in der durch fehlende Incentives und Prämien begründeten Fluktuation sogar eine positive Selektion zu sehen. Der Verlust von Menschen, die ständig angestoßen werden müssen (und mit Hektik und Betriebsamkeit, mit Selbstdarstellung und vorgetäuschter Arbeit reagieren), ist vergleichsweise leicht zu verschmerzen. Ungleich befriedigender und sicher auch langfristig erfolgreicher ist es doch, mit Mitarbeitern zu arbeiten, die auf der Basis klar vereinbarter Rahmenbedingungen tun, was sie tun – ohne auf weitere Anreize zu warten. Für die das *Ergebnis* ihrer Arbeit Bedeutung hat – und nicht die möglicherweise darauf folgende Belohnung. Die etwas tun, weil es »ihre Sache« ist. (Diese Einstellung zur Arbeit zu überprüfen ist – nebenbei bemerkt – die wichtigste Aufgabe der Personalauswahl-Verfahren. Denn späte Klarheit ist oft teuer – für beide Seiten.)

Ich weiß, all dies klingt summarisch und nach furchtbarer Vereinfachung, aber ist es nicht auch furchtbar? Noch einmal: Dies ist kein Plädoyer gegen Gewinnbeteiligung. Dies ist auch kein Plädoyer gegen Einkommensdifferenzierung auf der Basis klarer Leistungsabsprachen. Und ich muss, um nicht missverstanden zu werden, immer wieder sagen: Dies ist schon gar kein Plädoyer gegen das Leistungsprinzip. Ich problematisiere, ob allgemein die »kurzfristig zielorientierte Vergütung«, speziell aber das Über-Reizen des Mitarbeiters zu einer Leistung, die er ohne Zusatz-Reiz nicht erbringen würde und die ihn nötigt seinen individuellen Leistungs-Gleichgewichtszustand zu verlassen, sich für das Unternehmen auszahlt. Niemand ignoriert straflos über einen längeren Zeitraum jenes individuelle Gefühl der inneren Balance, in dem sich die energiezuführenden und die energieverbrauchenden Prozesse in etwa die Waage halten. Das permanente Anreizen macht »überreizt«. Die anstrengende Eitelkeit der Plan-Übererfüllung macht krank.

Das haben auch die Einkommenspolitiker in den Unternehmen begriffen. Sie entwickelten daher in den letzten Jahren Bonusstaffeln, die kurz vor 100 Prozent Plansoll und kurz darüber den Wert der Bonusanteile steil ansteigen und bei etwa 120 Prozent flach in die Linearität abknicken lassen. Viel mehr zu arbeiten »lohnt« sich dann kaum noch. Dadurch soll eine übermäßige Ausweitung des Bonus-Anteils und – neben der Reaktion auf unterschiedliche Marktgegebenheiten – mittelbar auch ein »Ausbrennen« des Mitarbeiters verhindert werden. Das kuriert an Symptomen. Am Prinzip der Bestechung, am Verhältnis von Hund und Wurst ändert es nichts.

Ideen bringen Geld. Bringt Geld auch Ideen?

Die Macht des Faktischen, dieses »Das haben wir immer schon so gemacht!« oder »Andere machen das doch auch!«, verstellt uns oft den Blick für die Überprüfung des Gegenwärtigen. Löst es die Probleme noch, für die es einst erdacht wurde? Auch das Betriebliche Vorschlagswesen (BVW) ist ein von Menschen unter bestimmten historischen Bedingungen vereinbartes Problemlösungsmuster. Es basiert – auch heute noch – auf dem Wunsch, die beiden getrennten »Lager« Planung und Ausführung wieder ins Gespräch zu bringen, weil Theorie und Praxis doch häufig auseinander fallen.

Die Wurzeln des BVW lassen sich bis in die 80er Jahre des vorigen Jahrhunderts zurückverfolgen: Eine schwedische Werft und Alfred Krupps berühmtes Generalregulativ waren wegbereitend. Es ist daher hilfreich, sich das ursprüngliche Organisationsproblem vor Augen zu führen, für das das Vorschlagswesen einst erfunden und institutionalisiert wurde. Es lautet etwa so:

- Die traditionelle Trennung von Planen und Machen hat zu Ineffizienzen geführt.
- In der Mitarbeiterschaft steckt eine enorme Kreativitätsreserve.
- Diese Kreativität stellen die Mitarbeiter dem Unternehmen nicht freiwillig zur Verfügung.
- Es müssen Anreize geschaffen werden, damit die Mitarbeiter Verbesserungsvorschläge machen und die Anwendungserfahrung in die Planung zurückfließt.
- Es muss eine Institution eingerichtet werden, die die Vorschläge beurteilt und entsprechend ihrer optimierenden Wirkungsgrade belohnt.

Oben und Unten

Dieses Denken geht von einem Motivationsgefälle im Unternehmen aus. Für Führungskräfte (das sind die unbewegten Beweger) wird das permanente Verbessern von Produkten, Verfahren und Arbeitsbedingungen als selbstverständlich angesehen und mit dem Gehalt abgegolten, während am unteren Ende der Hierarchie die Noch-nicht-Mobilisierten sitzen. Die Motivation, etwas zu verbessern, ist »dort unten« weniger oder gar nicht ausgeprägt. Denen dort muss man dann »Beine machen«, ihnen »auf die Sprünge helfen«, sie »auf Trab bringen« oder wie die kinetischen Wunschsprachbilder sonst alle heißen.

Was da so vorschlägig sein (Un-)Wesen treibt, ist: Geringschätzung. Der entwürdigende Bestechungsversuch gegenüber jenen im Unternehmen, von denen man es »eigentlich« nicht erwartet.

Es ist nach wie vor die alte hierarchische Denk- und Organisationsfigur des Oben und Unten, die das Rückgrat des BVW bildet und an dem es trotz mancherlei Rückgratverkrümmung irritationsfrei festhält. Mitarbeiter in die Verantwortung bringen? Dialogische Führung in partnerschaftlichen Netzwerken? Gemeinsames Entwickeln in einer »Lernenden Organisation«? Postmoderner Sozialschrott! Nein, nein, das machen wir ganz anders. Wir locken und loben, schütteln Hände und streicheln Köpfe, verteilen Geld und beschenken gönnerhaft. (Wir müssten auch sonst zu viel ändern, damit alles beim Alten bleibt.)

Ideen haben – Ideen sagen

Es ist hilfreich, sich die Entwicklung eines Verbesserungsvorschlages zweistufig vorzustellen:

- Verbesserungsidee haben
- Verbesserungsidee vorschlagen

Verbesserungsideen haben: Glaubt jemand ernsthaft, dass der Ansporn »Prämie« Menschen wirklich *kreativ* werden lässt? Was immer wir über die Quelle des Kreativen wissen: sie lässt sich niemals von außen induzieren. Zuckerbrot und/oder Peitsche schaffen es, dass Menschen (zumindest kurzfristig) vorsichtiger oder schneller arbeiten, niemals aber, dass sie innovativ sind. Kreativität ist immer intrinsisch motiviert – sie beruht auf Neugier und Freude am Tun.

Eine an der Aufgabe orientierte Aufmerksamkeit kann durch (von außen kommende, nicht in der Sache liegende) Belohnung nicht geschärft werden. Man kann sich nicht *anstrengen* kreativ zu sein. Verbesserungsideen »passieren«, sie fallen auf; und ein durch Geld gesteigertes Interesse bewirkt für die Leistungs-*Fähigkeit*, kreativ zu sein, gar nichts. Kreativität lässt sich weder befehlen noch kaufen. Im Gegenteil:

Belohnung zerstört Kreativität.

Es sind wohl mittlerweile gut zwei Dutzend wissenschaftliche Studien, die zweifelsfrei nachweisen, dass Belohnung solche Merkmale wie Berechenbarkeit und Einfachheit wünschenswert macht. Menschen sind dann immer weniger geneigt, Risiken auf sich zu nehmen, neue Möglichkeiten auszuloten, komplexe und langwierige Prozesse zu begleiten. John Condry von der Cornell University fasst es zusammen: Belohnungen sind die »Feinde der Neugier«. Ideen bringen so Geld. Aber Geld bringt keine Ideen.

Die zweite Frage ist, ob die Verbesserungsidee auch angemeldet wird: Unter welchen Bedingungen macht der Mitarbeiter den Mund auf? Hier kann auf den ersten Blick die Prämie unterstützen. Entsprechend gibt es Jubelrufe zuhauf: »Seit wir ein BVW haben, verdreifachte sich die Zahl der eingereichten Ideen.«

Ich behaupte: Die meisten Zahlen sind frei erfunden. Bei den Erfolgsbeispielen »aus der Praxis« werden Wunsch und Wirklichkeit, Seins- und Soll-Aussagen oft hemmungslos vermischt. Insbesondere ist die Berechnung der Produktivitätsgewinne reine Phantasie.

Überdies – und weit wichtiger – kann ich die gehobene Stimmung ob solcher »Erfolgs«-Meldungen nicht teilen. Bleibt denn hier niemandem der Jubel im Halse stecken? Ist man denn schon so verblendet, dass man die Ungeheuerlichkeit dieses »Erfolges« nicht einmal mehr merkt? Eine katastrophalere Rückmeldung über die Unternehmenskultur kann es doch gar nicht geben. Sie macht eine Aussage über Führung, demotivierende Arbeitsverhältnisse, wie Chef und Mitarbeiter miteinander sprechen. Dieser Erfolg ist eine unternehmenskulturelle Bankrotterklärung!

Oder – falls es schon ein BVW im Unternehmen gibt –, wird der Überlegung, die Prämien abzuschaffen, in Gesprächen entgegengehalten: »Dann gehen die Vorschläge um 40 % zurück!« Abermals:

Eine bessere Mitarbeiterbefragung können Sie gar nicht haben! Ein solcher Rückgang deckt doch die Probleme auf, um die es wirklich geht. Wie groß ist die Loyalität der Mitarbeiter? Wie engagiert, wie identifiziert sind sie? Wie ist ihr Selbstverständnis? Was behindert die Entfaltung der Kreativität? Wie ist die Gesprächskultur in Ihrem Unternehmen?

Das BVW setzt zur Hebung der Kreativitätsreserve und zur Mobilisierung der Köpfe auf Prämien, *wobei die Bedingungen, unter denen diese Leistung erbracht werden soll, weitgehend ignoriert werden.* Das BVW kuriert daher an Symptomen, unter Beibehaltung der Verhältnisse, die Innovation und Engagement behindern. So ist das BVW eine antiquierte Reparatur-Instanz, eine »Trotzdem«-Krücke, ein Entlastungsarrangement. Und ein System der Duldungsstarre, um passiv bleiben zu können. Man schreit auf dem falschen Bein Hurra.

Aber wie so oft im Unternehmen gelingt auch hier das in bester Absicht Geplante nicht, weil es aus einem falschen Denken heraus einen Überschuss erzeugt, der an den Zielen vorbei ins Nichtgewollte schießt. Und die wohlmeinenden Aktivisten sind vor lauter operativer Hektik bzw. qua Gewohnheit blind zu sehen, wie die selbstläufigen Neben- und Spätfolgen die Absichten konterkarieren. Betrachten wir einige dieser Konsequenzen.

Belohnungs-Sucht

Wir wissen aus der Verhaltensforschung, dass die Erhöhung des Reizniveaus (Motivierung von »außen«) das Absinken des Eigenantriebs (Motivation von »innen«) nach sich zieht. Schon bald wird ohne zusätzliche extrinsische Gratifikation keine Handlung mehr ausgeführt. Das ist der Einstieg in die innerbetriebliche Drogenszene. Anschwellendes Anspruchsdenken als Verwöhnungsfolge. Mitarbeiter werden zu Dauerpatienten am Prämientropf, an dem man, wenn die Vorschläge nur noch tröpfeln, halt nachregeln, die Dosis erhöhen muss.

Ist es dem Abhängigen aus irgendwelchen Gründen unmöglich, sich die Droge auf legalem (Vorschlags-)Wege zu verschaffen, resigniert er, wandert in die Demotivation ab. Oder er wendet eine zum Teil kriminelle Energie auf, um sich die Belohnung durch Erhöhung der Vorschlagsdichte (Vorschlags-Bombardement) bzw. Unmengen von Bagatellvorschlägen zu erschleichen.

Denn wenn eine Belohnung winkt, dann steht die eigentliche Aufgabe ja gleichsam zwischen mir und der Belohnung. Diese Hürde muss dann möglichst rasch und oft »überwunden« werden. Die Gewichte verschieben sich mithin von dem Interesse an der Sache zum Interesse an der Belohnung. Die einzige Kreativität, die hier erzeugt wird, ist die, das System auszunutzen. Der technische Leiter eines Chemiekonzerns erzählte mir, dass Teilnehmer in Meetings abwarten, was der Ingenieur sagt, dann entschuldigen sie sich oder brechen das Meeting ab, laufen in ihre Büros und schreiben Vorschläge in die Maschine. Team? Kooperation?

In einer Firmenbroschüre zum BVW steht zu lesen: »... mit jedem Verbesserungsvorschlag bekundet der Mitarbeiter sein Interesse am Unternehmen.« Nein! Er bekundet sein Interesse an der Prämie. Er sagt: »Ich will Geld!« Die Spätwirkung: »Ohne Extra-Cash läuft hier gar nichts!«

Aus dem Guinness-Buch der Rekorde haben wir Kenntnis von dem Briten John Drayton, der während seines Arbeitslebens bei der britischen Eisenbahn 31 400 Verbesserungen vorschlug, von denen etwa 100 (!) realisiert wurden. Sieht man davon ab, dass dieser Aktionismus ein gigantisches Arbeitsbeschaffungsprogramm für die Gutachter darstellt und insofern immense Kosten verursacht hat, so steht zu fürchten, dass Herr Drayton seinen normalen Job immer mehr vernachlässigt haben dürfte – stets auf der Jagd nach der Zusatzprämie. Die verbreitete Praxis, die Zahl der Verbesserungsvorschläge zum Erfolgsmaßstab zu küren, führt unverkennbar zu Blähungen. Auf der Jagd nach stets neuen Vorschlagsrekorden kann man sich ausrechnen, wann die Bearbeitungskosten die Effizienzgewinne übersteigen.

Verbesserungs-Aktionismus: Aller Erfahrung nach wendet sich bei Prämiensystemen die Energie und Konzentration von den Arbeitsinhalten ab – und der Belohnungsmöglichkeit zu. So gibt es nach Aussagen erfahrener Praktiker nicht wenige Mitarbeiter, die 20-30 % ihrer Arbeitszeit darauf verwenden herauszufinden, wo und wie wieder ein Vorschlag zu machen ist.

Von Nixdorf wird erzählt, dort sei es in einigen Unternehmensteilen üblich gewesen, durch Passivität die Prämienprogramme gleichsam zu erpressen. Aber auch viele Führungskräfte gefallen sich in der

Rolle des Bonbon-Onkels. Das ist der sympathische Einstieg in die Drogenspirale, an deren Ende dann *lean motivation* steht.

Das BVW trifft nicht nur daneben, es zielt auch aufs eigene Tor.

Verfolgerkultur

Produktionsleute lauern geradezu darauf, dass die Planer Fehler machen, die sie dann ihrerseits über Vorschläge ausbeuten können. Fehler direkt zurückzumelden hieße Prämien verschenken. Insbesondere in Unternehmen mit Serienproduktion – in denen die soziale Distanz zwischen Denken und Tun traditionell besonders groß ist – ist das BVW oft ein Ventil für Frustierte. Die Planer werden mitunter regelrecht vorgeführt, wenn in der Vergangenheit alte Rechnungen offen geblieben sind. In der Folge sichern sich die Planer immer mehr und überall gegen alles ab: »Die drehen uns sonst durch die Mühle.«

Noch ein Zitat aus einer BVW-Schrift: »Unser Unternehmen begrüßt es, wenn der Verbesserungsvorschlag durch den Vorgesetzten begutachtet werden kann.« Es ist immer eine Frage der Erlebnisperspektive: »Kann das denn in Ordnung sein, wenn die Zentrale die Mitarbeiter aufhetzt, sich in die Angelegenheiten ihrer Chefs einzumischen?«, fragen die einen. »Wenn es zur Sache geht, fühlt sich jeder Chef angeschwärzt«, sagen die anderen. In der Tat: Jeder Vor-Schlag ist ein Schlag. Und ein Schlag schmerzt. Insbesondere, wenn der Mitarbeiter versucht mit dem Instrument des BVW dem Chef eins auszuwischen – ihm zu *zeigen*, ohne *sagen* zu müssen: »Ich bin besser als du!« Insbesondere auch, weil in den Rollenselbstbildern der Führungskräfte traditionell das fachliche Vorbild tief verankert ist. Dann hat der Vorschlag des Mitarbeiters eine despektierliche Spitze. Der Chef fühlt sich kritisiert, bestenfalls noch übergangen: »Man hätte doch vorher mit mir reden können!« Überdies könnte eine hohe Vorschlagsdichte die Meinung aufkommen lassen, dass in der Abteilung etwas nicht in Ordnung sei!

Verfolgerszenen. Das Sieger-Verlierer-Modell feiert fröhliche Urständ. (Die Einsetzung einer neutralen Kommission oder eines Sachverständigen verschiebt das Problem nur auf einen späteren Zeitpunkt, denn irgendwann wird ja auch der Vorgesetzte von dem Verbesserungsvorschlag seines Mitarbeiters Kenntnis bekommen.)

Was hat nun der Vorgesetzte/Gutachter zu tun? Er hat laut Lehrbuch zunächst Interessen-Neutralität, Unabhängigkeit, optimale Distanz zum Einreicher und Empfänger des Vorschlages zu wahren. Schwierig genug, stößt der Vorschlag den Gutachter doch unter den obwaltenden Umständen geradezu in ein Interpretationsdelirium: Die Annahme des Vorschlags wertet den Chef ab; die Ablehnung des Vorschlags wertet den Mitarbeiter ab. Er muss vor allem aus grundsätzlichen arbeitsrechtlichen Erwägungen die Sonderleistung zum Aufgabengebiet des Mitarbeiters abgrenzen, da nur in diesem Falle eine Prämienzahlung gerechtfertigt ist.

Das betont in der Chef-Mitarbeiter-Kommunikation wieder einen weiteren Beurteilungs-Aspekt, statt, wie doch viel sinnvoller, die Förderung als Entwicklung der Leistungs-*Fähigkeit* zu betonen. Und es ist zynisch, das vom BVW strukturell vorgegebene Bewertungsdilemma durch den Appell an die Konfliktfähigkeit der Führungskraft zu individualisieren, ohne die Struktur als solche in Frage zu stellen.

Hinzu kommt eine organisationspsychologische Zwickmühle, die qua Stellenbeschreibung die Initiative des Mitarbeiters aus Schutzgründen einerseits in die ihm zugewiesene Stellenaufgabe bannt, andererseits ihm zuflüstert: »Überschreite diese Grenzen, dann wirst du belohnt!« Das ist lupenreines *double-bind*: Entweder ich bleibe in meinem Bereich, dann gehört der Verbesserungsvorschlag zum Selbstverständlichen und wird nicht prämiert. Oder ich überschreite meine Zuständigkeitsgrenze (weil nur so die Prämienvoraussetzung erfüllt ist), dann wildere ich im Bereich meines Teamkollegen, Nachbarn, Partners oder Chefs, bekomme aber meine Prämie und mache den anderen mit mechanischer Konsequenz zum Verlierer: »Tja, nicht aufgepasst, Herr Kollege!«

Das BVW ist die legalisierte und prämierte innerbetriebliche Denunziation.

Missgunst als Unternehmenskultur. Das fördert nicht gerade die Verantwortungsübernahme für das Ganze. Stattdessen betont es das Abteilungs-Abgrenzungs-Denken. Denn jeder Kollege ist mein potentieller Verfolger. Und wenn ich ihm einen Verbesserungsvorschlag reingewürgt habe, dann wird er wohl nur auf eine Gelegenheit zur Revanche warten. Gleichzeitig proklamiert dann die neueste CI-Welle »Wir-Gefühl«, »Kollegialität« und »gegenseitige Hilfsbereitschaft«. Da bleibt nur noch ein schiefes Lächeln. Und was immer man von der »flexiblen« Organisation, der »grenzenlosen« Firma und »vernetztem Denken« halten mag: konstruktive, elastische und vertrauensvolle Grenzbeziehungen im Unternehmen lassen sich auf diese Weise niemals gestalten.

Ach ja, Hilfsbereitschaft. Viele Praktiker berichten von gängigen Trick-Nummern, um den durch das BVW angeheizten unternehmensinternen Wettbewerb zu unterlaufen. Zum Beispiel kann man auch – »unter uns Pfarrerstöchtern« – das System melken, indem man bereichsübergreifend die Verbesserungsvorschläge einfach austauscht: Ich gebe dir meinen und du gibst mir deinen. Voraussetzung erfüllt, Prämie rollt, alles paletti. Das ist das Einfallstor ganzer Heerscharen von Vorschlags-Schauspielern und -Betrügern. Aber es ist nur konsequent, obwohl jene, die gerade noch die belebende Wirkung des Prämiensegens zu ihren Zwecken hervorhoben, diese Form der Kooperation nun als Missbrauch entrüstet brandmarken. Das System bekommt, was es verdient. Da wackeln die Schlitzohren vor Lachen.

Unlösbare Gerechtigkeitsprobleme

Manfred Moldaschl skizziert die tief gestaffelte BVW-Bürokratie: »Aufschreiben – Einreichen – Prüfen – Bewerten – Selektieren – Umsetzung planen – Rückmelden – Task Forces aktivieren – Umsetzen – Evaluieren.« »Handlanger!«, denkt der Planer. »Sesselpuper«, denkt der Macher. Was aber passiert bei abgelehntem Vorschlag? Die Krönung des Unsinns ist in einigen Unternehmen die Möglichkeit, dann in die »Revision« gehen zu können, um durch eine dritte Instanz eine neuerliche Prüfung zu ermöglichen.

Denn im Gegensatz zur japanischen Führungsphilosophie, in der kein Verbesserungsvorschlag zu bedeutungslos ist, um nicht ernst genommen zu werden, sind in Deutschland die Anforderungen für einen zu prämierenden Verbesserungsvorschlag höher. Das hat zwei Folgewirkungen. Erstens werden viele Verbesserungsvorschläge aus Furcht vor Ablehnung nicht gemacht. Zweitens werden in der Tat viele Vorschläge abgelehnt. Was passiert aber dann, wenn ein Vorschlag abgelehnt wird?

Gesetzt den Fall, der Gutachter/Vorgesetzte ist, wie berechtigt auch immer, der Meinung: ein Bagatellvorschlag. »Das haben wir längst gewusst ...«, »Muss ich das wirklich begutachten?«, »Wozu der Aufwand für diese Peanuts?« Und er lehnt ab. Das Legitimationsdefizit für die Ablehnung wird er spüren. Ebenso die verbleibende Unsicherheit. Und der Mitarbeiter? Was dem einen wichtig erscheint, gilt dem anderen nichts. Der Widerstand ist besonders groß, wenn vorrangig effizienzsteigernde, nicht aber arbeitserleichternde Vorschläge prämiert und umgesetzt werden. Der Mitarbeiter wird die Ablehnung immer als ungerecht empfinden, ganz gleich, ob der Gutachter anderer Meinung ist. Vor allem, wenn der Vorschlag in das Schmierentheater des öffentlichen Laufstegs geschickt wurde. Und wenn jemand sich ungerecht behandelt fühlt, wird er seinerseits und mit mechanischer Sicherheit den »anderen« ins Unrecht setzen wollen. Er wird sich rächen. Jeden Tag ein bisschen.

Die scheinbare Gerechtigkeit, die sich am Tauschcharakter der Prämie orientiert, täuscht. Und auch die in manchen Firmen z.T. beeindruckenden Systematisierungen des Vorschlagswesens führen lediglich zu einer Scheinrationalisierung der Ungerechtigkeit. Ein Pyrrhussieg.

H.-J. Hüchting, Leiter Personal- und Sozialwesen der Carl Freudenberg AG: »Ich behaupte, dass ein wesentlicher Grund für die aufwendige und zeitraubende Prozedur der Behandlung von Verbesserungsvorschlägen in der Prämie zu suchen ist. Es ist der verzweifelte Versuch, bei der Zuerkennung und Bemessung der Prämie Gerechtigkeit zu erreichen. Es ist der Kniefall vor der trügerischen Hoffnung, eine Prämie sei um so gerechter, je rechenbarer sie sei.«

Keine Macht den Drogen!

Fragen Sie sich selbst: Sollte es das Vorschlagswesen geben? Jeder nüchtern denkende Mensch wird zustimmen, dass es besser wäre, wir könnten auf dieses System vordergründiger Reparaturintelligenz ganz verzichten.

Schaffen wir also das Vorschlagswesen ab! Schaffen wir mindestens Rahmenbedingungen, die dieses Kind der Krise und des Misstrauens überflüssig machen. Hier ist wirklich eine Chance, Kosten zu senken. Sparen wir uns diese gigantische Fehlinvestition, die lediglich den Mangel verwaltet und mit ihrer baren Existenz eine echte Beteiligung an kreativen Prozessen verhindert. (Und glauben Sie nicht, man könne »erst mal«, gleichsam übergangsweise am BVW festhalten. Es ist wie bei einer Knochenfraktur: Die Schiene fixiert auch eine Fehlhaltung.)

Hören wir auf mit einer kostenintensiven Köderpolitik unsere Unternehmen in eine Verwöhn-Kultur umzugestalten. Es mag sein, dass ohne Prämien einige Vorschläge nie (zumindesten aber nicht zu diesem Zeitpunkt) das Licht der Welt erblicken. Aber ist das die gigantischen Kosten, insbesondere aber die vielen desaströsen Nebenwirkungen wert? An dem BVW wird nur deshalb festgehalten, weil die Unternehmen sich mit hochschnellenden Vorschlagszahlen brüsten (was sie für ein positives Signal halten), sogar die Kostenersparnis aufwendig quantifizieren – aber die Spät- und Nebenwirkungen der innerbetrieblichen Drogenpolitik keines Blickes würdigen. Wenn die Vorschläge wirklich, wie prognostiziert, um 40 % zurückgehen, ist das – erstens – ein interessanter Hinweis über die Unternehmenskultur, mithin ein Aufruf zum Handeln, und – zweitens – nicht schade um mindestens die Hälfte dieser nicht-gemachten Vorschläge, die ohnehin nur Unterhaltungswert hatten.

Was ist aber mit den 20 %, die nun wirklich zur Kostenminimierung im Unternehmen beitragen? Da wird's grundsätzlich. Das Vorschlagswesen ist aus meiner Sicht der absurd falsche Weg, die Kreativitätsreserve der Mitarbeiter zu heben. Und das hängt mit einer dem BVW zugrunde liegenden, völlig überholten Denkfigur zusammen. In ihr ist der Verbesserungsvorschlag eine Sondernummer für wenige Mitarbeiter – etwas eigentlich unerwartet Außergewöhnliches. (In der chemischen Industrie z.B. beteiligen sich im Durchschnitt nur 8 % der Beschäftigten am Vorschlagswesen.) Etwas Besonderes, das zudem noch moralisch hochgestemmt wird: Viele Beteiligungsappelle sind derart nötigend formuliert, dass jeder, der sich an diesem Schaulaufen nicht beteiligt, mit notorisch schlechtem Gewissen durchs Unternehmen läuft. Das alles ist frühindustrielles Denken.

Führen wir uns noch einmal das ursprüngliche Organisationsproblem vor Augen: Es geht darum, den kreativen Mitarbeiter als permanenten Problemlöser in die Verantwortung zu bringen. Es geht darum, Kreativität und *ständige* Verbesserung in den täglichen Führungsprozess zu integrieren. Es geht darum, Rahmenbedingungen dafür zu schaffen, dass die Verbesserung alltäglich, nämlich genau *dies* ist:

- Nicht die Ausnahme, sondern die Regel.
- Nicht moralisch, sondern selbstverständlich.
- Nichts für wenige, sondern für alle.

Führung übernehmen!

Das BVW delegiert die Führungsaufgabe »Gemeinsam lernen« an ein Anreizsystem. Führungskräfte brauchen so nicht in die Verantwortung zu gehen, können passiv bleiben.

Betrachten wir dazu als ein Beispiel die Arbeitssicherheit, auf die sich in der Regel ein Drittel der Vorschläge bezieht. Es kann doch wohl nicht wahr sein, dass wir Verbesserungen in diesem Bereich, der jährlich Milliarden an Kosten verschlingt, in eine Köderpolitik einbinden, als Sonderleistung honorieren und zudem auch noch moralisierend aufschäumen. Hier muss Führung aktiv übernommen werden. Hier muss Führung klar Erwartungen formulieren und zu Zielen vereinbaren. Hier muss die Verbesserunginitiative und Kreativität zum unverzichtbaren Bestandteil des täglichen Führungsprozesses gemacht werden – und ist mithin der allgemeinen Leistungsbeurteilung anzukoppeln. Bei Toyota – in Sachen Innovationsmanagement weltweit ein Vorreiter – gibt es klare Zielvereinbarungen, die Produkte zu verbessern und die Verfahren noch effizienter zu machen.

Das ist gutes altes Führungshandwerk, das – ernst genommen und konsequent verwirklicht – funktioniert und dem Unternehmen mehr Kosten spart, als es über Motivierungsaktionismus überhaupt verdienen kann. Ob man das wortmodisch zum »Kaizen« oder »KVP« veredeln sollte, mag jeder selbst entscheiden. Wichtig ist: Alle Mitarbeiter können und sollen partizipieren, einerlei, ob sie allein arbeiten, in speziellen Kaizen-Teams oder in Qualitätszirkeln. *Nicht der Verbesserungsvorschlag ist wichtig, sondern die systematische Verbesserung.* Nicht der Gedankenblitz ist zu prämieren, sondern die gemeinsame, hierarchiefreie und dialogische Arbeit an alltäglichen Optimierungsprozessen. Es geht um den kontinuierlichen Erfahrungsaustausch aller Beteiligten.

Guido Sandler, Mitglied des Beirats der August Oetker AG, ist zuzustimmen: »Wenn Mitarbeiter Kontakt zu ihren Chefs haben und in Arbeitsgruppen miteinander verbessern, brauche ich kein Vorschlagswesen.« Das ist es: Es geht um die Kreativität zur Lösung von unendlich vielen kleinen und großen Problemen, zum Finden von vielen Verbesserungsmöglichkeiten. Lieber permanente und unbürokratische Verbesserung durch alle statt ausnahmsweise, bürokratische und kostenintensive Verbesserung durch Einzelne.

Investition in die Kreativität

Jeder weiß es: Wären wir innovativer, könnte man sämtliche Standortnachteile – von Lohnnebenkosten bis zu den Genehmigungsverfahren – getrost vernachlässigen. Wenn wir mit unserem Standortdeutschland wirtschaftlich auf hohem Niveau überleben, dann nur durch Wissenswachstum und hohe Umsetzungsgeschwindigkeit in Innovationen. Ist dazu das BVW der geeignete Weg?

»Das Betriebliche Vorschlagswesen der deutschen Art, etwa mit Einbeziehung des Betriebsrates, Formularen, festgelegten Prozessen, ist der Inbegriff der Anti-Kreativität. Wenn man den freien Fluss und die schnelle Realisierung von Ideen verhindern wollte, dann müsste man sie einem solchen bürokratisierten System aussetzen.«

Das sind, denke ich, klare Worte Hermann Simons. Das Betriebliche Vorschlagswesen ist mithin nicht nur in meinem Urteil eine frühindustrielle Sumpfblüte, die die Unterzuständigkeit der Mitarbeiter mit den Mitteln der Belohnung zu beheben versucht und dabei die Bedingungen, unter denen Leistung erbracht werden soll, außer Acht lässt. Kreativität aber lässt sich nicht mit Geld anreizen. Kreativität entsteht aus Spaß am Lernen. Investieren wir in die kreative Leistungs-Fähigkeit der Mitarbeiter, statt die Leistungs-Bereitschaft misstrauisch zu beäugen! Lohnenswerter also scheint mir, sich intensiver und direkt mit dem Thema »Kreativität« auseinander zu setzen, z.B. in Kreativitäts-Workshops. Das wird heute z.T. unter dem Stichwort »Lernende Organisation« diskutiert. Lernende Organisation und Vorschlagswesen aber sind wie Feuer und Wasser.

Bei der 3M – einem der innovativsten Unternehmen der Welt – hat man das BVW unlängst abgeschafft. Es sei anachronistisch, zu Beginn des 3. Jahrtausends und in einem Unternehmen, dessen Existenz traditionell und täglich mehr von seiner Innovationsfähigkeit abhänge, Kreativität auch noch zusätzlich zu belohnen.

Mit Blick auf das BVW aber müssen wir zunächst »ent«-lernen: die Fähigkeit, mit dem Festhalten am Falschen bis zur völligen Identifikation einverstanden zu sein.

Betriebliches Vorschlagswesen	**Innovations-Management**
Misstrauen: Mitarbeiter enthalten Kreativitätsreserven bewusst vor	Vertrauen: Mitarbeiter wollen kreativ sein
Vorschläge betreffen den Pflichtenkreis anderer	Vorschläge betreffen den eigenen Pflichtenkreis
Vorschläge als Ausnahme	Verbesserung als Regel-Verhalten
Moralisierende Appelle	Normal-selbstverständliche Praxis
Wenige Teilnehmer	Teilnehmer: gesamte Belegschaft
Fokus auf punktuelle Missstände	Fokus auf kundenorientierte Prozesse
Vorschläge i. d. R. von Einzelnen	Verbesserung im Team (Kooperation)
Führungskraft »umgangen«	Führungskraft einbezogen
Prämien	Keine Prämien
Vorschlag schreiben statt handeln	Handeln statt Vorschlag schreiben
Bürokratisch aufwendig	Unbürokratisch-pragmatisch
Bewertung durch zentrale Institution (Rückdelegation von Führungsverantwortung)	Innovation und Kreativität als Führungsaufgabe

Passivität als Führungs-Konzept

Der Rückgriff auf selbstregelnde Anreizsysteme ist der Offenbarungseid der Führungskraft.

»Die Motivation der Mitarbeiter ist der Schlüssel zum Erfolg!«, kündigt sich ein Buch zur »Motivation der Mitarbeiter. Methoden – Konzepte – Erfolgsbeispiele« an. Einverstanden. Doch dann steht da ein bemerkenswerter Satz: Das Buch habe es sich zur Aufgabe gemacht, »dem Unternehmer wie dem Manager, dem Abteilungsleiter wie dem Freiberufler konkrete Wege und Beispiele aufzuzeigen, wie er seine Mitarbeiter wirkungsvoll motiviert – und dennoch Mensch dabei bleiben kann«. Hört, hört! Da scheint jemand eine eigentümliche Spannung zwischen der Gefahr der EntMenschlichung der Führungskraft und der (von ihr angemaßten) Aufgabe der Mitarbeiter-Motivierung zu spüren.

Motivieren und gleichzeitig Mensch-bleiben scheint ein Problem zu sein. Macht man sich etwa beim Motivieren die Finger schmutzig? Doch die Schweizer »IO Management Zeitschrift« weiß Rat: »Entwickeln Sie Ihr Lohnsystem zu einem hoch wirksamen Führungsinstrument! Entdecken Sie die Motivationsreserven neuzeitlicher Entlohnungsform.« So deutet sich der »Nutzen« an, den Führungskräfte aus den gleichsam »selbstregelnden« Motivierungssystemen ziehen. Denn neben der automatischen Kostenregulierung und dem begleitweise befriedigten Gerechtigkeitsgefühl haben formell-organisatorische Anreizsysteme einen dritten mechanischen Vorteil: Führungskräfte können *passiv bleiben.* Sie können sich der unbequemen Aufgabe enthoben fühlen, Mangelleistungen ihrer Mitarbeiter deutlich ansprechen zu müssen, da diese sich ja offensichtlich selbst schaden. Statt klar zu sagen: »Ich bin mit Ihrer Leistung nicht zufrieden!«, wird ein raffiniertes Instrumentarium an Anreizen installiert, um die beobachtete oder auch nur behauptete »Motivationsschere« zwischen Führung und Geführten zu schließen. Bonus als Konfrontations-Umgehungsstrategie. Nichtstun als Führungskonzept. Ein völlig mißverstandenes Erbe der »Positiv-denken«-»Immerzu-loben«-»Konfliktfrei-führen«-Ideologie.

In dieser Optik wird der Ruf nach Motivierungshilfen kenntlich als schlichtes *Passivitäts-Konzept.* Viele Wünsche nach Motivierungstechniken reduzieren sich auf das Bedürfnis, offene Kommunikation und das Austragen von Konflikten zu *vermeiden.*

Vermeidung – das ist ein Verhalten, das solche Führungskräfte gerne einnehmen, die persönliche Zuwendung und die intensive Pflege zwischenmenschlicher Beziehungen umgehen wollen. Vermeidung ist aber andererseits auch ein Verhalten, dem anstehenden Problem auszuweichen, es zu verdrängen, nicht in Angriff nehmen zu wollen oder sich schlicht nicht zu trauen es zu lösen. Und das Problem heißt – Führung. Führung im umfassenden Sinn des Wortes. *Vorgesetzte übertragen ihr Mandat dem Anreizsystem.* Der Ruf nach Anreizsystemen wird mithin kenntlich als der Versuch vieler (vor allem schwacher) »Führungs«-Kräfte, genau das nicht zu tun, wofür sie bezahlt werden. Denn es führt sich ja scheinbar von allein. Das hat Vorteile.

Entschuldung der Führungskraft

Ein Vorteil wurde oben schon erwähnt: Das System bestraft und belohnt ohne eigenes Zutun. Ein weiterer ist: Die Führungs-»Kraft« (?) selbst kommt als mögliche Ursache für demotivierte Mitarbeiter aus dem Schussfeld. Die Führungskraft greift zu Anreizsystemen, um von sich fernzuhalten: die Mitarbeiter ebenso wie die Führungsaufgaben. Sie bringt es auf diese Weise dahin, dass sie nie irrt. Sie ist nie verantwortlich. Allenfalls ist das Anreizsystem nicht richtig justiert.

Die Risikolosigkeit des Vorgehens macht sich niemandem sichtbar. Probleme, die mit ihrem Führungsverhalten, sozialer Kälte und mangelnder Zuwendung zusammenhängen, werden verdeckt. Kurz und schlecht: Entschuldung der Führungskraft und Beschuldigung des Systems.

Da man selbst nicht als Ursache in Betracht kommt, braucht man wiederum nichts zu tun. Stattdessen *kuriert man an Symptomen.* Die Kostenstelle »Führungsstil« bleibt ausgeblendet. Aber auch dem

Vorgesetzten, dem die Schraubendrehermentalität zuwider oder das sensible und permanent aufmerksame Eingehen auf die Motivlage des Mitarbeiters zu zeitraubend und diffus ist, klären sich die Verhältnisse: Geld regiert die Welt! Unverblümt setzt man auf die »präventive« Kraft der Einkommensflexibilität und des Misstrauensabschlags (»Malus«) anstelle seriöser Ursachenforschung. Das Führungsproblem scheint gelöst, die Motivierungs-Lücke kein Thema mehr, Demotivation durch falsche Führung überwunden.

Aber Anreizsysteme überwinden nicht, sie umgehen. Sie *kompensieren* die eigentlichen Ursachen von Demotivation und Rückzugsverhalten. Mehr noch: Sie tendieren dazu, Führung zu *ersetzen*: Sie sind es – so einfach, wie sie zu funktionieren scheinen –, die dafür (mit-)verantwortlich sind, dass so wenig aktiv geführt wird.

Wir haben zu Beginn dieses Buches gesagt, dass Führungskräfte Verantwortung für etwas übernehmen, das gar nicht ihre Zuständigkeit ist: die Motivation ihrer Mitarbeiter. Sie sind auf diese Weise überverantwortlich, d. h., ziehen sie die Verantwortung für die Motivation anderer an sich, so fühlen sie sich – eigenartige Paradoxie! – durch Anreizsysteme angenehm entlastet von der Bürde zeitraubenden aktiven Führungshandelns. Auf dieser Seite verhalten sie sich unterverantwortlich – vor allem für die Konsequenzen der Anreizsysteme, die ja – wie gezeigt wurde – in den Neben- und Spätfolgen der Motivierung, der Entmündigung, des Nicht-Ernst-Nehmens liegen. *Der Rückgriff auf selbstregelnde Anreizsysteme ist der Offenbarungseid der Führungskraft.*

Zu den inneren Mechanismen von Passivität und Vermeidung gehört die oben geschilderte »Abwertung« im ganzen Umfang: der eigenen Person der Führungskraft (»Ich kann nicht führen!«), des Mitarbeiters (»Du bist kein ernst zu nehmender und vereinbarungsfähiger Partner!«) und auch der konkreten Problemsituation im Markt. Wie oft kann man erleben, wie durch sprachliche Verallgemeinerung der Lösung eines konkreten Problems ausgewichen wird, indem man dieses »aufbläht« – z. B. wenn die Auseinandersetzung über den Leistungsabfall eines Mitarbeiters in der Frage mündet, ob Geld nun motiviert oder nicht, ob wir in einer Leistungsgesellschaft leben oder nicht ... Alternativen der Problemlösung werden missachtet, abgewertet.

Leistungswidrige Logik

»Der Produkt-Mix muss aber doch durch Bonus gesteuert werden.« – Zu den Folgen dieser Auffassung habe ich mich oben geäußert. An dieser Stelle interessiert mich etwas anderes: Die Abspaltung eines variablen Einkommensanteils vom Zielgehalt als leistungsbezogenes Einkommen folgt einer im Kern geradezu leistungswidrigen Wenn-Dann-Logik. Gesetzt den Fall, ein Gruppenleiter bindet sein variables Einkommen an die Realisierung irgendwelcher Projekte. Seine Führungskraft sagt implizit: »Wenn du die Projekte realisierst (was ich dir zunächst einmal nicht glaube), dann bekommst du diesen Anteil.« Die eigentliche Ungeheuerlichkeit liegt nun gerade darin, dass die Führungskraft überhaupt dieses »Wenn-Dann« einräumt. Der eingebaute Zweifel stellt die Zielerreichung neuerlich und sinnwidrig in das Belieben des Mitarbeiters, der sich doch gerade erst vereinbart hat.

Eine Führungskraft hat die Aufgabe, eine Person oder Gruppe ziel- und situationsbezogen zu führen. Dafür trifft sie Vereinbarungen. Sie hat dann auf der Einhaltung der Vereinbarung zu bestehen. Denn eine Vereinbarung ist eine Vereinbarung. Ohne »Wenn«, »Dann« und »Aber«. Eine nicht ernst zu nehmende und ernst genommene Vereinbarung ist keine.

Diese Überlegungen legen den leistungswidrigen Kern frei: Es geht dieser Mechanik ganz offenbar nicht um zielorientierte Unternehmensführung, sondern zuallererst um schlichte Strafandrohung und um die Befriedigung eines völlig ziellosen Gerechtigkeitsgefühls, das insgesamt den Unternehmenszielen keinen Schritt näher bringt. Die Führungskraft begnügt sich mit der Bestrafung, einem befriedigten Gerechtigkeitsgefühl, akzeptiert aber im übrigen die Zielverfehlung des Mitarbeiters. Die Zielerreichung tritt hinter die Strafandrohung ins zweite Glied.

Das kann doch wohl nicht gemeint sein. Gruppenleiter sind dazu da, Gruppen zu leiten. Abteilungsleiter sind dazu da, Abteilungen zu leiten. Was sind das für Führungskräfte, die klare Verpflichtungsverhältnisse und Absprachen zur Bedeutungslosigkeit und Unverbindlichkeit verkommen lassen? Auch wenn man die Hilfs- und Stützfunktion von Anreizsystemen für schwache Führungskräfte in die Waagschale wirft – diesen Effekt zum eigentlichen Ziel selbstregelnder Anreizsysteme zu erklären heißt, sich zur Abdankung von

Führung überhaupt zu bekennen. Das sind dann keine Führungskräfte mehr, das sind Betriebsstatisten der Motivierung. Der (relative) Erfolg macht blind gegenüber den Folgen der Selbstentwertung. Hier wie dort: Jede äußere Motivierung zerstört die innere Motivation.

In letzter Konsequenz kommt also die Institutionalisierung selbstregelnder Anreizsysteme der Selbstabwertung der Führungskraft gleich. Statt Nähe zum Mitarbeiter herzustellen, wird ein System *zwischen* Chef und Mitarbeiter installiert. Das hält auf Distanz. Entsprechend der Passivität und Konsumenthaltung, die das System der Motivierung auf der Mitarbeiter-Seite erzeugt (»Ohne Bonus läuft hier nichts!«), produziert es auf der Führungsseite das Vermeiden offener Kommunikation und eine Selbstverstümmelung der Führung. Das bleibt dann noch als Rolle der Führungskraft: zuschauen und anfeuern.

Passivität ist hingegen nicht nur eine Ruhekammer für Führungskräfte. Auch Mitarbeiter kennen das Lamentieren des Nicht-zuständig-sein-Wollens. Mal sind es die mangelhaften Produkte, mal klappt die Zusammenarbeit mit dem Marketing nicht, mal ist die Firmenwagen-Politik unmöglich, mal gibt's zu wenig Information, zu wenig Freiraum, zu wenig Gehalt, zu viel Überstunden. Das System der Hierarchie mache im Prinzip alle zu Verlierern, gebe dem Einzelnen kaum Chancen zur Individualität, unterdrücke Außenseiter gnadenlos – und überhaupt sei bei dieser Lage des Ozonlochs in zwanzig Jahren eh alles vorbei. Außerdem seien die meisten Führungskräfte völlig unfähig. Die könnten einen ja noch nicht einmal richtig – motivieren. »Anspruchsdenken«, denkt es im Vorgesetzten. Und in der Tat ist die Erwartungshaltung des »Nun-motiviere-mich-mal-schön« bei vielen Mitarbeitern ausgeprägt. Nicht verantwortlich sein wollen ist ja auch so schön bequem. Man fühlt sich nicht zuständig, beruft sich auf »die da oben«, Sachzwänge oder »Verhältnisse«. Man drückt sich vor den Ansprüchen der Selbstverantwortung und wird schwer aktiv – aber nur beim Lamentieren. Das Fatale für die Mitarbeiter ist dabei, dass sie sich selbst damit schaden: Denn jammern und passiv bleiben, nichts konstruktiv an der Sache tun, das zehrt aus und verletzt das eigene Selbstwertgefühl – kaum merklich, dafür aber um so nachhaltiger.

Deserteure

Selbstregelnde Anreizsysteme machen es also möglich: Führungskräfte desertieren zuhauf von ihrer eigentlichen Aufgabe und greifen in den Maschinenpark der Motivierung. Die instrumentelle Vernunft hat nur noch einen Zweck, nämlich passiv bleiben zu können und nicht verantwortlich sein zu müssen. Das kann eigentlich kaum verwundern, sind doch die meisten Führungskräfte über die Motivierungsmechanik angereizt worden eine geld- und statusträchtige Führungsaufgabe zu übernehmen. Selten, weil sie wirklich *führen* wollen, Spaß am Umgang mit Menschen haben. Ihnen reicht meistens *Macht* über Menschen, Mitarbeiterzahlen als Statusinsignien, ansonsten die weiterhin ungestörte Lösung von Sachproblemen. Und so hat denn das Unternehmen bei der Ernennung zur Führungskraft oft zwei Probleme: einen guten Sachbearbeiter/Verkäufer weniger und eine schwache Führungskraft mehr. Wenn ich mir anschaue, wie viel Zeit Führungskräfte bereit sind tatsächlich in Führungs- (nicht Leitungs-)Aufgaben zu investieren, wird mir immer wieder deutlich, dass Führungskräfte ihr Geld für etwas bekommen, das sie gar nicht tun: Führen. Diese Manager sind dankbar, dass ihnen große Teile dessen, was sie unter Führung verstehen (Motivieren!), von selbstregelnden Systemen abgenommen werden.

Solange wir also über Anreize die »Führung« als Karriereanker weiterhin attraktiv machen und unsere Führungskräfte weiterhin so generieren wie bisher, habe ich wenig Hoffnung, dass die passivitätsfördernden Systeme, deren Kinder diese Führungskräfte ja sind, zur Seite gelegt werden. Und Führungskräfte werden nicht auf die Motivierungs-Mechanik verzichten, solange diese einen Passivitäts-Gewinn verspricht.

Mir aber geht es darum, dass Führung *übernommen* wird; mir geht es darum, sie aus ihrer selbst verursachten Kraftlosigkeit herauszuführen. Es geht mir um die Reetablierung der Führung als Führung. Wie das zu schaffen ist, wie die »positive« Alternative aussieht, dazu mehr im dritten Teil »Führungen«. (Ich bitte den eiligen Leser noch um einen Augenblick Geduld.)

Revue der Abwertung

Die Abwertung verursacht Auszahlungen, die den angestrebten Effekt aufheben.

Fragesteller: »Was ist das Geheimnis Ihres Erfolges?« Mitsubishi: »Wissen Sie, wir nehmen die hier arbeitenden Personen ernst.« Fragesteller: »Ja gut, und weiter?« – »Nun, nichts weiter, wir nehmen diese Menschen ernst.« – »Ich verstehe, und was heißt das?« – »Dass wir diese Personen ernst nehmen.«

Dieser Interview-Ausschnitt gibt den Kammerton für das zentrale Argument gegen die Motivierungs-Klempnerei in unseren Unternehmen. Ich läute deshalb an dieser Stelle ironischerweise eine Glocke und bitte um erhöhte Aufmerksamkeit. Schon einleitend habe ich den kurzfristigen »Erfolg« der Motivierung durch Anpassung des Mitarbeiters an das Verführungssystem zugestanden, jedoch auf die Spät- und Nebenwirkungen dieses »Erfolgs« hingewiesen. Ich habe die motivierende Führungskraft mit einem Unternehmer verglichen, der wie gebannt auf das Steigen der Umsatzkurve (der Anpassungsleistung des Mitarbeiters) schaut, die Kostenentwicklung aber keines Blickes würdigt. Dies tut er vor allem deshalb nicht, weil die permanent entstehenden Kosten – wenn überhaupt – erst mit Zeitverzögerung erkennbar werden und auch dann kaum mehr ursächlich an den Ort ihrer Entstehung zurückverfolgt werden können.

In Diskussionen mit Managern wird mir an dieser Stelle häufig entgegengehalten, dass diese Variable, weil nicht messbar, auch nicht handlungsleitend sein könne. Meine Antwort lautet, die wirklich entscheidende Überlegung des Managers sei doch wohl, ob ein Faktor *wichtig* sei, nicht die, ob er messbar sei. Selbst wenn auf eine quantitative Erfassung verzichtet werden muss, so ist doch dem Wichtigen Aufmerksamkeit zu schenken. Es wäre einfach sinnlos, Wichtiges nur deshalb nicht zur Kenntnis zu nehmen, weil es sich exakter Messbarkeit entzieht. Eine Führungskraft, die dies ignoriert, gleicht dem Mann, der nachts seinen Schlüssel verloren hat und ihn in der Nähe einer Laterne sucht. Ein Passant bietet sich an bei der Suche zu helfen und fragt: »Wo ist der Schlüssel denn hingefallen?« – »Da drüben«, antwortet der Mann, »aber da gibt es kein Licht.«

Den *verdeckten* Konsequenzen, diesen nicht messbaren Spät- und Begleitreaktionen der Motivierung, wende ich mich nunmehr zu – bis hin zu den Wirkungen auf die gesamte Unternehmenskultur, die im irrensischen Licht der Motivierung notwendig eine Abwertungskultur ist. Im Blick ist dabei insbesondere der demotivierte Misserfolgsvermeider, jener Mitarbeiter, der das Programm »volle Deckung« fährt und der mit mechanischer Zwangsläufigkeit früher oder später das Resultat der Motivierung ist. Für das Verdeckte ist dabei im Folgenden eine eher psychologisierende Argumentation das probate Mittel.

Reiz-Reaktions-Maschinen

Wie schon zuvor dargelegt, gehen viele Führungskräfte davon aus, man müsse sich nur ein sehr raffiniertes Instrumentarium einfallen lassen, um Menschen das tun zu lassen, was sie freiwillig nicht tun würden (wobei oft noch weitergehend erwartet wird, dass Mitarbeiter nicht nur *tun,* sondern – entsprechend »motiviert« – auch noch *gerne* tun). Die darin verborgene Annahme, Menschen seien tendenziell Leistungsverweigerer und betrögen den Arbeitgeber um einen Teil der vereinbarten Leistung, stellt für sich schon eine Abwertung dar. Greift man dann noch zu Motivierungstheorien, die die Menschen als hierarchisch gestaffelte Bedürfnisbündel sehen und eine gezielte Steuerung über die in Aussicht gestellte Bedürfnisbefriedigung (»Alles ist käuflich!«) empfehlen, so kann über das Menschenbild kein Zweifel mehr bestehen. »Mitarbeiter sind Uhrwerke, die man ›schmieren‹ muss, um sie zum Laufen zu bringen.« Diesem Zynismus werden alle jene hämisch zustimmen, die sich so ungeniert in den Begleittross der Abwertung eingereiht haben, dass sie bei jedem Etappenziel im Vorderfeld landen.

Aber damit nicht genug: Das mechanistische Denken sieht die Menschen als reine Reiz-Reaktions-Maschinen, Pawlowschen Hunden vergleichbar, denen beim Klingelzeichen das Wasser im Mund zusammenläuft. Die von dem Philosophen René Descartes (1596-1650) entworfene Theorie des tierischen Automaten-Körpers feiert hier fröhliche Urständ. Descartes dachte diese Automaten als sinnlose Wesen, die lediglich die Frage nach dem »Wie« ihres Funktionierens aufwerfen (die typische Manager-Frage, der Leser erinnert sich), nicht aber die nach dem »Wozu«. Hohlkörper, die sonst keine irgendwie geartete Innerlichkeit besitzen. Der reine Zweck dieser Tier-Maschinen ist ihr Funktionieren, wobei die »inputs« nach den Gesetzen der Mechanik die »outputs« zwangsläufig bestimmen: Reiz – Reaktion – Reiz – Reaktion etc.

Die Motivierung beruht im Wesentlichen auf diesem vertrauten Denkmodell, das der Systemtheoretiker Heinz v. Foerster »trivial machine« nannte: Wenn ich hier auf den Knopf drücke, dann geht dort das Licht an. Sollte es dunkel bleiben, dann liegt eine Störung vor, die nach dem gleichen Schema zu untersuchen und zu beheben ist. Es ist also alles ganz einfach. Menschliche Freiheit? Selbstbestimmung? Menschen als höchst komplexe Systeme mit ihrem Streben nach Sinn? Arbeit als Selbsterfahrung? Geschwätz!

Die entsprechende Motivierungs-Mechanik bezieht ihre Köder (früher ausschließlich, heute noch mehrheitlich) aus dem ökonomischen Zeughaus. Geld, Autos, sichtbare Macht sollen reizen. Das Ökonomische gehört aber – wie J. Lopez plausibel dargetan hat – zum Bereich der äußeren Bedingungen menschlichen Handelns. Der Mensch ist jedoch in seinem Fühlen, Wollen und Handeln zu ganz wesentlichen Teilen von inneren Bedingungen wie Werten, Ideen, Moral geprägt. Die äußere Motivierung ignoriert diesen Bereich und reduziert die gesamte menschliche Sinngebungsbreite auf das, was vorgeblich für alle gilt: das Ökonomische. Und nimmt dafür einen hohen Preis in Kauf.

Dass dieses Denken abwertet, liegt auf der Hand. Ein wenig ist von dieser verdeckten Abwertung noch greifbar, fragt man leitende Angestellte, ob sie gerne von anderen nach irgendwelchen Techniken motiviert werden möchten (Probieren Sie es mal!). Was da alles an idealistischer Orientierung, metaphysischer Werte-Akrobatik, Selbstverwirklichung und Sinngebungs-Modellen hervorgezaubert wird! Sie wollen nicht motiviert *werden;* sie *sind* motiviert oder wollen motiviert *sein.* Das gilt aber (natürlich!) nicht für das Gros der Mitabeiter; die muss man ja ...

Die Wurst, die dem Mitarbeiter vor die Nase gehängt wird, muss nur knusprig braun genug sein, die Möhre, die dem Esel vor den trüben Augen baumelt, muss nur saftig genug aussehen, und schon – schwupp! – schwingt der zuvor sich träge dahinschleppende Mitarbeiter sich empor zu ungeahnten Leistungshöhen. Bei einer deutschen Autofirma, die für ihr dynamisches Image und »Freude am Fahren« weltbekannt ist, liest sich das in doppelseitigen Anzeigen so: »Die neueste Art der Beförderung. Motivations-Leasing. (...) Ihr Mitarbeiter erhält das Fahrzeug für Dienstfahrten und zur privaten Nutzung. Vergleichen Sie dieses Motivationsmodell ruhig mal mit einer größeren Gehaltserhöhung. Bei gleichem unternehmerischen Aufwand sind der Nettowert und der Motivationseffekt aus Sicht des Mitarbeiters ungleich höher. (...) Keine Frage, diese Art der Beförderung setzt zusätzliche Energien frei. In Form von noch höherem Engagement und noch höherer Identifikation mit Ihrem Unternehmen. Wie es der Name schon sagt: Motivations-Leasing.« Die Firma hat die Chuzpe, in einer geradezu grotesken Vergleichsrechnung bei einer monatlichen Gehaltserhöhung von DM 670 brutto den »Motivations-Effekt« mit 44 % anzugeben, wohingegen bei Leasing eines Firmenwagens der gehobenen Mittelklasse ein »Motivations-Effekt« von exakt 76 % errechnet wird. Man muss die Konsumenten schon für ausgesprochen dämlich halten, wenn man ihnen – ich riskiere den Ausdruck – solche Rattenfänger-Töne zumuten zu können glaubt. (Das Problem sind aber selten die Rattenfänger, sondern die Ratten.)

Auszahlung (pay off)

Deutlicher noch stellt sich die Problematik bei innerlich Gekündigten. Kaum jemand, der sich ernsthaft den Gründen ihrer Demission zuwendet. Kaum jemand, der *fragt*, warum sie nur noch durchhalten. Kaum jemand, der sich ernstlich um Abhilfe bemüht. Gerade demotivierte Misserfolgsvermeider sind unerreichbar, wenn man ihre Demotivation lediglich ihrer mangelnden Leistungsbereitschaft anlastet, die demotivierenden Rahmenbedingungen aber völlig ausblendet. Führungskräfte können diesen Mitarbeitern noch so freundlich zureden und die Wangen tätscheln: die Motivations-Lücke (hier ist sie unübersehbar!) ist aus *Gründen* entstanden, aus Gründen, die selten in der Böswilligkeit oder »angeborenen« Faulheit der Mitarbeiter liegen. Wenn der Mitarbeiter den Leistungserwartungen nicht entspricht, sind vielleicht einmal die Erwartungen zu überprüfen. Oder es sind bei der Einstellung Erwartungen geweckt worden, die nicht eingelöst wurden. Oder der Mitarbeiter ist unter-/überfordert. Oder er ist auf dem falschen Spielfeld, in einem Job vielleicht, den er eigentlich gar nicht will. *Diese* Leute kann ich durch Motivierung, durch Ankurbeln der Leistungs-Bereitschaft auch nicht erreichen, eher nur noch tiefer in die Demotivation drücken. Denn das ist wichtig: Kuriert wird an *Symptomen,* dort dann aber um so heftiger. Wirkung wird zur Ursache umgebogen. Dann kann man passiv bleiben. Gestritten wird permanent über die Höhe des »Schmerzensgeldes«. Jedoch: Die *Ursachen* der Demotivation nicht ernst nehmen, die Motivations-Lücke nur mit Bedrohen und Bestrafen überbrücken, das heißt den Menschen nicht ernst nehmen, das heißt die Demotivation vertiefen.

Dass dieses Denken abwertet, wird den wenigsten Betroffenen bewusst. Aber es gibt ein sehr sensibles Organ in uns, das all diese kleinen Abwertungen, diese Flüchtigkeiten ungenauen Hinsehens, dieses Nicht-wirklich-Ernstnehmen genau registriert: dieses Organ heißt »Selbstachtung« (ich komme noch darauf zurück). Es nimmt auch das kaum Wahrnehmbare wahr. Es ent-deckt, was die Psychologie »verdeckte Transaktionen« nennt (das sind Informationen neben und unterhalb der »offensichtlichen« Information). Es führt peinlich genau Buch darüber, ob uns unser Gegenüber wirklich respektiert, wirklich ernst nimmt, oder ob er uns ködern, verführen und »über den Tisch ziehen« will. Das Wesentliche ist: Der Mensch spürt es. Er weiß es tief in seinem Innern, ohne dass er sich dessen immer bewusst ist. Er weiß, dass er ungute Gefühle sammelt und einlagert, Abwertungen einklebt wie negative Rabattmarken.

Aber dieser Teil des unbewussten Selbst handelt auch: Auf ebenso verdeckte oder offene Weise rächt es sich, entschädigt sich – reflektiert oder unreflektiert – dafür, auf irgendeine trickreiche Weise »überlistet« worden zu sein. Es löst das Rabattmarkenbuch ein. Es lässt den Manipulator büßen. In einer paradoxen Umkehrung machen die Motivierten die Motivierer zu Opfern: sie lassen sich für den selbst verschuldeten Verlust ihrer Würde *auszahlen.* Die Psychologie nennt diese Reaktion ›pay off‹ – Auszahlung.

Trickreich werden »Pay-off«-Situationen inszeniert: von der subtilen Verweigerung der Kooperation, der manipulierten Reisekostenabrechnung, den privaten »Abzweigungen« von Büromaterial oder Produkten, der regelmäßigen Krankheit, die man »feiert«, dem Jammer-Zirkel, in dem man mit legitimen Gefühlen Zeit »vertreibt«, dem Ableiten von Energien in arbeitsferne Aktivitäten bis hin zur Selbstpensionierung. Diese Auszahlungen lassen sich auf den ersten Blick kaum in einen rekonstruierbaren, ursächlichen Zusammenhang mit der vorangegangenen Abwertung bringen. Sie sind dennoch – nach allem, was wir darüber wissen – »sinnvolle« Reaktionen der bedrohten Selbstachtung.

Entlarvte Motivierung

Folgenreicher noch bei der nicht offengelegten, aber von Mitarbeitern durchschauten Motivierung: das verletzte Selbstwertgefühl reagiert – völlig normal – mit offener oder versteckter Abwehr. Wenig demotiviert mehr als entlarvte Motivierung! Ähnlich der Frau, die ihrem Mann mit versteckten Hinweisen zu verstehen gibt, dass er ihr früher häufiger Blumen mitgebracht habe, dies jedoch heute nicht mehr tue. Eine Zwickmühle: Bringt er weiterhin keine Blumen, ist sie weiterhin verstimmt; entschließt er sich zum Kauf, wird sie es auf ihre Hinweise zurückführen und damit seinen »Liebesbeweis« abwerten.

Von Christian Badura habe ich das Beispiel jener Mutter, der es nicht genügte, wenn ihr Sohn den Mülleimer nur auf ihre Aufforderung hin hinausbrachte. Sie wollte unbedingt erreichen, dass er es von sich aus und möglichst noch gern tat. Was hat sie sich nicht alles einfallen lassen, um dieses Ziel zu erreichen! Erst hat sie es selbst versucht, dann hat sie Bücher über Kindererziehung gelesen, sich mit Fachleuten auseinandergesetzt und immer wieder neue Tricks ausprobiert. Ihr Ziel blieb Wunschtraum. Sobald sie den Jungen aufforderte den Mülleimer hinauszubringen, tat er es – widerwillig manchmal und murrend, aber er tat es. Gern und von sich aus aber tat er es nie. Je besser ihre Tricks, desto stärker wurde sein Widerstand.

Das Mülleimerproblem ist der Stoff, aus dem Legionen von Beratern – Pädagogen, Psychologen, Soziologen und Selbsternannte – ihre Arbeitsberechtigung ableiten. Immer neue Theorien, Interpretationen und vor allem Gegenmittel (»Die zehn goldenen Regeln der

Motivation«) werden feilgeboten. Der Eindruck trügt nicht: Je mehr die eine Seite aufrüstet, desto stärker wachsen die Widerstände auf der anderen. Druck erzeugt immer Gegendruck. In vergleichbarer Weise ist zu beobachten, wie die neuen Techniken des jüngst vom Seminar zurückgekehrten Chefs mit Misstrauen und Widerstand beantwortet werden. Eine verständliche Reaktion. Wer macht sich schon gern zum Spielball der neuesten Motivierungs-Methode?

Stellen Sie sich folgende Szene vor: Ihr Chef legt ihnen am Montag mit dem liebenswürdigsten Lächeln einen Packen Arbeit auf den Schreibtisch: »Sie sind der Einzige, der das bis Freitag schaffen kann, und Sie haben ja schon vorige Woche so Hervorragendes geleistet ...« Klingt doch gut, oder? Sie wissen, dass Sie die Arbeit kaum bis Freitag schaffen können; aber Sie sagen »Ja«, obwohl Sie »Nein« meinen. Wer kann sich auch solcher Liebenswürdigkeit erwehren? Am Mittwoch werden Sie wütend (auf Ihren Chef, statt – wie richtigerweise – auf sich selbst). Am Donnerstag wollen Sie Ihren Chef anrufen, und ... Aber man muss ja Zusagen einhalten. Am Freitagnachmittag werfen Sie der Sekretärin Ihres Chefs (der ist schon im Wochenende) die fertige Arbeit mit grimmigem Gesicht auf den Schreibtisch. Sie haben gelernt: So etwas passiert mir nicht noch mal!

Und Sie lassen sich auszahlen: Sie blockieren fortan erst mal alle Ansprüche anderer. Sie verweigern die Kooperation, gehen früh in die Abwehr, sagen schnell »Ich kann nicht!« (statt »Ich will nicht!«). Sie werden zutiefst misstrauisch gegenüber den unheimlichen Verführungskünsten des trainierten Chefs. Sie wissen: Er wird mit Hilfe des erlernten rhetorischen Vorteils die Konfliktlinie ohnehin wieder zu seinem Vorteil verschieben.

Mitarbeiter, die verführt wurden, sind gebrannte Kinder. Ein guter Mitarbeiter lässt sich heute, wenn überhaupt, dank wachsender Mündigkeit nur noch einmal manipulieren. Fazit: Wenn erst einmal verführt wurde, ist eine klare Vereinbarung nicht mehr möglich. Die entlarvte Gesprächstechnik demotiviert durchschlagend und nachhaltig. Die Authentizität der Begegnung ist zerstört, die Glaubwürdigkeit des Gesprächspartners dahin. Die Führungskraft hat sich als Ver-Führungskraft kenntlich gemacht.

Und dieses *Ver...* ist von einer integritätszerstörenden Ein-Dringlichkeit; und es ist dem *Zer...* so nahe, dass die darin liegende Abwertung fast mit Händen zu greifen ist: die ver...(nichtende) Wirkung dessen, was man »Führungstechnik« nennt. Und wenn die

Tricks und Kniffe dann zwar kurzlebige Strohfeuer entfachen, aber schon bald die gewünschte Leistungssteigerung nicht mehr zu erzeugen vermögen, kommt niemand auf die Idee, dass der Keim des Verfalls schon in der Geste des Manipulierens angelegt ist, in einer Führungs-Praxis, die im Kern vom Nichternstnehmen des Mitarbeiters lebt.

Frühe Ent-Identifikation

Häufig genug beginnt die Kette der verdeckten Abwertung schon bei der Personalauswahl (der meiner Ansicht nach in ihrem Folgenreichtum wichtigsten Management-Aufgabe überhaupt). Das Unternehmen will den Spitzenkandidaten zur Vertragsunterzeichnung »motivieren« und weckt in dem Bewerber hochgespannte Erwartungen. Schon die Stellenanzeigen, in denen in aller Regel junge, dynamische, hoch qualifizierte, durchsetzungsfähige, verantwortungsbewusste, teamfähige usw. Mitarbeiter mit Führungsqualitäten gesucht werden, bestätigen die Erwartung anforderungsreicher und spannender Aufgaben. In der strengen Selektion der Auswahlverfahren werden solche Erwartungen weiter genährt. Im Vorstellungsgespräch wird die angestrebte Tätigkeit beschönigt, werden die Probleme verschwiegen.

Und dann finden sich neue Mitarbeiter häufig in einer Tätigkeit wieder, die viel Routine, aber nur ein geringes Maß an Herausforderung und Gestaltungsmöglichkeiten bietet. Der Außendienstler findet die Schwächen des Produkts, über die er zuvor uninformiert blieb, selbst heraus. Die Budgets sind aufgrund »unvorhersehbarer Umstände« nicht so üppig wie zugesagt. Die Marketing-Frau übersetzt nur Prospekte ins Deutsche.

So früh kann die Ent-Identifikation, die »Ich-Die«-Trennung beginnen. Der Mitarbeiter definiert das Unternehmen als betrügerisch und sich selbst als Betrogenen. Und das rechtfertigt hinfort alles, was er zum Schaden der Organisation tun will. Wenn er den Betrüger betrügt und dies aufgedeckt wird, wird ihm etwas zugefügt werden, was er wiederum dazu benutzen wird, eine erneute Aktion gegen die Organisation zu rechtfertigen. Der Schweinezyklus des gegenseitigen Misstrauens beginnt. Spiralförmig geht es abwärts.

Völlig ohne Not. Denn ein Experiment, das bei einer amerikanischen Versicherungsgesellschaft durchgeführt wurde, verwies auf drei Effekte, über die eine realistische Rekrutierung den Verlauf der Eingliederungsphase günstig beeinflusst:

a) eine verbesserte Selbstselektion der Bewerber;
b) Bewerber entwickeln »innere Widerstandskräfte«, die das Auftreten negativer Begleiterscheinungen ihrer Tätigkeit abfedern (»Schutzimpfungs-Effekt«);
c) wer sich trotz negativer Informationen für eine Stelle bewirbt, entwickelt eine intensivere Bindung und fühlt sich stärker verpflichtet (weil »ernst genommen«) als ein Bewerber, der sich nur aufgrund positiver Informationen für eine Stelle entschieden hat.

Widersprüchliches reizt: Neunmalkluge unter den Motivierungs-Mechanikern werden auch dies wieder in ihre Systematik integrieren und für ihre Zwecke nutzen. Es gibt sie, die Unbelehrbaren.

Die Jahresabschlusskonferenz

Um die Wirkung der verdeckten Abwertung auf die Mitarbeiter zu illustrieren, wähle ich stellvertretend Szenen aus dem Pontifikalamt von Vertriebsorganisationen: der Jahresabschlusskonferenz.

Ein Manager der 3M Deutschland erzählte mir dazu folgende Geschichte, die so unglaublich klingt, dass ich sie nur auf sein Ehrenwort hin hier schildere: »Ich übernachtete in einem Münchener Hotel und begab mich abends noch kurz zu einem Drink in die Bar. Die Bar war gefüllt mit Mitarbeitern einer großen deutschen Versicherung, die wohl ihre Jahresabschlusskonferenz in diesem Hotel abhielt. Allein und etwas isoliert an der Theke sitzend, erregte nach kurzer Zeit ein graumelierter Herr meine Aufmerksamkeit, der mit einem Tross von Begleitern von einem Barbesucher zum anderen ging und überall gute Laune verbreitete. Der Tross kam näher und ich konnte einige Gesprächsfetzen verstehen: Es ging um Forecast-Zahlen, Jahres-Ergebnisse, die glorreiche Zukunft. Gerade als ich die Situation recht begriffen hatte, nahm der Graumelierte mich ins Visier, steuerte freudestrahlend auf mich zu, griff meine Hand, klopfte mir anerkennend auf die Schulter und sprach mit dem gewinnendsten Lächeln: ›Ich möchte auch Ihnen zu Ihrem ganz ausgezeichneten Jahresergebnis gratulieren. Ich weiß um die Schwierigkeiten gerade in Ihrem Gebiet; um so anerkennenswerter ist Ihre Leistung. Danke für Ihren Einsatz! Danke für Ihren Erfolg!‹«

Dank-Orgien

Ist noch niemandem der Gedanke gekommen, dass die Dank-Orgien auf Jahresabschlusskonferenzen, das »Danke!«, noch auf riesigen Charts an die Wand geworfen, von niemandem ernst genommen werden? Ja, dass diese Dank-Sagungen sogar beim Mitarbeiter den Verdacht provozieren, der Geschäftsführer habe tatsächlich allen Grund sich für etwas bedanken zu müssen, etwas, das über den vereinbarten Arbeitsvertrag hinausgeht, von dem aber nur *jener* einen Vorteil hat, der Mitarbeiter aber mit Dank abgespeist wird? Dafür, dass ich meine Arbeit mache, brauche ich doch keinen Dank-Bonus. Oder?

Um nicht missverstanden zu werden: Ich wende mich hier gegen den unpersönlich-plakativen Dank, den pauschalen Dank, gegen den Dank, der manipulieren, der einlullen soll, gegen den lediglich formal inszenierten Dank, gegen einen Dank, der abspeist, der ersatzweise für einen klaren »fair exchange« den gemeinsam erarbeiteten Vorteil nicht verteilen will (was verständlich ist) und diese Tatsache verschleiert (was Konsequenzen hat). Wenn gut gearbeitet wurde, dann wurde *gemeinsam* gut gearbeitet und die für den Dank notwendige Spaltung in Dankende und Bedankte ist überflüssig. Keineswegs wende ich mich hier gegen einen persönlichen Dank für etwas individuell Dankenswertes – aber das ist kein Gegenstand der Jahresabschlusskonferenz.

Die übliche Motivierungs-Rhetorik wird von den meisten Mitarbeitern – fragt man sie allein und bei ruhiger Gelegenheit – entweder überhört oder mit einem schiefen Lächeln quittiert. Im besten Fall nehmen erfahrene, schon durch viele Motivierungs-Gewitter abgehärtete Außendienstler das missionarische Einpeitschen des »Ihr seid die Größten« gelassen hin. Sie nehmen es kaum noch wahr, wenn die Sprechblasen von der »wertorientierten Personalführung« etc. den Rednern über die Lippen fließen wie Jagdhunden der Speichel. Diese Wortbrühe haben sie schon immer reichlich gelöffelt. Kommentar: »Das Einzige, was mich hier motiviert, sind die blonden Incentives abends am Tresen.«

Im schlechten Fall wirken das Kitzeln am Größen-Selbst und rhetorische Kunststückchen sehr bald demotivierend. Verdacht regt sich: Rhetorik, um einen Bären aufzubinden oder die Unwahrheit zu vertuschen?

Motivierung durch Rhetorik – ein Missverständnis. Was wünsche ich mir: Führungskräfte, die ohne Umschweife sagen, worum es geht, in einfachen, aber offenen Worten, selbst wenn sie sich dabei verhaspeln! Mitarbeiter und Kollegen spüren schnell, ob das, was da so kunstvoll vorgetragen wird, glaubwürdig und ohne doppelten Boden ist, ob es auch Substanz und Gültigkeit über die Weihestunde hinaus hat. Ist es ernst gemeint und nimmt es ernst? Sokrates nahm seine zu Stichwortgebern degradierten Gesprächspartner niemals ernst. Die athenische Bürgerschaft ließ ihn den Giftbecher trinken.

Der Kunde ist König!

Um die Service-Haltung der Mitarbeiter anzuregen, wird alle Jahre wieder auf irgendeiner Jahresabschlusskonferenz einer der zweideutigsten Slogans überhaupt zum Jahresmotto erhoben: Der Kunde ist

König! Zweideutig, weil er etwas Richtiges meint und doch so unselige Wirkung hat.

Es meint etwas Richtiges, denn es ist zweifellos zu fordern, Hautkontakt zum Kunden herzustellen, d.h. alles wirtschaftliche Handeln vom Kunden her zu denken und wieder auf ihn auszurichten. Es ist banal zugleich, weil Arbeit, will sie legitimiert sein, sich notwendig auf andere bezieht. Arbeit ist immer Arbeit für andere. Das Motto vom königlichen Kunden ist aber seinem Wesenskern nach historisch-feudaler Natur: Es wird »erlassen« vom Topmanagement. Das sind in der Regel Leute, die relativ wenig Kundenkontakt haben, von denen in den seltensten Fällen jemand einen Kunden zu seinem König erklären würde, ja, die im internen Gespräch den Kunden häufig genug als unumgängliches Übel darstellen. Es sind Leute, die diesen Slogan selbst niemals wirklich auf sich beziehen.

Dem Mitarbeiter wird aber die Unterwerfung unter den königlichen Kundenwillen als anzustrebendes Verhaltensideal vor die Nase gehalten. Mit solchen Sprüchen hat man schon Generationen von Verkäufern in devote Anpassung gejagt, in eine Haltung, die überdies bei den Kunden schon lange keinen Anklang mehr findet: Servilität ist heute ein Wettbewerbs-Nachteil! Da werden Unsummen in Trainingsmaßnahmen gesteckt, um das Selbstwertgefühl von Außendienst-Mitarbeitern zu stärken. Da jammert der Außendienstleiter, dass sich seine Mitarbeiter von den am Preis knetenden Kunden in die Knie zwingen lassen – aber: Der Kunde ist König!

Der Verkäufer geht mit solchen Sprüchen im Gepäck nie den aufrechten Gang, den er braucht, um als »Partner« des Kunden anerkannt zu sein. Denn der Verkäufer will etwas verkaufen; aber der Kunde will auch etwas kaufen – das definiert zunächst und grundsätzlich ein symmetrisches Verhältnis, keins der Unterwerfung.

Ich brauche an dieser Stelle nur noch anzudeuten, dass Menschen sich für die von ihnen verlangte Selbstabwertung auszahlen lassen – und das ist weder für den Kunden noch für den Arbeitgeber von Vorteil. Ein hoher Preis für die kleinen Gesten des Nicht-Ernstnehmens. – Ein routinierter Außendienstler sagte mir einmal: »Wenn der Kunde König ist, dann bin ich Kaiser.«

Arbeit als Olympiade

Der Versuch, sich Leistung lediglich zu erkaufen, wird oft kaschiert mit dem Hinweis auf die »sportliche Ader« in jedem Menschen, auf das scheinbar angeborene Wettbewerbsverhalten, Leistung vergleichen und messen zu wollen. Das Argument beansprucht gleichsam »anthropologische« Geltung. Nun weiß aber jeder, der von Sport auch nur den Schatten einer Ahnung hat (und vielleicht selbst einmal Leistungssport getrieben hat), dass noch niemand Olympiasieger wurde, weil er soundso viel Geld erwarten konnte. Ein Beispiel, das vielleicht noch in Erinnerung ist: Im Eröffnungsspiel der Fußball-WM 1990 in Italien schlug die Elf von Kamerun den amtierenden Weltmeister Argentinien um Diego Maradona mit 1:0 Toren. Den Argentiniern winkten bei Titelgewinn pro Spieler umgerechnet etwa eine halbe Million Mark. Den Spielern von Kamerun nichts.

Die verbreitete Unsitte, aus Arbeit einen olympischen Wettkampf zu machen, ist zudem ein weiteres Beispiel für die verdeckte Abwertung der Motivierung. »Alle gegen alle« – das ist die Kernidee, mit der die Unternehmensleitungen ein so verstandenes zentrales Wesensmerkmal des modernen Sports auf den Betrieb übertragen wollen. Dies in der Hoffnung (ich folge hier Georg Wolff), dadurch eine Verbesserung der individuellen Arbeitsleistung zu erzielen. Gleichzeitig (!) wollen sie damit eine Steigerung der *Gesamt*leistung des Unternehmens erreichen. Da kann die Organisationswissenschaft hundertmal die Überlegenheit kooperierender Teams über isoliertes Einzelkämpfertum beweisen: es werden weiter – kaum, dass etwas Besonderes zu steuern wäre, oder aber auch als »Dauerolympiade« – Wettbewerbe ausgeschrieben, der »Top-Ten-Club« eingeweiht, »Rennlisten« veröffentlicht. Tabellen wie auf der Sportseite der Tageszeitungen werden ausgehängt, aus denen Verkaufsumsätze, der Rückgang der Reklamationszahlen, Neukundengewinnung oder die Zahl der Verbesserungsvorschläge ersichtlich sind. Der »Mitarbeiter des Monats« wird (ganz nach sozialistischem Vorbild) ausgelobt. Falls harte Daten zu seiner Kür fehlen, wird auf den Vorschlag aus dem Kollegenkreis zurückgegriffen: Ein munteres »Ich-schlag-dich-vor-du-schlägst-mich-vor« hebt an. Selbstdarstellung ist angesagt: Um im Gespräch zu bleiben oder Aufmerksamkeit zu erzielen, verstopft man die Kommunikationskanäle ab der mittleren Führungsebene mindestens jeden zweiten Tag mit einem Memorandum: Dieter Dingeskirchen an alle: Eilt! Dringlich! Wichtig! Der erkorene »Held der Arbeit« wird mit einem Scheck dekoriert und in der hausinternen Mitarbeiterzeitung zur Schau gestellt.

Motivierend? Entwürdigend! Niemand kann ernsthaft glauben, dass Mitarbeiter auf lange Sicht ihre Leistung steigern, wenn sie in einer Art innerbetrieblichen Dauerolympiade ihre Kräfte »gegeneinander« – und das ist der Kern des »Wett-Kampfs« – ausspielen. Kurzfristig mag eine gewünschte Reaktion erfolgen. Aber ist sie zu begrüßen? R. O. Mayr, Vertriebsleiter bei Hobarth, sagte mir: »Einen Außendienstler, der nur bei einem Wettbewerb 120 % bringt, müsste ich eigentlich feuern.« Und von Kurzzeiterfolgen kann heute kein Unternehmen mehr leben. Es zahlt für einen möglichen Kurzzeiterfolg einen hohen Preis: Man muss sich ständig etwas Neues einfallen lassen. Das Ganze wird zur Masche und früher oder später merkt auch der letzte Mitarbeiter, dass er immer wieder nur mit neuen Ködern über den Tisch gezogen wird. Wie gesagt: Der Mitarbeiter kompensiert diese Abwertung auf irgendeine verdeckte Weise. Der Ruf nach höherer »Schmutzzulage« wird zur Dauerforderung.

Absurd wird die Wettkampf-Idee vor dem Hintergrund des allseits forcierten Team-Gedankens in den Unternehmen. Das »Sieger-Verlierer-Prinzip« des modernen Leistungssports steht dazu in unübersehbarem Widerspruch. Es ist einfach nicht stimmig, wenn einerseits alle zur Kooperation und Teamarbeit aufgefordert werden, andererseits das »Gegeneinander« systematisch inszeniert und belohnt wird. Die »Spielidee« ist eine völlig andere.

Analog dazu haben nicht alle Menschen das agonale, kämpferische Prinzip des Wettkampfes in gleicher Weise verinnerlicht. Nicht alle rennen begeistert los, wenn es irgendwo einen Wettkampf zu bestreiten gibt. Heute (wie früher!) ergötzen sich die weitaus meisten als Zuschauer am Sport, ziehen den Sessel vor. Auch der Breitensport wird mehr und mehr von Motiven wie »Spaß«, »Gesundheit« und »Miteinander« bestimmt. Aus der Schule kennt man sie als »Spielverderber«, die die Spielidee des »Gegeneinander« nicht anspricht. Sie machen da einfach nicht mit. Der Impuls der Motivierung durch Wettkampf stößt bei ihnen ins Leere. Weil sie lieber »miteinander« spielen. Aber selbst wenn der Wettkampf sie reizt – sie kämpfen ihn unter hohem energetischen Aufwand gegen ihren inneren Widerstand. Das bindet Energie, die anders effektiver eingesetzt wäre und überdies die Identifikation mit dem »System« des Unternehmens nicht gerade fördert. Aber auch für die Kampforientierten unter den Mitarbeitern nutzt sich der Wettkampf auf Dauer ab. Ja, aufs Ganze gesehen wirkt er für das Unternehmen kontraproduktiv. So wird ein Dauerwettkampf schnell zum »management by terror«. Große psychische Belastungen sind – wie im Sport – bei Dauerolympiaden kaum zu vermeiden. (Auch der Leistungssport reduziert sich ja auf eine verschwindend kleine Gruppe, die nur noch ein paar Mal im Jahr ihre Höchstleistung bringt, auf die sie sich sorgsam über das ganze Jahr vorbereitet.) Zudem ist das Gerechtigkeitsproblem einfach nicht zu lösen. Die »ewigen Zweiten«, die Gruppe der »Durchschnittlichen« und nicht zuletzt die »Schlußlichter«, die immer wieder, für alle sichtbar, »aufgelistet« werden, haben zumeist gute und nachvollziehbare Gründe, wieso sie eben nicht an der Spitze stehen können. Sie empfinden das ganze System als ungerecht und beziehen es nicht auf ihre Person. Motivierend? Doch wohl eher das Gegenteil. Die Konsequenz: einige wenige Gewinner – ganze Heerscharen demotivierter Verlierer.

Letztlich die »Spitzenreiter«, die durch gute Leistung, Glück oder über Selbstdarstellungs-Aktionismus sich den Platz an der Sonne er-wettkämpft haben – und ihn natürlich »behaupten« wollen. Auch dafür werden manchem alle Mittel der Manipulation recht sein; wahrscheinlich werden eher die »falschen« Eigenschaften belohnt; auch mag das Ausstechen des internen »Gegners« viel Energie binden – Energie, die sich doch wohl besser auf den Kunden und den »äußeren« Wettbewerb richten sollte. Die Vorstellung ist doch absurd, die Ziele eines Mitarbeiters im unternehmensinternen Unterscheidungs- und Abgrenzungswettkampf seien mit den Zielen des Unternehmens identisch. »Konkurrenz belebt das Geschäft«, sagt man. Für die Konkurrenz nach innen habe ich da Zweifel.

Noch einmal: Arbeit ist kein olympischer Wettkampf. Und Rennlisten sind aufs Ganze gesehen eher demotivierend als motivierend. Der Glaube, den Ehrgeiz des einzelnen anstacheln zu können und zudem noch im Kampf »alle gegen alle« die Gesamtleistung des Unternehmens steigern zu können, ist einigermaßen naiv. Die verdeckten Entschädigungen bzw. das Abwehrverhalten der Mitarbeiter konterkarieren in der Summe die angestrebte Leistungssteigerung: Die verdeckte Abwertung provoziert eine ebenso verdeckte Auszahlung, die den angestrebten Effekt schon sehr bald aufhebt.

Im übrigen ist zu prüfen, ob das nach wie vor schlechte Image des Verkäufers in unserem Kulturkreis nicht auch unerkannt Ausfluss dieser Motivierungsmechanik ist. Wenn es richtig ist, dass 50 % aller Verkäufer an geringer Überzeugungskraft, mangelhaft ausgeprägter Begeisterungsfähigkeit und fehlendem Selbstvertrauen scheitern, so werden die angesprochenen Persönlichkeitsdefizite sicher kaum durch eine verdeckt abwertende Antreiber-Praxis zum Besseren gewendet. Der Verkäufer-Job setzt für die Entfaltung seiner Möglichkeiten eben jene Ich-Stärke, Orientierungssicherheit und Selbstverantwortung voraus, deren Ausbildung durch die abwertende Köder-Mechanik fortwährend untergraben wird. Der Widerspruch zwischen den finanziellen und materiellen Verheißungen sowie den psychosozialen Zumutungen, die als Nebenwirkung dem Einzelnen aufgebürdet werden, schlägt ins Negative um. Was Wunder, dass in einer solchen Situation der Glaube schwindet, die Motivierung sei ein Zauberschwert, das die Wunden auch stets wieder heilt, die es schlägt.

Gegen-Reden

»Alles Motivieren ist Demotivieren« – dieser zentrale Gedanke zieht sich wie ein roter Faden durch meine Argumentation; und aus dem roten Faden kann für viele schnell ein rotes Tuch werden. Es wäre naiv zu glauben, man dürfe ungestraft ein inzwischen moralisch neutralisiertes, als »erfolgreich« ausgewiesenes und strukturell »sicheres Wissen« in Frage stellen; man dürfe Sicherheit gebende Schweigeverabredungen dieser Größenordnung durch kritische Wachheit durchbrechen und Mehrdeutigkeiten zur Debatte stellen. Gegen das Querdenken läuft in nahezu allen Organisationen, wenn ich es richtig sehe, schnell ein Ermittlungsverfahren wegen mangelnder Ordnungsliebe, wegen (wortwörtlich:) un-wirtschaftlicher Träumerei, wegen mutwilliger Entfernung von der Truppe. In manchen Diskussionen erscheint mir aber der besondere Eifer, mit dem von vielen eine kritische Überprüfung der Motivierung abgelehnt wird, als ein Versuch, die eigene Verstrickung, die Unterwerfungsbereitschaft unter den Zynismus der Motivierung ungeschehen zu machen. Gleichmacherei! Abkehr vom Leistungsprinzip! Kollaboration mit der Lethargie! Und viele ähnlich weitherzige Stempel werden dem aufgedrückt, der die Logik der Motivierung zu Ende zu denken versucht. Manche riechen gar den Schwefelgeruch sozialistischer Revolte. Dabei wäre der einzige Vorwurf unangemessener Radikalität, den ich hier gelten ließe, der im Namen der *Leistung*.

Natürlich: Seit Urzeiten empfanden Menschen das Alte immer als das Wahre, das Neue als bedenklich. Man hat ja so seine Erfahrungen. Gegen den harthörigen Widerstand träger Gewohnheiten und bewährter Ansichten, vor allem gegen die sich anthropologisch gebenden Vorurteile – gegen ein misstrauisches Menschenbild anzureden ist ein schwieriges Geschäft, insbesondere dann, wenn man in den Dialog mit fast leeren Händen geht, ohne den geringsten Beweis, lediglich mit dem Plädoyer für das bessere Argument. Hören wir einige Argumente dagegen:

»Würde denn nicht der Schlendrian Einzug halten, verzichtete man auf alle Anreizsysteme?« – Dagegen gibt es keine Garantie. Sie wäre jedoch auch unbrauchbar, weil jemand, der so fragt, ohnehin nicht an Garantien glaubt. Wahrscheinlich ist es aber nicht. Denn erstens wird eine stattliche Mehrheit der Mitarbeiter auch in Zukunft partout leisten *wollen.* Es gibt schon heute viele, die Spaß an ihrer Arbeit haben und trotz aller Motivierung/Demotivierung mit Leidenschaft ihre Projekte meistern. Genau *diese* finanzieren letztlich die Kosten der Motivierung: die Gehälter der verkrampften Erfolgssucher und der frustrierten Misserfolgsvermeider.

Was bleibt, ist ein betriebswirtschaftliches Problem von mäßiger Schwierigkeit: Die Kosten, die ein Unternehmen für die Anreizsysteme aufbringt, dürfen nicht höher sein als die Produktivitätssteigerung, die sie erzeugen sollen. Gerade hier wurzelt die alte Intuition, dass der *Gewinn* die Qualität eines Unternehmens bemißt. Gewinn, allerdings begriffen als Unterschied zwischen dem produzierten Wert und dem Wert der für den Produktionsprozess nötigen Anreize. Dieser so verstandene Gewinn drückte aus, inwieweit Menschen ihre Motivation in diesem Unternehmen entfalten können. Ein wichtiger Hinweis für die Gestaltung der Unternehmenskultur!

Für eine abschließende Antwort aber reicht unser Wissen natürlich nicht aus. Es ist allerdings die Frage, ob Gedanken nach ihrer vorhersagenden oder eher nach ihrer *schöpferischen* Kapazität bewertet werden sollten: danach, ob sie Debatten stimulieren, hinterfragen, was als gegeben gilt, und neue Perspektiven für das Leben in unseren Unternehmen anbieten.

»Aber die Motivierung funktioniert doch!« – Was hier als »gegeben« aussieht, ist »vorgeblich«. Natürlich sind Menschen manipulierbar. Natürlich können Sie Mitarbeiter mit einigen Geldscheinen oder einer attraktiven Reise dazu verführen, »zusätzliche« Leistung zu erbringen. Und natürlich ist es andererseits chic geworden, die Rolle des Geldes für die Leistungsfreude herunterzuspielen. Über Banalitäten, dass jeder gutes Geld und am liebsten auch immer ein bisschen mehr verdienen will, brauchen wir an dieser Stelle nicht zu reden. Die Frage ist doch: Arbeitet der Mitarbeiter besser (ich sage bewusst nicht »mehr«), wenn ihm zusätzliches Geld versprochen wird? Und wie lange hält – wenn er sich denn tatsächlich verstärkt in die Riemen legt – der Motivations-Schub vor? Sicher, das Gehalt muss stimmen. Die »motivierende«, stimmungshebende Halbwerts-

zeit der Gehaltserhöhung beträgt aber höchstens 48 Stunden. Stellen wir die beschriebenen Begleiterscheinungen und Folgewirkungen in Rechnung: Ist das gut für das Unternehmen? Was Sie bekommen, ist eine kurzfristige Anpassungsleistung. Strohfeuer. Aber was kommt danach? Die »Führung übernehmen« heißt doch auch sich nicht vom ersten Eindruck täuschen zu lassen, sich nicht mit dem bloßen Schein, dem scheinbar Gesicherten zufrieden zu geben, sondern den zweiten Blick zu riskieren. Es ist doch betriebswirtschaftlicher Unfug, nur dem Steigen der Umsatzkurve zu applaudieren, vor den Spät-, Neben- und Folgekosten aber die Augen zu schließen. Der zweite Blick zeigt: Diese Kosten sind immens, so verdeckt sie auch manchmal sind. Wer aber nur die eine Hälfte sieht, findet nicht etwa die halbe Wahrheit, sondern hat alles falsch: Die Motivierung ist die Ursache der Phänomene, die unsere Unternehmen innerlich aushöhlen.

Die Motivierung selbst ist also die Krankheit, für deren Heilung sie sich hält. Und so ist denn dieses Buch strittig und streitbar: ein Ausfall gegen die irritationsfeste Unbeirrbarkeit jener Motivierungs-Mechaniker, die mit dem Ruf »Aber es funktioniert doch!« die Folgeschäden ihres Handelns zur Legitimitätsgrundlage für immer neues Motivieren umlügen.

»Aber die Leute wollen doch verführt werden!« – Ja? Zunächst ist diese Behauptung häufig genug eben dies: Behauptung. Eine Sicht »von oben«, interessegeleitet überdies, da die Belohnung als Steuerungsinstrument unersetzlich erscheint, und selten wirklich hinterfragt. Die innere Verfassung der Mitarbeiterschaft, die vorgeblich oder tatsächlich das System der Motivierung begünstigt, ist ein Teil des Systems, nicht dessen Entschuldigung. Die gigantische Umerziehungsmaßnahme, die durch Motivierung alle Mitarbeiter zu Drogensüchtigen und damit steuerbar-kontrollierbar macht, ist fest kalkuliert. Überall begegnet man der Ursache der Wirkung der Ursache der Wirkung. *»Aber die Leute kennen doch nichts anderes!«* – Dann ist es Zeit, erwachsen zu werden. Was hindert Sie die hier in Rede stehenden Zusammenhänge mit Ihren Mitarbeitern zu besprechen? Bewusstsein zu schaffen? Führung zu übernehmen? Diese Gegen-Rede zu akzeptieren hieße doch den Menschen Erkenntnisfähigkeit abzusprechen. Und letztlich bleibt es immer noch eine klare Managemententscheidung, ob ein Unternehmen tatsächlich mit lauter labilen, belohnungssüchtigen Abhängigen arbeiten *will.*

»Aber wir sind doch so erfolgreich!« – Da ist es, das selbstbewusste Pochen auf profitable Tradition, das kein Interesse hat dem Querdenken ein Mitspracherecht einzuräumen. Wenn Analyse und Erfahrung zueinander in Widerspruch geraten, obsiegt ja in aller Regel die Erfahrung. Meine Antwort darauf ist dreigeteilt. Zunächst eine These, eine Provokation:

1. Sie sind nicht *durch* die Motivierung, sondern *trotz* Motivierung so erfolgreich! Das ist natürlich unbeweisbar. Man kann Menschen, die in eckigen Räumen leben, nicht erzählen, wie es ist, in runden Räumen zu leben. Ebenso fragwürdig ist es, aus den vielen Parametern, die für den Erfolg verantwortlich sind, genau jenen – nämlich die Motivierung – als für den Erfolg hauptursächlich herauszudestillieren. Das wäre eine Rationalisierung, die auch dadurch nicht einleuchtender wird, dass man sie fortwährend wiederholt. Vielmehr meine ich begründen zu können, dass die so verfahrenden Unternehmen *Opfer* ihres Erfolges sind. Meine Gegenfrage lautet demnach: »Wie erfolgreich wären Sie erst gewesen, wenn Sie nicht ...?« – Wem das zu hypothetisch ist, dem biete ich eine zweite Antwort an:

2. *Nichts ist bedrohlicher für den Erfolg von morgen als der Erfolg von gestern.* »Nur die eigene Erfahrung hat den Vorzug völliger Gewissheit«, sagt Schopenhauer und vermeidet wohlweislich das Wort »Wahrheit«. »Und diese Gewissheit bezieht sich entsprechend nur auf die Vergangenheit« ist zu ergänzen. Aber (nicht nur) Manager neigen dazu, das in der Vergangenheit erfolgreiche Verhalten mit der Zeit als das einzig mögliche zu betrachten. Erfahrungsregeln jedoch werden zur Belastung, wenn die Umweltbedingungen, unter denen sie entstanden sind, nicht mehr existieren – so der Philosoph Henri Bergson. Wie mit einem guten Slogan, so ist es auch mit einem durchschlagenden Erfolg: Er kann das Nachdenken zwanzig Jahre lang blockieren. Bei auftretenden Turbulenzen reagieren aber viele Firmen mit der Intensivierung bisheriger Vorgehensweisen, mit der Methode der Psychose »mehr vom selben«, mehr Werbung, mehr Außendienst, mehr Incentives – ohne dass sie verstehen, dass sich die Spielregeln und Parameter des Wettbewerbs geändert haben. Es ist eine der größten kommunikativen Schwierigkeiten im Unternehmen überhaupt, an Probleme gegenwartsbezogen und nicht vergangenheitsorientiert heranzugehen: »Das haben wir immer schon so gemacht!« Und diese Beharrungsenergien wurzeln um so tiefer, je erfolgreicher ein Unternehmen bisher war.

Vor der Erfolgs-Falle warnte auf einer von der »Wirtschaftswoche« durchgeführten Podiumsdiskussion Joachim Pöppel, ehemaliger Vorstand der Heidelberger Druckmaschinen AG: »Was man aus der Vergangenheit lernen kann ist eben, dass man aus der Vergangenheit nichts lernt.«

Einer neueren Studie der Columbia University zufolge erlebten nur 10 von 75 Computerfirmen, die in den 60er Jahren gegründet worden waren, auch die 80er Jahre. Ein eindrucksvolles Beispiel ist sicher die Nachuntersuchung, die »Business Week« zusammen mit McKinsey und Standard & Poor's Compustat Services Inc. über diejenigen Unternehmen durchführte, die Peters und Waterman in ihrem Buch »Auf der Suche nach Spitzenleistungen« als »excellent« bezeichneten. Unter der Überschrift »Oops!« kam man zu dem Ergebnis, dass mindestens 14 der ehemals 43 bejubelten Firmen nur zwei Jahre später (!) in den Misserfolg abgerutscht sind. Hauptursachen: Ausruhen auf den Lorbeeren der Vergangenheit; Fortschreiben bewährter Praktiken in die Zukunft; mangelnde Sensibilität für Entwicklungen im gesellschaftlichen Umfeld. Das Nixdorf-Desaster Ende der 80er Jahre gehört wohl ebenso hierher. Hermann Simon schreibt: »Erfolgserfahrung ist der größte Feind des Wandels«, und Howard Ruff assistiert: »It wasn't raining when Noah built the ark.«

3. Meine dritte »Antwort« ist eine Frage: Welchen Erfolg meinen Sie? Erfolg ausschließlich als das von Zahlen repräsentierte Betriebsergebnis? Oder Erfolg auch als Lebensqualität, Spaß, persönliches Wachstum? Und wie hoch ist der seelische und körperliche Preis, den die Mitglieder der Organisation für die Zahlen be-zahlen? Und zahlen ihn einige mehr als andere?

Wenn man mit Erfolg das reine Zahlenergebnis meint, bewegt man sich in einer kurz greifenden, wenn auch vorherrschenden Logik. Es gibt aber auch andere Dimensionen von Erfolg. Was ist mit der Kostenstelle »Führungsstil«, auf die die Mitarbeiter täglich einzahlen? Was ist mit den psychosozialen Kosten als Folge verdeckter Abwertung durch Misstrauens-Systeme? Wie viel kostet der Verlust der Selbstachtung? Wie hoch sind die ökologischen Kosten, die in die Gewinn-und-Verlust-Rechnung der Betriebe kaum einbezogen sind, aber von der »anderen« Gesellschaft bezahlt werden? Schon wahr: In keiner Bilanz wird darüber Rechenschaft abgelegt, wie viel Menschen glücklich oder unglücklich gemacht wurden. Und das leerformelhafte Mensch-im-Mittelpunkt-Gerede ist ohnehin Budenzauber. Unternehmen werden aber mit steigender Umweltturbulenz und Komplexität notwendig und überlebenswichtig Menschen brauchen, die zu »situationsoriginellem und überraschungsbuntem Problemlösungshandeln« (Rieckmann) in der Lage sind, die selbstregulationsfähige und selbstverantwortliche Persönlichkeiten sind. Die besten Mitarbeiter aber werden sich in Zeiten rapider Wertedynamik und knapper Jahrgänge mehr denn je jene Unternehmen aussuchen können, die ihnen eine positive Glücksbilanz ermöglichen und deren Ruf ›Lebensqualität‹ impliziert. Dann wird diese »weiche« Sichtweise wieder zum betriebswirtschaftlichen Argument. Denn diese Mitarbeiter werden solche Fragen stellen.

»Aber muss man denn nicht für die miesen Jobs motivieren?« – Das funktioniert nicht. Aus unserer Perspektive ergibt sich: Wenn jemand sich findet, der mit Hingabe diesen Job macht, gut. Wenn nicht, dann müssen wir den Job verändern, umorganisieren oder abschaffen. »Das klingt aber sehr einfach«, wird mancher denken. Ja. Aber ich sehe keine Alternative, wenn wir aus dem Teufelskreis der Motivierung heraustreten wollen. Wer glaubt, er könne mit einem Trick den Konsequenzen der Motivierung entgehen, irrt. Wer aber glaubt, die vorgeschlagene Alternative sei in der Praxis nicht durchsetzbar, soll wissen, welchen Preis er zahlt.

»Die Kritik an der Motivierung gilt doch eher für Weißkrägen, nicht für Blaumänner!« – Ja, sie gilt allemal für Weißkrägen, also für höher qualifizierte Spezialisten und Manager, die überwiegend in administrativen oder kundennahen Funktionen arbeiten. Aber warum nicht auch für Blaumänner (und -frauen)? Haben die weniger Selbstachtung? Sind die weniger demotivierbar? Neigen sie nicht zur Auszahlung? Ist es weniger teuer, sie nicht ernst zu nehmen? Äußert sich in dieser Frage nicht jene verächtliche Sicht »von oben«, die Würde und Empfindsamkeit für sich selbst reklamiert, die Menschen am unteren Ende der Hierarchie aber nur als bewusstlose, amorphe Masse wahrnimmt, als »Personal«, das man fernsteuern muss? Hans A. Wüthrich von der Hochschule St. Gallen erzählte mir ein Erlebnis, das er bei Delta Airlines in den USA hatte. Bei der Analyse der Videoaufzeichnung einer abstürzenden Delta-Maschine sei eine zufällig anwesende Putzfrau des Unternehmens in Tränen ausgebrochen. Sie konnte es nicht verwinden, dass »ihr« Unterneh-

men den Verlust von Menschenleben zu verantworten hatte. Gering zu schätzen?

»Aber beweist der Zusammenbruch des sozialistischen Systems nicht gerade, dass Menschen angereizt werden wollen?« – Das ist tatsächlich ein Einwurf, über den nachzudenken lohnt. Zweifellos beziehen sich meine »Entlarvungen« insbesondere auf den Erfahrungshintergrund »reifer« Unternehmen des Westens. Hierfür haben sie Geltung. Für die ehemals sozialistischen Gesellschaften liegen die Dinge komplizierter. Aus meiner Sicht ist es aber eine problematische Verengung der Perspektive, die völlig überraschenden, dann allerdings rasanten Veränderungen im ehemaligen Ostblock als Konsequenz vorenthaltener Motivierung auszuweisen. Sie waren sicher vor allem eine Rebellion gegen bürokratische Gängelung und Bevormundung und zugleich die Antwort auf unterdrückte Entfaltungs- und Selbstgestaltungsmöglichkeiten, wie sie nicht nur via Fernsehen in der Bundesrepublik vorgelebt oder -gegaukelt werden. Angesichts einer als defizitär erlebten Wirklichkeit reichten allerdings die kompensierenden »Schmerzensgelder« und ideologischen Ersatzdrogen dann offensichtlich nicht mehr aus den durch die allgemeine Demotivation hervorgerufenen Druck aufzufangen und zu kanalisieren. Es wäre in der Tat eine interessante Frage, zu prüfen, ob die Einführung von Anreizsystemen die Überlebensfähigkeit der sozialistischen Wirtschaft noch eine Weile gesichert hätte. Vieles spricht dafür, dass die Agonie der Verhältnisse lediglich verlängert, nicht aber beendet worden wäre. Insofern wendet sich das Argument gegen den Argumentierenden: Die Motivierung hätte dem System möglicherweise geholfen noch eine Zeit lang in seiner grundsätzlichen Fehlhaltung der Entmündigung zu verharren. Aber das ist Spekulation. Ebenso wie es Spekulation ist, den Zusammenbruch des sozialistischen Systems auf das Fehlen von Motivierungsanreizen zurückzuführen.

»Was aber, wenn man in einem Unternehmen arbeitet, in dem über Jahrzehnte extrinsisch motiviert wurde?« – Manager sind von einer bestimmten Ebene an immer mit *ganzen* Systemen und mit Problemballungen konfrontiert und nicht nur mit einzelnen Problembereichen wie Finanzen, Marketing oder Produktion. Sie müssen daher die symbolischen Wirkungen ihres Handelns, die Spät- und Nebenfolgen für das gesamte Unternehmen mitdenken, die symbolische Streuwirkung auf die Unternehmenskultur auch bei

Klein- und Kleinstentscheidungen mit berücksichtigen. Ihre Aufgabe ist es zudem nicht nur, die aktuellen Probleme zu lösen, sondern sich neue, bessere Zustände vorzustellen, Chancen und Themen vorauszusehen oder zu schaffen. Insofern erhalten Manager ihr Geld für »nichts« – für das, was (noch nicht) ist. Nicht für die Verwaltung des Status quo, nicht für die Bequemlichkeit bewährter Rezepte, sondern für das aktive Gestalten einer ungewissen Zukunft, für Suchen und Versuchen. Solange wir es aber nicht versuchen, bleibt das, was eine bessere Wirklichkeit werden könnte, (noch) dem Wissen entzogen. Erst wenn wir es wagen, werden alle diese Überlegungen dem Test der lebendigen Wirklichkeit unterworfen, die widerlegt oder bestätigt, und diesem Spruch müssen sie sich dann beugen. Das ist ein Risiko. Aber ein Unternehmer ohne Risiko ist keiner.

Sosehr uns aber auch manche Zustände in unseren Unternehmen bekümmern mögen: wer als einzelner hier eine Verantwortung für das Ganze spürt, muss sich hüten, dass er nicht deprimiert oder gar ein Michael Kohlhaas wird. Zu fest sind die Beharrungsenergien jener, die Schweigen über scheinbar Bewährtes dem Reden über Ungesichertes vorziehen. Es wird womöglich alles heftig bestritten werden, also wahrgenommen. Andere werden meinen, ich übertreibe, um zu provozieren. Die Darstellung sei einseitig, weil sie selbst einseitig sind. Man wird einiges tun, um die Kernaussagen zu relativieren und zu bagatellisieren. Oder alle Bewegung fürchten, weil sonst alles zusammenbreche. – Man wird sich wohl zusammentun müssen mit anderen, um die alles Handeln in unseren Unternehmen vorprägende Systemstruktur der Motivierung (erneut) zur Diskussion zu stellen. Aufwachen – Robert Spaemann hat erst kürzlich wieder darauf hingewiesen –, Aufwachen heißt die *ganze* Wirklichkeit sehen. Der Zweifel an der Funktionsfähigkeit des Systems wird nicht mehr vergessen, ist er erst einmal aufgekommen.

Was bleibt aber, wenn man keine Mitstreiter findet? Dennoch: Anfangen! Vor seine Mitarbeiter treten und sagen: »Ich bin nicht dafür da, Sie zu motivieren …« Zu offen liegt die Hilflosigkeit und Ineffizienz der Motivierung zutage. Einerlei, wie geschickt und getarnt das Anreizinstrumentarium eingesetzt wird: Unter der Bedingung der Motivierung wird alles Führen zum Ver-Führen. Die Führungskraft wird zur Ver-Führungskraft. Der Mitarbeiter wird zur Marionette gelenkter Bedürfnisse. Ihr Verhältnis zueinander ist das des Hundes zur Wurst.

Aber wird in dieser Kritik nicht das Idealbild eines autonomen Menschen vorausgesetzt, der völlig unbeeinflusst von den Rahmenbedingungen seines Handelns »tut, was er tut«? Der sein Bestes gibt, weil es für ihn selbst das Beste ist? Der keinen Anreiz, keine Belohnung, keine Anerkennung, kein Lob braucht? Der seine Arbeit ausschließlich um ihrer selbst willen tut?

Nein. Zunächst jedenfalls nicht. Es geht mir vor allem darum, die Konsequenzen der Motivierungs-Praxis aufzuzeigen und den hohen Preis, die Spät- und Nebenkosten zu wägen, die Mitarbeiter, Führungskräfte und die ganze Unternehmung dafür täglich zahlen. Denn es ist ein Irrtum zu glauben, mit immer neuer Motivierung sei das Problem der inneren Kündigung zu lösen. Richtig ist vielmehr, dass sie es auslöst. Deswegen muss das oben angesprochene ideale Persönlichkeitsbild hier nicht als Voraussetzung für eine motivierungsfreie Unternehmensführung in die Waagschale geworfen werden. Und natürlich sind Menschen beeinflussbar. Gerade einige der sympathischsten Formen der Beeinflussung – Hilfe, Sorge, Liebe – sind keineswegs frei von Manipulation, Macht, Verführung und Selbstbezug. Und auch niemand leistet ununterbrochen nur Hervorragendes. Jeder hat auch mal ein »Leistungstief«. Ohne Tal kein Berg. Hier soll nicht »alles oder nichts« gefordert werden, denn schon Aristoteles warnte: »Das Wesen politischer Tragödie liegt darin, das Vollkommene zum Feind des Guten zu machen.« Und der Anthropologe Robert Ardrey verwies darauf, dass wir, »solange wir nach dem Unerreichbaren streben, die Verwirklichung des Möglichen verhindern«.

So ist denn das Vorstehende kein Aufruf zur Passivität, bewegungslos zu verharren und auf den Advent des neuen, selbst motivierten und unbeeinflussbaren Menschen zu warten. Dies ist auch nicht das Ende aller Führung. Aber es gilt die bannende Kraft der Verführung durch die bindende Kraft rationaler Beziehungen abzulösen. Sehen wir also zu, was wir tun können.

Eigentlich kein schwerer Abschied von der Motivierung; wo lägen denn die Paradiese, deren Verlust zu beklagen wäre?

Gehaltsmanagement

Entkoppeln Sie »Geld« und »Motivation«!

Geld ist wichtig. Es ist das Resultat der eigenen besten Kräfte und symbolisiert die Wertschätzung der Tauschpartner. Zwar ist es allenthalben chic geworden, die Bedeutung des Geldes für die Arbeitszufriedenheit herunterzuspielen, und man kann sich auch – seit Mitte der 80er Jahre zunehmend – auf Untersuchungen berufen, die auf die Frage »Was ist Ihnen wichtig?« den Faktor Geld in die mittleren bis unteren Ränge verweisen. Das ändert nichts daran, dass Geld nach wie vor großes Interesse auf sich zieht. Davon zeugt nicht zuletzt die anhaltende und mittlerweile gesamtgesellschaftlich geführte Diskussion zum Thema »leistungsorientierte Bezahlung«.

Diese Diskussion – und das wird oft genug übersehen oder verschwiegen – ist aber immer weniger eine Auseinandersetzung um die motivationalen Grundlagen der Unternehmensführung, sondern ein Kind des Kostendrucks. Dabei wird der Ruf nach »variablen« Gehaltsbestandteilen zunächst zum Ruf nach »leistungsabhängigen« Bestandteilen umetikettiert. Das klingt einfach besser. Der Hintergedanke aber hat eine individuelle Spitze: Wer weniger leistet, soll auch weniger bekommen. Dadurch sinken die Kosten. Durch Strafandrohung bei Minderleistung soll also Mehrleistung erreicht werden! Das hat noch nie funktioniert.

Wenn es denn wenigstens um »Leistung« ginge! Fragt man die Leistung-muss-sich-wieder-lohnen-Apologeten, was denn diese Leistung sei, die sie für unser Standortdeutschland so beredt einklagen, dann verengt sich der Leistungsbegriff schnell auf ein digitales »Erreicht«/»Nicht erreicht«. Keine weiteren Fragen, Euer Ehren. Nein, was sie meinen, das sich da wieder lohnen soll, ist der ganz simple »Erfolg«. An der Mehrdeutigkeit des Leistungsbegriffs sind sie nicht interessiert. An der Erwartungsabhängigkeit der Leistung auch nicht. Am Prozess der Leistungserbringung noch weniger, denn dafür müsste die Führung ja selbst ins Boot. Es geht also bei der ganzen Diskussion nicht um Leistung, sondern um belohnten Erfolg, bestraften Misserfolg und entsprechend »atmende« Personalkosten. Aus meiner Erfahrung dies vorweg: Über neue Entgeltsysteme wird in der Regel nachgedacht, um die betriebliche Entgeltsumme zu reduzieren. Variable Lohnsysteme aber eignen sich nicht zur Reduktion der Lohnsumme. Sie *sparen* nicht, sie *kosten* Geld.

Eine ganz andere Frage ist, ob man Motivation »kaufen« kann. Ich habe mich im Zurückliegenden bemüht, diese Frage sehr entschieden mit »Nein« zu beantworten. Der Harvard-Professor Alfie Kohn hat nachgewiesen, dass es keine einzige Studie weltweit gibt, die eine dauerhafte Leistungssteigerung durch Anreizsysteme nachgewiesen hätte (»Punished by Rewards«, 1993) ... wobei die Betonung auf »dauerhaft« liegt. Natürlich kann man mit Geld kurzfristige Motivationsschübe erzeugen (mit den entsprechenden kontraproduktiven Langfrist-Konsequenzen). Die Quellen nachhaltiger Motivation aber sind andere: Freiräume, Lerngelegenheiten, herausfordernde Aufgaben, Informiertheit, das Gefühl, einen sinnvollen Beitrag in einem respektvollen, freudebetonten Arbeitsumfeld leisten zu können. Das alles kann für den Praktiker nur bedeuten: *Entkoppeln Sie »Geld« und »Motivation«!*

Grundprobleme modernen Gehaltsmanagements

Wie also ein Entgeltsystem gestalten? Bei dem Versuch einer Antwort auf diese Frage kann man nur mit Blessuren davonkommen. Denn es gibt kein System, das alle Wünschbarkeiten beinhaltet und alle Kritikpunkte vermieden hätte. Wir haben immer mehr oder weniger »schmutzige« Mischsysteme, bei denen man sich je nach Wertmaßstäben nur fragen kann, ob die meisten Wünschbarkeiten mehrheitlich von diesem System abgebildet werden. Es ist immer eine Mischung aus methodischer Brauchbarkeit und Interessenausgleich.

Und es gibt keine Gerechtigkeit! Die Forderung nach mehr Lohngerechtigkeit kann sich zwar des allseitigen Applauses sicher sein, sie löst aber als programmatische Leerformel keines der seit langem bekannten methodischen Probleme. Es geht nicht um Gerechtigkeit; es geht um brauchbare Vereinbarungen. Was wir überdies allenfalls anstreben können, ist eine möglichst geringe Ungerechtigkeit. Selbst das ist schwer genug. Und dass jeder seine eigene Leistung höher einschätzt als die seines Kollegen, ist ein lange tradierter Gemeinplatz der Diskussion.

Schauen wir nunmehr nach einem System, das möglichst wenig negative Effekte aufweist. Dazu sind Fragen auf drei logischen Ebenen zu beantworten:

- Beteiligen vs. Steuern
- Kurzfristigkeit vs. Langfristigkeit
- Einzel-Erfolg vs. Team-Erfolg

Es ist klar, dass die Wahl eines Bezahlungssystems nicht zu entkoppeln ist von der gesamten Führungskultur in Ihrem Unternehmen. Traditionen, Personalsysteme und der Reifegrad der Führungskräfte spielen eine nicht unerhebliche Rolle. Aus diesem Grunde ist ein Bezahlungssystem auch nicht einfach von einem Unternehmen auf das andere übertragbar.

Zunächst stellt sich die Frage: Was wollen Sie – *leistungs*-abhängig oder *erfolgs*-abhängig bezahlen? Leistung und Erfolg sind keineswegs – wie immer stillschweigend unterstellt wird – dasselbe. Falls Sie *leistungs*abhängig bezahlen wollen, müssen Sie das gesamte Beziehungsgeflecht von Leistungs-Bereitschaft, Leistungs-Fähigkeit und Leistungs-Möglichkeit berücksichtigen. Sie müssen als Führungskraft Ihren eigenen Anteil an der Leistung des Mitarbeiters in Rechnung stellen. Sie müssen mit dem Mitarbeiter über Leistung *sprechen*. Das alles ist anstrengend. Aber hier geht es ja nicht um Führungsarbeit, sondern schlicht um Bezahlung.

Also *erfolgs*-abhängig. Nun eignet der Erfolgs-Betrachtung eine ausgesprochen kurzfristige Perspektive. Zudem ist Erfolg – jeder Controller weiß das – letztlich eine buchhalterische Präsentationsleistung. Dennoch: Konzentrieren wir uns auf den Erfolg und sprechen wir fortan konsequent von *erfolgsabhängiger* Bezahlung.

Das Grundgesetz

Erinnern wir uns an die Grundstruktur der Motivierung: »Tu dies, dann bekommst du das!« Sie konzentriert die Menschen sehr schnell auf »das« statt auf »dies«. Beginnen wir deshalb unsere Überlegungen mit dem Geld-Grundgesetz einer verantwortlichen und aktiven Führungskultur:

> *Zahlen Sie Ihre Leute gut und fair –*
> *und dann tun Sie alles, damit sie das Geld vergessen.*

Das ist das Wichtigste. Sorgen Sie dafür, dass sich Ihre Mitarbeiter auf ihre Arbeit, auf den Kunden, auf die langfristigen Überlebens-Interessen des Unternehmens konzentrieren. Und nicht auf das Geld. Nur dann werden sie auch qualitative und langfristige Verantwortung für das Arbeitsergebnis übernehmen. Das bedeutet, dass Sie ein *möglichst einfaches* Bezahlungssystem bevorzugen sollten. Je aufwendiger, detaillierter, komplizierter das Gehaltssystem ist, desto mehr bindet es die Energien der Mitarbeiter. Cafeteria-Systeme beispielsweise sind – abgesehen von steuertechnischen Optimierungsüberlegungen zur Erhöhung des Netto-Geldwertes – Arbeitsbeschaffungsprogramme für jene, die sie entwickeln.

Die Energie konzentriert sich dann innen, fließt zum Gehalt, beschäftigt sich mit allen möglichen Manipulierungsstrategien (»Wie bekomme ich den höchsten Bonus?«), Energie, die uns im Markt und beim Kunden keinen Meter weiterbringt. Solche Systeme fördern vor allem die Fähigkeit, Leistung *nachzuweisen*. Sie optimieren die Ausbeutungs-Intelligenz, nicht aber die Geschäftsmöglichkeiten. Und je enger das Geld mit dem Leistungsergebnis verknüpft ist, desto größer ist der Schaden. Idealerweise sollte man nur alle zwei Jahre über das Gehalt reden.

Einkommensdifferenzierung

Was heißt nun »gut und fair«? *Gut*: Hilfreich sind nach meiner Erfahrung Gehaltsvergleiche mit vergleichbaren Unternehmen. Vergleichen Sie Ihre Gehälter mit Unternehmen derselben Branche, ähnlicher Größe etc. Vergleichen Sie nicht Job-Titel, sondern Arbeits-Inhalte. Ein Abteilungsleiter im Unternehmen X ist keinesfalls mit einem Abteilungsleiter im Unternehmen Y gleichzusetzen. Dritteln Sie dann die Vergleichsgehälter nach der Höhe und bezahlen Sie dann *am unteren Rand des oberen Vergleichsdrittels*. Das ist jener Punkt, der am wenigsten Energie bindet. Er ist hoch genug, um einkommensbedingte Suchreflexe zu vermeiden, andererseits nicht so hoch, dass die Mitarbeiter vorrangig wegen des Geldes im Unternehmen ausharren. Wenn Sie sehr weit über Marktniveau zahlen, behalten Sie auch die Schwachleister für immer, weil sie für ihre Leistung nirgendwo anders diese Gehälter erzielen.

Fair: Ich kann kaum auf breitere Zustimmung für eine Orientierung des Gehaltes an der persönlichen Leistungs-*Entwicklung* des Mitarbeiters hoffen. Sie nähme den Grad eines aktualisierten individuellen Leistungs-Potentials zum Maßstab (Fortschritt vor dem Hintergrund individueller Möglichkeit).

So bleiben mir die *vier Elemente der Einkommensgerechtigkeit*: zunächst der *Arbeitsplatzwert* (der tendenziell hierarchiegebunden ist und pikanterweise oft durch die maximal von diesem Arbeitsplatz ausgehende Schadenshöhe definiert ist). Im Zuge des Lean-Gedankens haben viele Unternehmen die Anzahl der Stellenwertgruppen verringert und gleichzeitig den Geltungsbereich der verbleibenden Grade in puncto Mitarbeiterzahl deutlich verbreitert. Das reduziert den Differenzierungseffekt. Neben dem Umfang denkbarer Schäden spielen hier tarifvertragliche Vereinbarungen sowie die höchsterworbene Qualifikation eine Rolle. Letztere ist es auch, der man bei den auf Austauschbarkeit zielenden Gruppenarbeitsformen den Vorzug vor dem tatsächlichen Einsatz geben sollte.

Der *Arbeitsmarktwert* einer Stelle richtet sich nach Angebot und Nachfrage auf den internen und externen Arbeitsmärkten. Wenn es nur zehn Leute gibt, die die benötigte Leistung anbieten können, dann liegt diese Stellgröße hoch, was (in Ausnahmefällen) dazu führen kann, dass das Einkommen eines Mitarbeiters höher ist als das des Chefs. Bei einem konjunkturbedingten Angebotsüberhang hingegen neigen viele Unternehmen dazu, bei neuen Mitarbeitern diese Stellgröße niedrig zu hängen, d.h. Mitarbeiter »billig« einzukaufen. Eine sehr kurzsichtige Klugheit! Der Mitarbeiter wird schnell merken, dass er im Vergleich mit den älteren Mitarbeitern unterbezahlt wird; der Mitarbeiter fühlt sich betrogen. Und wird sich rächen. Leise und unauffällig.

Das gegenwärtig größte Problem ist die Tatsache, dass der Arbeitsplatzwert im Laufe eines Arbeitslebens immer als aufsteigende Linie gedacht wird. Bei der zu erwartenden Flexibilisierung der Unternehmensstrukturen (z.B. »Führungskraft auf Zeit«) muss auch ein zeitweises Absinken dieses Bewertungskriteriums denkbar sein. Insgesamt hat der Arbeitsmarktwert jedoch einen eher niedrigeren Wirkungsgrad bei der Gestaltung einer guten Entgeltpolitik.

Ganz anders verhält sich das bei der *Seniorität* (kalendarisches Alter und Betriebszugehörigkeit). Ein heikles Kriterium. Die Vertreter einer digitalen Erfolgsorientierung haben es geschafft, dieses Kriterium mit dem Flair des Unzeitgemäßen und Verstaubten zu überziehen. Und sie haben dafür gute Gründe; man muss nicht erst den öffentlichen Dienst bemühen. Auch in der Wirtschaft haben wir mehrheitlich Senioritätssysteme. Wenn ein Mitarbeiter lange im Unternehmen bleibt, zehrt er oft unverhältnismäßig mehr von der Betriebszugehörigkeit als von seiner Leistung.

Aber das Problem wird heute anders gelöst: »Wenn die Mitarbeiter lange hier sind, dann sollten wir sie ordentlich bezahlen. Aber sie sind nicht mehr hier.« Dieser Zynismus verweist auf die gängige Praxis, Mitarbeiter immer früher nach Hause zu schicken. Ich treffe zunehmend auf Unternehmen, in denen man keinen 60jährigen mehr findet.

Man läuft Gefahr, mit den Kardinal Ratzingers dieser Welt zusammengebunden zu werden, wenn man – so wie ich – glaubt, dass eine Organisation, die das Alter nicht *als Alter* ehrt, immense Nachteile haben wird. Das für komplexe Kooperationsbeziehungen notwendige *Vertrauen* werden Sie in einer solchen Organisation nicht finden. Zudem bin ich zunehmend skeptischer geworden, ob der karriereorientierte Aktionismus junger Mitarbeiter grundsätzlich richtungsgleich ist mit den Überlebensinteressen des Unternehmens. Da ist viel Schaulaufen dabei, das vor allem auf den Aktivisten zurückspiegeln soll. Die milde Resignation mancher älterer Kollegen hat auch ein gutes Stück Gelassenheit, das in turbulenten Zeiten ein wichtiges Ferment bilden kann. Wohlgemerkt: Ich plädiere keineswegs für eine Verabsolutierung der Seniorität wie in Japan oder bei uns im öffentlichen Dienst (»Kommt Zeit, kommt Rat. Kommt noch mehr Zeit, kommt Oberrat.«). Ich möchte aber dieses Element der Einkommensgerechtigkeit mit berücksichtigt wissen, wenn die anderen Elemente vergleichbar sind.

Bleibt als letztes Element der Einkommensdifferenzierung die *Leistung*. Den Leistungs-Aposteln ins Stammbuch: Gnade Ihnen Gott, dass wir nicht in einer sogenannten Leistungsgesellschaft leben. Dass daneben noch andere Werte wie Zugehörigkeit, Solidarität, Alter, Gesetzestreue gelten. Auch Sie werden mal alt. Und vielleicht gehören Sie nach den Leistungskriterien Ihres Unternehmens schon jetzt zu den »marginal performers«. Wer weiß.

Messbare Leistung?

»Leistung« ist ein Wort, an dem die Krisenpropheten herumlutschen wie Kinder an bunten Zuckerstangen (das sind die Leute, die außer den Ladenschlusszeiten nichts mehr auf die Palme bringt). »Wir müssen nach Leistung bezahlen!« Fragt man nach, was denn Leistung sei (tun Sie es mal!), kommt in der Regel so etwas wie Blut, Schweiß und Tränen dabei heraus. Dass die Rahmenbedingungen, unter denen die Leistung erbracht werden soll, ganz wesentlich zum Leistungsergebnis beitragen, tut man als unerheblich oder das Problem vernebelnd ab. Belohnen und Bestrafen – darum soll es gehen. Wie in der Kindererziehung.

Die Messbarkeit von Leistung ist ein Mythos, den wahrscheinlich auch einige weitere Jahrzehnte Aufklärungsarbeit nicht zur Seite schaffen werden. Dass qualitative Leistungsaspekte nicht messbar sind, ist lange bekannt. Das Problem verschärft sich, wenn die vorrangige Innenorientierung und Mengenoptimierung durch verstärkte Außenorientierung und Qualitätsoptimierung ersetzt wird. Wie »messe« ich Qualität, die sich von der Kundenerwartung herleitet? Wie messe ich Zuverlässigkeitsoptimierung? Flexibilität? Kommunikationsverhalten?

Aber auch die traditionelle, besser quantifizierbare Mengen-Leistung ist immer noch erwartungsabhängig. Eine Frage der Leistungsbemessungsgrenze. Und die wird bekannterweise so weit wie möglich nach unten manipuliert. Auf diese Weise kann ich Schein-Leistungen erzeugen, die letztlich den System-Nutzen optimieren, nicht aber die Marktchancen nutzen.

»Aber 98 % Forecast sind doch objektiv!« Tatsächlich? Da sagt der eine: »98 % sind vor dem Hintergrund der Marktentwicklung eine hervorragende Leistung!« Sagt ein anderer: »2 % unter Forecast! Drama!« Sagt ein Dritter: »Wir müssen unsere rolling estimates verbessern.« Ein Vierter: »Planung ersetzt sowieso nur den Zufall durch Irrtum.« Eine Zahl, vier Beobachter, vier »Messungen«. Weil auch Zahlen einer subjektiven Interpretation unterzogen werden.

Ganz zu schweigen von der Leistung der Stabsabteilungen oder reinen Abwicklungsabteilungen, deren Beitrag zum Geschäftserfolg nicht einmal mit Zahlen zu unterlegen ist. Messbarkeit von Leistung ist eine Illusion. Entsprechende Systeme belohnen nicht die Leistung, sondern den Zielerreichungs-Grad. Das heißt für den Praktiker:

Bewerten statt Messen!

Wenn Sie das Leistungsprinzip schon verabsolutieren wollen, so schlage ich ein *permanentes Verhandlungs-Gehalt* vor. Warum nicht das, was zu Beginn eines Kooperationsverhältnisses passiert, nämlich das Gehalt verhandeln, warum dies nicht auch später in regelmäßigen Abständen (z. B. jährlich oder im Zweijahres-Abstand) erneut tun? Es entlastet vom Thema Geld, macht den Kopf frei für die Aufgabe und sattelt auf einem fair exchange, das von beiden Partnern zu definierten Zeiten immer neu überprüft wird: Sind Geben und Nehmen noch im Gleichgewicht? Fragt man Mitarbeiter: Was wollen Sie verdienen?, und kündigt man gleichzeitig eine wechselseitige Überprüfung des Vereinbarungs-Gehalts zu regelmäßigen Zeitpunkten an, verhalten sich meiner Erfahrung nach Mitarbeiter äußerst realistisch. Bringen Sie Ihre Mitarbeiter für ihr Gehalt in die Verantwortung!

In vielen Unternehmensteilen des dm-Drogerie-Marktes werden die Gehälter in offenen Gruppengesprächen jährlich neu festgelegt. Die Leitplanken sind fünf Bandbreiten, in denen bestimmte Aufgaben entsprechenden Einkommen zugeordnet sind. Wenn eine Gruppe so gut ist, wie sie mit ihrem schwächsten Glied umgeht, warum das zur Verfügung stehende Geld nicht über einen gemeinsamen Reflexionsprozess verteilen? Nur Freiheit macht verantwortlich.

Unscharfe Leistung

Ein kontinuierliches Verhandlungsgehalt ist gegenwärtig in vielen Fällen arbeits- und tarifrechtlich nicht machbar. So bleibt es derweil – wenn Sie mir in der Skepsis gegenüber selbstregelnden Anreizsystemen folgen – beim *Interpretationsmonopol des Chefs*. Er muss nach Leistungsbeiträgen differenzieren und diese auch im Gespräch darstellen. Und hier ist ein Gedanke einzuführen, der für die gesamte Mitarbeiter-Führung in den Unternehmen von grundlegender Bedeutung sein könnte:

Der Leistungsbegriff ist unscharf – und in dieser Unschärfe liegt seine eminente Nützlichkeit!

Die allermeisten Mitarbeiter haben keine Probleme, wenn der Chef die Mitarbeiter-Leistung so oder so einschätzt und – wohlgemerkt: nach rein subjektiven Kriterien – das Gehalt des Mitarbeiters langwellig entsprechend anpasst. Wenn Sie aber unter dem Druck von Objektivitäts- und Gerechtigkeitsabonnenten den Leistungsbegriff zergliedern, digitalisieren, mathematisieren, dann kommen Sie in ein Analysedelirium, das kein normaler Praktiker mehr lösen kann. Vor allem aber kommen Sie aus der Rechtfertigungsorgie nicht mehr heraus. Unter der Flagge der Nachvollziehbarkeit und Transparenz segelt hier eine Schein-Objektivität, die entwürdigende Schauspiele auf beiden Seiten der Beurteilung erzeugt.

Je differenzierter das Leistungs-Beurteilungs-System, desto praxisferner und unpraktischer wird der Leistungsbegriff. Also (und ich pointiere bewusst): *Gehaltsanpassung nach Gutsherrenart* – das ist es genau, was der Unschärfe des Leistungsbegriffs am meisten entspricht. Eine gewisse Anpassungs-Bandbreite gleichsam als Leitplanken vorzugeben ist sicher hilfreich. Aber nicht *mehr* Transparenz der Vergütungsentscheidung – nein, *weniger* Transparenz ist zu fordern.

Mehr noch: Wenn Sie, wie sehr verbreitet, ein Zielvereinbarungs-System mit einem Gehalts-System koppeln, dann greifen Sie ungemein konditionierend in die verhaltenssteuernden Bewertungsprozesse ein. Die Überlegungen laufen dann etwa so: »Wenn ich drei Sack Zielerreichung bringe, erhalte ich vier Sack Gehaltserhöhung.« In der Konsequenz besteht dann die große Gefahr, dass die Mitarbeiter sich an die Zielvereinbarungen halten. Um keine finanziellen Nachteile in Kauf zu nehmen, konzentriert man sich ausschließlich auf die vereinbarten Ziele, ignoriert neue, unvorhersehbare Impulse und Geschäftsmöglichkeiten, die Unterstützung anderer Bereiche wird vernachlässigt, die Flexibilität der Aufgabenwahrnehmung sinkt. In der Summe kommt es zu einer *Engführung des Leistungsbegriffs,* die der Unternehmenswirklichkeit einfach nicht gerecht wird, ihr eher sogar schadet.

Ich habe Manager eines Unternehmens in einem Seminar eingeladen ihre Zielvereinbarungen mitzubringen und sie dann gebeten in der Gruppe herauszufinden, was passiert, wenn sie alle exakt ihre Ziele erreichten. Das Ergebnis stand nach einer Viertelstunde fest: Das ganze Unternehmen würde zusammenbrechen. Die Manager stellten dem Unternehmen ein viel breiteres Leistungsspektrum zur Verfügung, als sich über ein Vereinbarungssystem abbilden lässt. Und ist nicht sogar die beständige Freundlichkeit eines Mitarbeiters, mit dem die anderen Kollegen und Abteilungen *gerne* zusammenarbeiten, auch eine Leistung? Also: Möglichst wenig Ziele (max. fünf) vereinbaren und das System *vom Gehaltssystem entkoppeln*! Dass der Grad der Zielerreichung dennoch in die Gehaltsanpassung durch den Chef einfließt, liegt auf der Hand. Aber gerade in der Intransparenz liegt der große lebenspraktische Vorteil, den nur die Blindflieger der sogenannten »Objektivität« harthörig leugnen.

Mit angekoppeltem Gehaltssystem geht es bei der Leistungsbeurteilung nur noch ums Geld, nicht mehr um Leistung. Es kommt zu einer konditionierenden Priorisierung, die das Gespräch nicht mehr um den Prozess der Leistungsentstehung, der Kooperation, der Förderung zentriert, sondern als Verteilungskampf definiert. Ein Außendienstmitarbeiter: »Die Förderung ist doch nur eine Laber-Nummer.«

Zielvereinbarungen dienen der Bündelung der Energien, dienen der Leistungsentstehung; sie sind erst nachrangig zur Erfolgs-Bewertung heranzuziehen. Wenn Sie über Leistung sprechen, interessieren Sie sich für das Zustandekommen oder Nichtzustandekommen der Leistung, berücksichtigen Sie Einflüsse, die nicht in der Verantwortung des Mitarbeiters liegen, sprechen Sie über Förderung, sehen Sie sich selbst als Teil des Leistungsprozesses Ihres Mitarbeiters. Dann nehmen Sie Ihre Führungsaufgabe ernst. Es ist unsinnig, einem Mitarbeiter am Ende des Kooperationszeitraums Zielverfehlung vorzuhalten. Abweichungen vom Ziel sind keine Fehler, sondern wichtige Informationen für das weitere Vorgehen, für die Kooperation, für die individuelle Förderung.

Leistungsbeurteilung

Die Frage »Einkommensdiffenzierung an die Führungskraft binden?« beantworte ich mithin mit »Ja«. Selbstregulierende Anreizsysteme führen zu einer Engführung des Leistungsbegriffs und zu einer Betonung quantitativer Zieldimensionen, die ganz einfach unpraktisch und in den Unternehmen schlicht zu reduktionistisch sind. Wenn insbesondere qualitative Ziele eine Rolle spielen, muss die Deutungsposition der Führungskraft gestärkt werden.

Wenn Sie jedoch Leistungsbeurteilung und Bezahlungssystem mechanisch verzahnen wollen, dann ist es wichtig, die Unschärfe des Leistungsbegriffs wenigstens näherungsweise einfließen zu lassen. Konkret: Weg von der Hörigkeit an fein gesponnene Bezahlungssysteme! Wählen Sie lediglich drei Bewertungskategorien: Leistung nicht in Ordnung – Leistung in Ordnung – Leistung mehr als in Ordnung, und überlassen Sie es den Chefs, die Spielräume ihrer Budgets zu nutzen.

Alle Beurteilungssysteme neigen dazu, im Laufe der Jahre nur noch exzellente Mitarbeiter auszuweisen. Der Großkonsens der Gleichmacher, mangelnder Mut, fehlende Gewissenhaftigkeit und Missbrauch der Leistungsbeurteilung zur Gehaltsmanipulation tragen dazu bei. Das führt z. B. dazu, dass keine wirklich leistungsbedingte Gehaltsdifferenzierung stattfindet. Weil der Kuchen auf zu viele Köpfe verteilt wird, werden exzellente Performer langfristig immer nur durchschnittlich bezahlt.

Ein Beispiel: Ein Mitarbeiter wurde 23 Jahre lang ausgezeichnet beurteilt, dann entschließt man sich im Unternehmen zu größerer Beurteilungsehrlichkeit; innerhalb von zwei weiteren Jahren trennt man sich von diesem Mitarbeiter per Aufhebungsvertrag. Die bitteren Abschiedsworte des Mitarbeiters, mittlerweile 53 Jahre: »Wenn Sie mir das vor 10 Jahren klar gesagt hätten, hätte ich noch eine Chance gehabt, woanders eine Stelle zu finden …«

Der 3M-Manager Ulrich Ströttchen erzählt: »Wir hatten in einer Organisationseinheit laut Leistungsbeurteilung 2/3 ›excellent performer‹ und 1/3 ›marginal performer‹. Als wir eine kleine Gruppe von 7 Führungskräften dieser Einheit baten, spontan eine konsensuale Einstufung derselben Mitarbeitergruppe vorzunehmen, brauchten sie exakt 10 Minuten, um die 110 Mitarbeiter einzustufen. Aber das Ergebnis stand auf dem Kopf: nur noch 1/3 war ›excellent‹.«

Es ist also nützlich, die Möglichkeit eines Beurteilerteams (direkter Vorgesetzter, nächsthöherer Vorgesetzter, andere Führungskräfte der Organisationseinheit unter Moderation des Personalleiters, Mitarbeiter) zu prüfen. Auf diese Weise entsteht eine lebensnahe »zirkuläre« Verantwortlichkeit. Auch in diesem Falle ist eine »objektive« oder »beweisbare« Leistungsbeurteilung bzw. Eingruppierung oder Gehaltsfindung letztlich nicht möglich. Aber der subjektive Beurteilungsspielraum eines einzelnen Vorgesetzten wird durch eine faire »intersubjektive Gültigkeit« ergänzt; sie bildet zudem die Vernetzung der Leistung im Team und in den innerbetrieblichen Beziehungsgefügen besser ab.

Im Übrigen ist zu prüfen, ob im Zeitalter der Dezentralisierung, der Teamarbeit und des Prozessdenkens die vertikale Leistungsvereinbarung noch zielführend ist. Eine *horizontale* Leistungsvereinbarung würde die Aufmerksamkeit weit stärker auf die Schnittstellen zwischen den Unternehmensbereichen, mithin auf die Kooperationsverhältnisse entlang der tatsächlich relevanten Prozessketten lenken.

Steuern oder Beteiligen?

Die zentrale Frage aber ist: Was will ich mit der leistungsorientierten Einkommensdifferenzierung erreichen? Im Wesentlichen sind es die Funktionen »Steuern« und »Beteiligen«, die, wenn nicht scharf zu trennen, so doch hinreichend deutlich zu scheiden sind:

1. Steuern:
Vor dem Hintergrund der in diesem Buch vorgetragenen Argumente ist es der denkbar falsche Weg, Leistung über Belohnen/Bestrafen zu steuern. Damit lösen Sie das Problem nicht. Die Leistungssteuerung ist Sache der Führung. Wenn der Mitarbeiter langfristig nicht die erforderliche Leistung bringt, müssen Sie eine Stelle im Unternehmen finden, wo dieser Mitarbeiter sich als erfolgreich erlebt, wo er seine Stärken ausspielen kann. Sie haben also ein Personal-*Einsatz* Problem. Finden Sie für diesen Mitarbeiter eine Aufgabe mit niedrigerem Arbeitsplatzwert! Dies kann allerdings auch zu einem Trennungsproblem werden ... wiewohl mangelnder Mut, Inkonsequenz und Fahrlässigkeit bei der Personalauswahl die eigentlichen Ur-

sachen für Schwierigkeiten sind, die auf völlig ungeeignete Weise über die Bezahlungssysteme ausgebadet werden sollen.

Wenn der Mitarbeiter langfristig ein höheres Potential zeigt als im jetzigen Arbeitsumfeld gefordert, müssen Sie eine Stelle finden, wo dieses Potential abgefordert wird, sonst wandert er langfristig in die Demotivation ab. Wenn Sie ihn mit Geld zuschütten, lösen Sie das Unterforderungsproblem nicht. Also: Handelnd reagieren! Das Einsatz-Problem lösen!

2. *Beteiligen:*
Die individuelle Zurechenbarkeit von Erfolg und Leistung ist auf allen Märkten heute höchst problematisch. Außerdem verspannt sich das Kooperationsklima, wenn Sie die Mitglieder einer Prozesskette über die Bezahlungssysteme zu Konkurrenten machen. Im Zeitalter der Teams und Netzwerke gilt mithin mehr und mehr: Wenn wir gut gearbeitet haben, dann haben wir *alle* gut gearbeitet. Innendienst und Außendienst. Dann hat jeder, der im Unternehmen mitarbeitet, seinen Beitrag geleistet. Ich kann nicht einerseits den Teamgeist beschwören, aber bei den hard facts der Bezahlung das Individuelle betonen. Wir finden hier in den Unternehmen sehr oft ausgesprochen unglaubwürdige Regelungen, die von vielen Mitarbeitern als paradox und lähmend empfunden werden. Wer Zusammenarbeit fordert, darf bei der Entgeltfindung nicht den Einzelkämpfer fördern. Häufig ist das Entlohnungssystem der Prüfstein für die Glaubwürdigkeit der Unternehmensleitung und ihr Engagement für die Teamidee. Besser also: eine allgemeine Beteiligung am Unternehmensergebnis.

Der Hewlett-Packard-Chef Lewis Platt in einem Interview: »Etwas möchte ich noch anmerken, das ein Teil unseres Erfolgsgeheimnisses ist. Wir haben in unserer Firma kein Bonussystem. Niemand erhält einen Bonus, auch ich nicht … Stattdessen haben wir ein konzernweites System der Gewinnbeteiligung. Zwölf Prozent des Gewinns vor Steuern werden gleichmäßig an alle Mitarbeiter verteilt, linear zu ihrem Lohn. Dieses System verpflichtet alle Mitarbeiter auf das Gesamtresultat. Und das wiederum stärkt unsere Kultur.« (Wirtschaftswoche 36/1996)

Partnerschaft in Plus und Minus

Obwohl das Verteilungsthema immer noch von überholten ideologischen Positionen dominiert wird, verschwinden im Standortwettbewerb die Interessengegensätze zwischen Arbeit und Kapital. Ich hege daher einige Sympathie für eine Beteiligung, die das Unternehmen als Solidargemeinschaft, als Partnerschaft in Plus und Minus erlebbar macht.

Das Geld, das die Partner im Unternehmen unabhängig vom Ergebnis erhalten, wäre dann lediglich eine Mindestvergütung. Löhne und Gehälter würden dann auch nicht mehr mechanisch jährlich steigen. Teile der Gehaltskosten reflektieren dann die Ertragstendenz des Unternehmens. Das kann bei schlechtem Unternehmensergebnis als Krisenreaktionsventil wichtig werden: Besser den Beteiligungsanteil runterfahren als Leute entlassen! Nach der Krise ergibt sich bei stabilem Personalstamm zudem ein Kosten- und Kontinuitätsvorteil.

Ob man – bei positivem Ergebnis – den Beteiligungsanteil noch einmal hierarchisch spreizen sollte, ist eine Frage der Werteordnung. Auf jeden Fall darf der Beteiligungsanteil am Gesamt-Einkommen nicht so hoch sein, dass bei Nichtzahlung die materielle Existenz gefährdet ist. Andererseits nicht so niedrig, dass er (z.B. für einen hochrangigen Manager) lächerlich wirkt. Eine nüchterne Betrachtung spricht hier wohl eher für eine Staffelung. Auf keinen Fall aber sind solche Beteiligungen nur für Führungskräfte oder gar nur für leitende Angestellte zu reservieren. Das entspricht zwar dem klassischen Vorgesetzten-Modell, unterschlägt aber, dass Führungskräfte nur durch ihre Mitarbeiter erfolgreich sind, dass der Erfolg von Führungskräften ein *mittelbarer* ist. Die Mitarbeiter leer ausgehen zu lassen ist schlicht unsinnig.

Noch ein praktischer Hinweis: Es hat sich als hilfreich erwiesen, die Beteiligungssumme nicht im normalen monatlichen Gehaltsstreifen »untergehen« zu lassen. Die Beteiligung muss auch wahrgenommen werden. Sie sollte zudem nicht schon vorher durch Abzüge optisch geschmälert werden. Eine symbolisch akzentuierte Überreichung der Summe (per Scheck/vom Anschreiben begleitet/gesondert ausgewiesen) bietet sich an.

Eine allgemeine Beteiligung am Unternehmensergebnis ist aber untrennbar verbunden mit einer intensiven und permanenten Informationspolitik. Die Unternehmensleitung muss alle Mitarbeiter permanent über die Geschäftsentwicklung detailliert informieren. Die wichtigsten Unternehmenskennzahlen mindestens monatlich ans schwarze Brett (bzw. ins Intranet)! Nur so kann verhindert werden, dass am Jahresende der Eindruck der Willkür oder gar Täuschung entsteht.

Grundsätzlich ist es zu begrüßen, wenn sich das Kapital nicht weit vom Unternehmenszweck entfernt. Negativ gewendet ist es zunehmend problematischer, den Produktivitätszuwachs durch höhere Löhne einfach abzuschöpfen. Nominallohnerhöhungen auf dem Niveau des Inflationsausgleichs und bei guter Konjunkturlage einen Teil des Einkommens in gewinnabhängigen Anteilen am Produktivvermögen des Unternehmens bezahlen – das ist ein gangbarer Weg. Echte Aktien sind dabei Aktien-Optionen vorzuziehen, da sie auch ein Risiko nach unten enthalten (deshalb ist eine Änderung des Paragraphen 71 AktG auch keinesfalls dringlich). Belegschaftsaktien sind dazu geeignete Mittel – wenn sie auch von der institutionalisierten sog. »Arbeitnehmerseite« nicht immer positiv bewertet werden. Für viele Betriebsräte verschwimmt durch sie der machtpolitisch nützliche Freund-Feind-Gegensatz. Eine Sperrfrist bis zum möglichen Wiederverkauf von mindestens fünf, besser noch zehn Jahren sichert eine Verantwortung für die langfristigen Konsequenzen. Bei Vorstandsvergütungen hat man dementsprechend gute Erfahrungen mit aufgeschobenen Gehaltszahlungen (deferred compensation) gemacht.

Das ist es, was ich zum Thema »Geld« zu sagen habe. Wie auch immer Sie es handhaben, es bleibt bei Otto Rehagels Einsicht: »Geld schießt keine Tore.«

Dritter Teil

Führungen

A. Fordern statt verführen

Die Motivation jedes Einzelnen ist die natürliche Ordnung der Dinge.

»Was kann man nun von einem Menschen ... erwarten? Überschütten Sie ihn mit allen Erdengütern, versenken Sie ihn in Glück bis über die Ohren, bis über den Kopf, sodass an die Oberfläche des Glücks wie zum Wasserspiegel nur noch Bläschen aufsteigen, geben Sie ihm ein pekuniäres Auskommen, dass ihm nichts anderes zu tun übrig bleibt, als zu schlafen, Lebkuchen zu vertilgen und für den Fortbestand der Menschheit zu sorgen – so wird er doch, dieser selbe Mensch, Ihnen auf der Stelle aus purer Undankbarkeit ... einen Streich spielen.« Dostojewski, für Nietzsche der größte Psychologe aller Zeiten, schrieb diese Worte, die schon der Volksmund aussprach: »Nichts ist schwerer zu ertragen als eine Reihe von guten Tagen.«

In dem allgemeinen Streben nach Verwöhnung und Lust ohne Anstrengung ist nicht selten in Vergessenheit geraten, was die immer noch oft überhörte Stimme der Verhaltensforschung nicht müde wird zu reklamieren: dass Menschen motiviert *sind.* Es mag unter den Bedingungen des frühen 20. Jahrhunderts und aus der Sicht F. W. Taylors so ausgesehen haben, als gäbe es den »angeborenen Instinkt und die Neigung der Menschen, nicht mehr zu arbeiten, als unumgänglich notwendig ist«. Die Forschungen von K. Lorenz, I. Eibl-Eibesfeldt, F. v. Cube u. a. (die sich im übrigen nicht nur mit dem Verhalten von Buntbarschen oder Lachmöwen oder Rotgesichtsmakaken beschäftigen) lassen diese Annahme nicht mehr zu: Alle Menschen verfügen grundsätzlich über kreative Energie, die nach Entfaltung drängt. Menschen verfügen über ein hohes Aktionspotential als die Fähigkeit und die grundsätzliche *Bereitschaft* zu arbeiten.

Ergebnisse der Verhaltensforschung

Wir sind anthropologisch auf zielgerichtete Aktivität ausgerichtet. Wir haben als Menschen hohe Aktionspotentiale, die abgebaut werden wollen – wenn sie nicht in Aggression und Langeweile umschlagen sollen. Problemlösend-erkundendes Verhalten, »Neugierig«-Sein charakterisiert unsere wahre Wesensart. Unsere Neugier aktivieren, Entdeckerfreude und Lust am Funktionieren spüren – das wollen wir, wenn diese Quellen unserer Energie auch manchmal verschüttet scheinen.

Leistungswille steckt in allen Menschen. So fanden Verhaltensforscher heraus, dass Kinder, die man in der Schulzeit auf einmal nur noch spielen ließ, nach ein paar Tagen freiwillig wieder Unterricht haben wollten, weil ihnen das einseitige Amüsement zu langweilig wurde. Gibt man Affen schwierige Geschicklichkeitsübungen auf, vergessen sie über der spannenden Beschäftigung sofort Hunger und Futterschüssel. Tiere, die in Versuchslabors die Wahl haben, sich ihr Futter durch bestimmte Handlungen selbst zu beschaffen (wie z. B. einen kleinen Hebel zu drücken) oder aber das Futter einfach zu bekommen, ziehen es immer vor, dafür zu arbeiten.

Martin Seligman von der Pennsylvania University zitiert für seinen Ansatz der »Kompetenz« eine Untersuchung, gemäß der Babys lacheln, wenn sie es fertig bringen, einen an einem Faden hängenden Gegenstand in Bewegung zu setzen. Hingegen lächeln sie nicht, wenn die Bewegung nicht von ihnen selbst ausgelöst wurde. Nach Seligman geschieht dies, weil die Fähigkeit zur Situationsbewältigung (wir würden es »Wille« nennen) Freude und Lust am Funktionieren hervorruft. Auch im Beruf: Verkäufer z. B. freuen sich besonders über einen Auftrag, um den sie haben kämpfen müssen. Es besteht kein Zweifel: Wir alle suchen Spannung in unserem Leben.

Selbsteinschätzung: hohe Arbeitsmoral

»Stell dir vor, es gibt Arbeit und keiner geht hin« – diese Songzeile, die Anfang der 80er Jahre die wachsende Arbeitslosigkeit in der Bundesrepublik persiflierte, war nur begrenzt komisch. Denn selbst lieb gewonnene Bezeichnungen wie »Arbeitgeber« und »Arbeitnehmer« erwiesen sich durch die Einsichten der Verhaltensforschung als unzutreffend und entlarvten jene Täuschung, dass man Leistung sagte und Gegenleistung meinte: Der Arbeitnehmer nimmt nicht Arbeit, sondern Geld. Die Arbeit nimmt der Arbeitgeber. Die neue Einsicht lag darin anzuerkennen, dass Menschen nicht nur Geld nehmen, sondern auch Arbeit geben wollen. Hans Thomas schreibt zu Recht: »Diejenigen, die mit der Forderung nach immer weniger Arbeit der Menschenwürde dienen wollten, gelangen an die Grenze, an der ihnen jene begegnen, die mehr Arbeit wollen, als sie haben. Sie stehen vor dem Dilemma, sich sowohl zum Anwalt eines Grundrechts auf Arbeit erklären zu wollen als auch stets weniger davon zu wünschen.«

Fasst man die Ergebnisse der Verhaltensforschung zusammen, so gilt: Die Praxis der Motivierung geht von einer falschen Grundannahme aus. *Die Motivations-Lücke existiert grundsätzlich nicht!* Und es ist folgenreich, diese verhaltensbiologische Tatsache zu ignorieren.

Aber natürlich wissen die Motivierungs-Techniker, wovon sie sprechen, sind doch die Scharen demotivierter Mitarbeiter unübersehbar. Was aber ist Ursache, was Wirkung? Ich gebe zu bedenken, dass sie Opfer ihres eigenen Erfolges sind – und dann sind sie natürlich wieder im Recht. Pawlow wird der Satz zugeschrieben: »Motivation ist die neue Form der Ausbeutung.« Ich bin nur sehr begrenzt dieser Ansicht. »Motivation ist die neue Form der Verwöhnung.« Dies schon eher.

Mancher Leser wird sich an dieser Stelle verwundert die Augen reiben: Läuft die hier vorgestellte Position auf ein Führungskonzept der verhaltensbiologisch abgestützten Peitschenknallerei hinaus? Wird hier ein verqueres »der-Mitarbeiter-kann-schon-wenn-er-nur-will« unter der Hand restauriert? – Es ist schon erstaunlich: Ich habe noch keine Mitarbeiterbefragung gesehen, in der eine Aussage wie »Ich würde meine Arbeitsmoral als hoch bezeichnen« nicht mit über 90 %, meist sogar über 95 % positiv beantwortet worden wäre. In den mir vorliegenden Befragungen rangiert sie durchgängig an der ersten Stelle aller positiven Aussagen. Aber dennoch wird unverdrossen weiter motiviert. Dieser ungeheure Aufwand, um eine Motivationslücke von weniger als 10 % zu schließen? 90 und mehr Prozent aller Mitarbeiter mit einem Misstrauensverdacht belegen, um weniger als 10 % wieder auf die Schiene zu setzen?

Aber der Verdacht sitzt bei den Vertretern der Anreizkultur zu tief, als dass sie diesen Befragungsergebnissen Glauben schenkten. »Schutzbehauptung!«, sagen sie (und meinen dabei vielleicht ungewollt etwas Richtiges: Möglicherweise wollen sich die Mitarbeiter tatsächlich gegen die Motivierungsbemühungen ihrer Chefs »schützen«) und: »Subjektive Wahrheit!«

In der Tat, sie ist eine subjektive Wahrheit. Aber das zweifelnde Gerede über sie unterstellt, dass es jemanden gibt, der »objektiv« oder »besser« weiß, was Arbeitsmoral »wirklich« ist. Jemand, der die »eigentliche«, hohe Arbeitsmoral definiert und in der Regel immer ein bisschen höher ansetzt, als es der Befragte tut. Diese Haltung bezichtigt den Befragten unausgesprochen der falschen Selbsteinschätzung und glaubt sich des wahren Maßstabs sicher.

Das hat Konsequenzen. Mindestens die, dass eine Mechanik in Gang gesetzt wird, die dem Mitarbeiter vermittelt, seine eben erst bezeugte Leistungsbereitschaft sei ein wankelmütiges Gut und müsse beständig aufs Neue angestachelt werden. Glaubt aber jemand ernsthaft, dass eine nennenswerte Zahl von Mitarbeitern sich überzeugen ließe, ihre Selbsteinschätzung sei eine *Fehl*einschätzung und ihre Aussagen seien nur von relativer Gültigkeit? Glaubt jemand ernsthaft, Mitarbeiter ließen sich straflos und längerfristig über die subjektiv empfundene Schwelle hoher Arbeitsmoral hinaus motivieren? *Die Motivation jedes Einzelnen ist die natürliche Ordnung der Dinge.* Das wird für manchen schwer anzuerkennen sein. Aber nicht nur die Verhaltensforschung legt die Frage nahe: Ist es nicht viel sinnvoller, den Mitarbeitern ihre bezeugte Leistungsbereitschaft schlicht zu glauben und – diese dann einzufordern?

Betrachten wir noch einmal kurz das Phänomen der Non-profit-Unternehmen, deren Verantwortliche ja oft hervorragende Arbeit leisten. Ich denke an Greenpeace, Amnesty International, das Rote Kreuz, viele karitativ-kirchliche Einrichtungen sowie vor allem an die Millionen Bürger, die im organisierten Breitensport mit häufig immensem Einsatz ehrenamtlich arbeiten. Es sind Beispiele für den grundsätzlichen Leistungswillen der Menschen – wenn sie ein Spielfeld finden, auf denen es für sie *Sinn* macht, sich voll einzusetzen. Diesen Organisationen fehlt es weder an Mitgliedern noch an Schlagkraft noch an Erfolg. Offensichtlich stellen diese Organisationen »Spielfelder« zur Verfügung, auf denen zu spielen Spaß macht und wo die Antwort auf die Frage nach dem »Wozu?« überall greifbar wird. Daniel Goeudevert, ehemals Vorstandsmitglied bei Ford und VW, überliefert den Satz eines Vertreters einer großen karitativen Organisation in den USA: »Früher haben wir von unseren Leuten wenig gefordert, weil wir wenig zahlen konnten. Jetzt zahlen wir gar nichts und verlangen viel.«

Dimensionen der Leistung

Betrachten wir an dieser Stelle die drei Dimensionen, die sich gemeinsam zur Leistung addieren:

- Leistungs-*Bereitschaft*
- Leistungs-*Fähigkeit*
- Leistungs-*Möglichkeit*

Verteilen wir diese Dimensionen auf die Verantwortung des Mitarbeiters und auf die Verantwortung der Führungskraft, so macht die Verhaltensforschung unmissverständlich: Die Leistungsbereitschaft – diese soll ja durch die Motivierung gesteigert werden – fällt grundsätzlich in die Verantwortung des Mitarbeiters. Er bringt sich gleichsam »mit«.

Aber selbst wenn die Verhaltensforschung nicht zu entsprechenden Ergebnissen gekommen wäre, ist hier eine klare Management-Entscheidung, der *Wille* zur Gestaltung einer entsprechenden Unternehmenskultur fällig – weil alle Motivierung sich am Ende als Demotivierung entpuppt: Leistungs*bereitschaft* ist Sache des einzelnen Mitarbeiters, nicht der Führungskraft.

Natürlich nimmt auch die Führungskraft Einfluss auf die Leistungsbereitschaft des Mitarbeiters (leider eher negativ, wie noch zu zeigen sein wird). Sie ist aber schlecht beraten, wenn sie glaubt sie anstacheln zu müssen oder sogar über einen längeren Zeitraum und gegen den freiwilligen Leistungswillen des Mitarbeiters auf höherem Niveau halten zu können. Falls sie meint »motivierend« für Leistungs*bereitschaft* Verantwortung übernehmen zu müssen, bewegt sie sich im Bereich einer kräftezehrenden und in der Konsequenz demotivierenden Überzuständigkeit. Das wurde schon gezeigt. Gewiss ist jedenfalls, dass die Motivation des Mitarbeiters in dem Maße schwindet, in dem die Führungskraft die Leistungs*bereitschaft* des Mitarbeiters in Zweifel zieht und lediglich anzustacheln versucht. In genau diesem Sinne ist die Last der immer neuen Motivierung von den Schultern der Führungskräfte zu nehmen.

Das Scheitern der Motivierung wird besonders augenfällig, wenn man sich vor Augen führt, dass Leistung sich immer aus dem Zusammenspiel aller drei Dimensionen ergibt, die Motivierung aber – und das ist außerordentlich wichtig! – lediglich auf eine einzige, nämlich die Leistungs*bereitschaft* zielt. Ein gigantischer Aufwand für ein kleines Ziel. Ich kann dies nicht deutlich genug sagen: *Alle Motivierung zielt ausschließlich auf die Leistungsbereitschaft.* Die beiden anderen Dimensionen von Leistung werden von ihren Instrumenten nicht erfasst!

Falls aber bei schwacher Leistung die Ursachen in mangelnder Leistungs*fähigkeit* oder gar fehlender Leistungs*möglichkeit* liegen, blaken die Ampeln der Motivierung ins Leere. Sie ändert im positiven Sinn nichts an der Sache. Im Gegenteil: sie zerstört – wie gezeigt – sogar das, was vielleicht noch intakt ist: die Leistungs*bereitschaft.* – Manchmal fällt es schwer, keine Satire zu schreiben.

Fordern

Es ist an etwas zu erinnern, was von der Motivierung verschüttet wird: an das Recht der Führungskraft, klare Forderungen zu stellen, Vereinbarungen zu treffen und diese zu kontrollieren. Sie hat das Recht, auf Einhaltung von Vereinbarungen und Arbeitsverträgen zu bestehen sowie Leistung auf der Grundlage definierter Ziele zu verlangen. Sie hat das Recht (und die Pflicht!), bei Nichteinhaltung von Absprachen offen zu konfrontieren und zu kritisieren (»offen« heißt »klar« und »gerade«, keineswegs »unfair« oder »schroff«!). Sie hat das Recht, Konsequenzen in die Wege zu leiten. Es kann doch nicht angehen, dass sich eine Firma bei schwachen Leistungen damit begnügt, dass die Bonus-Malus-Automatik, nicht ausgezahlte Prämien oder andere selbstregelnde Strafsysteme lediglich ein verqueres Gerechtigkeitsgefühl befriedigen. Eine Führungskraft hat die Aufgabe nachzuforschen, wieso die vereinbarte Leistung nicht erbracht wurde (und sich dabei selbst als möglicherweise leistungsbehindernder Faktor in Rechnung zu stellen). Wie soll sich Führung sonst legitimieren?

Eine Führungskraft kann überdies – und das erscheint mir besonders wichtig zu betonen – mit dem Mitarbeiter Leistungen vereinbaren, die dieser eigentlich aus sich heraus und freiwillig nicht erbringen will. Aber sie sollte nicht »verführen«, nicht im Eisenhowerschen Sinn dem Mitarbeiter vorzugaukeln versuchen, dass dieser selbst »es will«.

Aufs Ganze gesehen erscheint mir ein klares Forderungsverhältnis zwischen Führungskraft und Mitarbeiter erheblich leistungsorientierter und konsequenter als Belohnungs-Bestrafungs-Systeme, die sich selbst regeln. Es ist konsequenter im Interesse von *Leistung*. Hier wird Führung beim Wort genommen. Wer glaubt, mein Vorschlag münde in Sozialapostelei und gleichmacherische Sozialformen, hat nichts begriffen. Mir geht es vielmehr um die Reetablierung von Führung als Führung. Alle wollen die Führungskraft als aktiven Unternehmer. Ein Unternehmer heißt aber Unternehmer, weil er etwas unternimmt, und nicht, weil er passiv bleibt.

Auch W. Bennis und B. Nanus beschreiben in ihrem oft zitierten Buch »Führungskräfte« jene als vorbildlich, die nicht verwöhnen, sondern herausfordern. Zum Beleg zitieren sie Edwin H. Land, den Gründer von Polaroid: »Das Erste, was man natürlich tut, ist dem Betreffenden das Gefühl zu geben, dass die jeweilige Aufgabe eminent wichtig und nahezu unmöglich zu bewältigen ist ... Das ist der nötige Ansporn, der Menschen stark macht und sie geistig auf die richtige Fährte setzt.« Nein! So nicht. In diesen Worten lebt nach wie vor der Geist des Vorgaukelns, der Doppelzüngigkeit, der Verführung. Das ist keine klare Forderung, das ist schlicht Lüge. Noch einmal Bennis und Nanus: »Vertrauen ist das Öl, das die Räder einer Organisation am Laufen hält.« Ja. Allerdings: In der zitierten Weise ist niemals Klarheit zwischen Führungskraft und Mitarbeiter, ist niemals Vertrauen in realistische und angemessene Forderungen als Basis von Leistungsvereinbarung möglich.

Viel scheint mithin schon gewonnen, wenn die verdeckt abwertende und durch viele unerkannte Nebenwirkungen kontraproduktive Motivierungspraxis durch ein klares Forderungsverhältnis ersetzt würde.

Vereinbaren

Führen ist schwierig. Schwierig vor allem, wenn man genau diese Tatsache nicht anerkennt. In der Regel greift man dann zu Führungsmanualen der Abteilung »How to ...« – und ist meistens enttäuscht. Denn diese werden geschrieben unter Absehung von der wichtigsten Voraussetzung: der individuellen Persönlichkeit jeder Führungskraft. Und keine tausend Seiten Führungslehre können die Komplexität des Führungsalltags annähernd einfangen. Kein Ratschlag ist dabei von vorneherein gut oder schlecht. Was bei dem einen funktioniert und also »gut« ist, gerät dem anderen zum Fehlschlag. Es gibt nicht *das* Patentrezept, das bei allem und jedem funktioniert. Alles trägt sein Gegenteil in sich, hat seine Schattenseiten, verursacht auch Ungewolltes. Besser scheint mir in jedem Fall zu sein die Konsequenzen des individuellen Führungshandelns so weit wie möglich (auch in ihrer zweiten und dritten Ableitung) und für jede Situation vorher abzuschätzen. Und dann bewusst zu wählen. Die Kunst des Führens scheint mir genau darin zu liegen. Dann werden sich die Dinge so ereignen, wie ich sie gewählt habe. Eines kann ich dann jedenfalls nicht mehr tun: klagen, dass Führen schwierig ist.

Weil das so selten beachtet wird, sind über Führung im Unternehmen mittlerweile einige Bibliotheken geschrieben worden. Unter den Publikationen findet sich sicher viel Wissenswertes und Hilfreiches. Skeptisch bin ich gegenüber den sogenannten Führungs-Stilen und Führungs-Techniken. Bei den unter diesen Überschriften angebotenen und mit hoher ökonomisch-ethischer Effizienz aufgeladenen Verhaltensweisen wird in der Regel unterstellt, sie seien im Handumdrehen zu imitieren, gleichsam »frei wählbar«. Die Handhabung von Führungsstilen ist dabei denen von Videos nicht unähnlich, die man in den Recorder einlegt, sich anschaut und bei Gefallen dann »drauf« hat. Wenn überhaupt, dann beschäftigen sich Führungskräfte aber karrierebedingt erst als etwa Dreißigjährige intensiv mit Wissen um Kommunikation und Menschenführung – in einem Alter, in dem viele Verhaltensweisen fest geprägt sind und die bekannten und bisher offensichtlich »erfolgreichen« Verhaltensmuster (man ist ja auf diese Weise aufgestiegen!) mit großen Beharrungsenergien befrachtet sind.

Nimmt man hinzu, dass die Führungsstil-Idee einen gewissermaßen »einheitlichen« Mitarbeiter voraussetzt, den es natürlich so niemals gibt, so wird deutlich, dass das schlichte Kopieren von Führungsstilen weder der Individualität der Führungskraft noch der des Mitarbeiters, mithin der Komplexität der Realität nicht gerecht wird.

Und vieles davon »führt« mir wortwörtlich »zu weit«. Was ich hier und im Folgenden entwickeln will, ist erheblich nüchterner und begrenzter (wenn auch nicht leichter!) als das vor allem in der amerikanischen Managementliteratur dem Iacocca-infizierten, allgemeinen Staunen Feilgebotene. Denn immer mehr bin ich zu der Überzeugung gekommen, dass – lassen wir einmal »Selbstverständlichkeiten« wie Freundlichkeit und Höflichkeit beiseite – nur eine Führung gerechtfertigt ist, die sich auf einige eng umgrenzte Funktionen beschränkt, und dass jede darüber hinausgehende Führung die Menschenwürde verletzt und mithin unzulässig ist. Und dass diese Minimal-Führung durchaus erfolgreich wie richtig ist.

Obwohl schon mancherorts das »Ende der Strategien« eingeläutet wird, scheint mir unter diesen wenigen Funktionen die nach wie vor wichtigste zu sein: *Leistung vereinbaren und kontrollieren.* Es ist immer wieder grotesk zu sehen, wie Führungskräfte über die mangelnde Leistung (sie meinen meistens Leistungsbereitschaft) ihrer Mitarbeiter klagen, aber in den seltensten Fällen positiv formulieren können, wie denn die von ihnen geforderte hohe Leistung tatsächlich aussehen soll. Was ist das: 100 Prozent der vereinbarten Leistung? Erhebungen zeigen zudem, dass Führungskräfte aller Hierarchiestufen dazu neigen, die eigene Leistung hoch zu bewerten und die Leistung anderer Unternehmensmitarbeiter abzuwerten, weil sie glauben entscheidend mehr zum Unternehmenserfolg beigetragen zu haben. Paradoxerweise stützen sie jedoch immer noch den weit verbreiteten, aber durch nichts begründeten Glauben an einen Zusammenhang zwischen Arbeit, Leistung und Einkommen: Hohe Gehälter sollen ja zu besonderen Anstrengungen motivieren.

Leistung ist nichts Absolutes. Leistung ist eine Frage der Erwartung. Der Erfolg einer Verkaufskampagne z. B. hängt sehr davon ab, wie sich die tatsächlich erzielten Resultate gegen die Erwartungen der Unternehmensleitung ausnehmen. Diese Erwartungen muss die Führungskraft definieren und mit dem Mitarbeiter vereinbaren. Einerlei ob »hard facts« im Sinne von Umsatzzahlen oder ähnlich Quantifizierbarem oder ob »soft facts« wie Verhalten oder eher qualitativ Zugängliches: was wir brauchen, sind funktionierende

Kommunikations- und Verhandlungsprozesse, die immer wieder für beide Seiten gleichermaßen tragfähige Vereinbarungen erzeugen. Die Personalabteilungen, häufig nur wenig mehr als die Einwohnermeldeämter der Unternehmen, haben aus dieser Sicht die Aufgabe, Strukturen zu schaffen, die eine möglichst individuelle Vereinbarung von Leistung und Gegenleistung zulassen.

»Kenn' ich schon; machen wir schon lange. MbO – Management by Objectives – heißt das bei uns – und ist ein alter Hut.« Ja, in der Tat: ein alter Hut. Aber es hat sich mir zu keinem Zeitpunkt erschlossen, dass, wenn ich mit meinem Mitarbeiter Ziele vereinbare und eine wirkliche Übereinkunft erziele, ich ihn noch zusätzlich motivieren soll. Entweder ich nehme Mitarbeiter ernst, dann sind sie vereinbarungsfähig. Oder ich nehme sie nicht ernst, dann brauche ich keine Vereinbarungen und kann mir den Abstimmungsaufwand sparen.

Die Schwierigkeit liegt aber noch woanders: »Führen durch Zielvereinbarung« heißt es; »Führen durch Zielvorgabe« ist es zumeist. Die »big shots« an der Unternehmensspitze erlegen in der Regel ihren mittleren Führungskräften extrem kurzfristige Finanzziele auf. Auf diese Weise überwälzen sie einfach die kurzfristigen Ansprüche auf monetär sichtbaren Erfolg, der schlicht immer weiter heruntergebrochen wird. Was übrig bleibt, sind häufig nicht mehr als Zahlen-Diktate. »Unser Gruppenleiter kommt in die Planungssitzung mit einer festgelegten Umsatzzahl, die wir als Gruppe erreichen müssen. Diese hat er seinerseits von seinem Vorgesetzten bekommen. Was uns als Verhandlungsspielraum bleibt, ist die Aufteilung der Gesamtzahl untereinander. Unsere Erfahrungen im Markt spielen bei der Erstellung der Planzahl keine Rolle.« So ein erfahrener Außendienstler ironisch, der das Ganze als »part of the game« achselzuckend hinnimmt. Motivierend?

Ganz anders Heinz Buchmann, Geschäftsführer von Parfums Christian Dior: »Die Priorität meiner Unternehmensführung sind die Mitarbeiter. Meine Philosophie ist da sehr einfach: Je besser meine Mitarbeiter sind, desto besser ist die Leistung, der Output meines Unternehmens. Das heißt, wir geben nicht Ziele vor, sondern wir definieren sie gemeinsam.«

Ich verzichte an dieser Stelle auf die technischen Abläufe, da mich hier vor allem die Wirkung interessiert, die von lediglich »vorgesetzten« Zielen ausgeht, an deren Zustandekommen der Mitarbeiter keinen Anteil hatte. Diese ist allerdings kaum weitreichend genug einzuschätzen. Auf der psychologischen Ebene kommt darin eine Geringschätzung, ein Nicht-Ernstnehmen zum Ausdruck, das nicht nur den Mitarbeiter abwertet, sondern auch vor der Führungskraft nicht Halt macht: der »Vorgesetzte« wird schlicht zum »Vorsetzer«.

Wer als Führungskraft glaubt einfach Ziele vorsetzen und sie nicht mit seinem Mitarbeiter als Partner verhandeln zu müssen, muss die Konsequenzen tragen. Erzielt wird auf diese Weise vielleicht eine Anpassungsleistung des Mitarbeiters. Sie wird aber niemals die volle Zustimmung, ein ganzes, von Herzen kommendes »Ja« zu diesen Zielen erhalten, denn es waren und blieben die Ziele des Chefs, nicht des Mitarbeiters. Der Mitarbeiter sagt vielleicht »ja«, obwohl er »nein« meint. *Das* und nur das ist die Wurzel allen Stresses, aller Ent-Identifikation. Dadurch entsteht die Motivations-Lücke *tatsächlich.*

Konsens-Management

Eine Entscheidung heißt Entscheidung, weil sie scheidet. Wer glaubt, allein ent-scheiden zu müssen, hat sich nur zu häufig von seinem Mitarbeiter ge-schieden. Was wir stattdessen brauchen, ist Konsensmanagement, sind konsensgestützte, nicht machtgestützte Entscheidungen. »Kon-sens« heißt »gemeinsamer Sinn«. Was wir brauchen, sind Führungskräfte, die ihre Mitarbeiter als Partner ernst nehmen und mit ihnen Konsens und Übereinkunft herstellen können; die nicht polarisieren, sondern integrieren; die nicht ausschließen, sondern einschließen. Umsetzen statt durchsetzen.

So wie es uns die Asiaten vormachen: sicherlich lange Entscheidungsprozesse mit hohem Energie- und Zeitaufwand, in die aber möglichst viele Sichtweisen einbezogen werden, sodass dann auf breitem Konsens entschieden wird. Wer da sagt, der Zeitaufwand sei zu hoch, dem halte ich entgegen, dass ohne diesen Konsens diese Zeit einfach nur verschoben und im Anschluss an die Entscheidung nachinvestiert wird: in Jammereien und Reparaturen, weil die Aktion ohne die volle Zustimmung aller Beteiligten einfach weniger optimal laufen muss!

Ein offenes Spiel mit offenem Ausgang, in dem souveräne Akteure miteinander freie Verträge schließen oder Tauschbeziehungen eingehen – das scheint die Zukunft organisatorischer Verhältnisse zu sein. Gemeint ist die Zielvereinbarung im Gegenstrom-Verfahren, das Ziele weder rein demokratisch abstimmt noch autoritär von oben vorgibt, sondern Ziele vielmehr als das Ergebnis gemeinsam erarbeiteter Einsicht vereinbart. Bei klaren Vereinbarungen in diesem Sinne gibt es keine Motivationsprobleme.

Exkurs: Dialogisch führen

»Einer meiner Arbeitsschwerpunkte ist zweifellos, dass wir wegen des sich verschärfenden Wettbewerbs durch asiatische und europäische Konkurrenten einen großen reformatorischen Eifer entwickeln müssen. Die Japaner haben uns ja nicht nur Weltmärkte abgenommen, weil sie etwa Billiglöhne hätten. Das hatten sie vor 30 Jahren. Sie haben in den letzten 20 Jahren durch eine größere Mobilisierung aller Menschen in ihren Betrieben es fertig gebracht, mehr Kreativität und mehr Produktivität zu erzeugen. Hier sehe ich einen weiteren Schwerpunkt meiner Arbeit, etwas zu bewegen, was gleichzeitig zu einer qualitativen Verbesserung des Arbeitens und des menschlichen Lebens führt. Wir müssen wegkommen von den militärisch überkommenen Systemen, nach denen die Industrie in der ganzen Welt organisiert ist. Der Vorarbeiter als Gefreiter. Der Abteilungsleiter als Unteroffizier. So ist die Industrie auf Befehl und Gehorchen organisiert worden ... Das [der Wandel, R. S.] erfordert als Allererstes Vorgesetzte, die willens sind den Dialog zu führen.« – »... und dazu auch fähig sind«, möchte ich den bemerkenswerten Worten von VW-Urgestein Carl H. Hahn hinzufügen. Denn offener Dialog setzt auch Dialogfähigkeit voraus. Die ist aber kein Trick, keine Technik, sondern zuerst eine Frage der *inneren Einstellung.* »Handlung wird durch Haltung begründet«, schrieb Alfred Herrhausen noch kurz vor seinem Tod 1989.

Dialogische Einstellung

»Kommunikation« ist heute ein raumgreifendes Schlagwort unserer modernen Gesellschaft. Alle sprechen davon – auch Führungskräfte – und meinen doch allzu oft nur die »Information«, die halbierte, die Einweg-Ausgabe echter (Zweiweg-)Kommunikation. Und weil wirklich »miteinander« zu sprechen so schwierig ist, kann man dann in entsprechenden Trainings Kommunikations-»Techniken« lernen – ein kaum sinnvolles Bemühen, wenn man sich darauf beschränkt und die innere Haltung dabei nicht berücksichtigt.

Besser greifen lässt sich diese innere Einstellung, wenn man das Wortpaar »Monolog – Dialog« betrachtet. Monolog bedeutet dem Wort nach Selbstgespräch, Dialog Wechselgespräch, besser noch: Zwiegespräch. Das ist eher eine formale Bestimmung. Sie sagt noch nichts über eine innere, »dialogische« Einstellung aus.

Die bedeutet zunächst: den Standpunkt des anderen besser verstehen durch aufmerksames Zuhören. Max Frisch sagt dazu: »Jeder Versuch, sich mitzuteilen, kann nur mit dem Wohlwollen des anderen gelingen.« Es geht also um *»wohlwollendes« Zuhören.*

Aber dabei stehen zu bleiben hieße es weiterhin beim Formalen zu belassen. Die Kommunikationswissenschaft hat überzeugend nachgewiesen, dass vieles, was wir Wirklichkeit nennen, aus der Beobachtung des Einzelnen herausfällt. Wahr-Nehmung ist das, was wir für »wahr« nehmen. Wir alle leben daher auf Deutungsprovinzen mit Verhaltensmustern, die dem »Fremdeln« nicht unähnlich sind. Angst vor Fremden schließt jenen Teil der Wirklichkeit aus, den ein anderer anbietet.

Wirkliche dialogische Einstellung bedeutet anzuerkennen, dass der Einzelne immer nur einen *Ausschnitt* der Wirklichkeit wahrnehmen kann.

Aber nicht nur die Wahrnehmung, auch alle *Bewertungen* sind immer zutiefst subjektiv und von persönlichen Erfahrungen her bestimmt. Sie bilden immer nur einen Teil der »Wahrheit«. Meiner Beobachtung nach beharren aber gerade jene Vorgesetzten, die auf ihre Individualität, die Singularität des Einzelnen pochen (und damit nur allzu oft das Festhalten an ihren Routinen meinen), auf »objektiven«, für alle gültigen Wertmaßstäben. Die beste Voraussetzung für Missverständnisse: Alle sind wie ich. Alle nehmen dasselbe wahr wie ich. Alle bewerten es auch so wie ich. – Eine Meinung als Meinung darzustellen ist schon schwer genug, sie dann auch noch als einzig richtige darzustellen – dann wird es lächerlich.

Dialogische Einstellung bedeutet also, die grundsätzliche Unterschiedlichkeit zweier Menschen in Wahrnehmung und Bewertung anzuerkennen und zum Ausgangspunkt des Gesprächs zu machen. Der Gesprächs-Beitrag des anderen ist aus dieser Einstellung heraus dann eine Chance, obwohl – oder gerade weil – er mit der eigenen

Sichtweise vielleicht überhaupt nicht übereinstimmt. Ein Beitrag zur Vollständigkeit des Gesamtbildes – eine *Bereicherung*. Der Dialog erweitert das Weltbild. Nicht zufällig wird das griechische »di-a-logoi« auch mit »Welt-Ursprung« übersetzt: Durch Dialog entsteht die Welt.

Dialogisches Verhalten

Das heißt neu-gierig sein, das heißt einschließend, zulassend denken und reden. Das heißt wenigstens, die Sichtweise des anderen nicht mit der Bemerkung »Aber sehen Sie das doch mal objektiv!« vom Tisch zu wischen. Das heißt auch, nicht mit vorgefasster Meinung (die schon einer »unverrückbaren« Entscheidung gleichkommt) in ein Meeting zu gehen. Das heißt, nicht die »einzig mögliche« Lösung irgendeines Problems durchsetzen zu wollen. Das heißt grundsätzliche Offenheit für alternative Handlungsmöglichkeiten. Vielleicht gibt es neben der Alternative A und B auch eine Möglichkeit C. Eine heimliche innere Haltung ablegen, die heißt: »Wann wirst du endlich aus eigenem Antrieb denken und handeln, wie ich es möchte?«

Wer als Führungskraft die eigene Sichtweise als ausschließlich »seligmachende« durchsetzen will, der hat ent-schieden – und sich damit vielleicht vom Mitarbeiter ge-schieden. Das ist nicht gut oder schlecht, sondern es hat Konsequenzen. Denn es verkleinert die wirtschaftlichen Möglichkeiten ohne Not. Durch die rapide wachsende Komplexität der Lebenswelt (wir wissen täglich weniger!) geraten die entstehenden Leerräume unter Etikettierungszwang, dem in der Regel mit pausbäckig präsentierten Vorurteilen begegnet wird. Insgesamt steigt der Anteil an Vorurteilen bei Entscheidungen dramatisch an. Ich kann aber auch meinen Entscheidungshorizont erweitern. Durch Dialog. Durch das Einbeziehen vieler verschiedener Sichtweisen. Mir scheint, die Unternehmen kommen nicht umhin Wissen besser zu verteilen, damit sich mehr Köpfe mit Lösungen befassen können; auch Köpfe, denen man Lösungen bisher traditionell nicht zutraute, weil man in Qualifikationen dachte.

Es ist naheliegend, sich über den Zeitaufwand der Dialogidee lustig zu machen. Wer aber darüber diskutiert, sollte einmal die Zeit addieren, die durch *nicht* geführte Gespräche verloren geht. Die bei schnellen und einsamen Entscheidungen gesparte Zeit wird nämlich nicht selten als Reparaturaufwand nachinvestiert. Missverständnisse, mangelhafte Informationsweitergabe, nicht zufriedenstellende Aufgabenerfüllung durch unklare Ziele, Störungen und Missstimmungen in der Chef-Mitarbeiter-Beziehung sind weitere Folgen einer nur vordergründig effizienten Schnelligkeit. Vor allem aber eines wird nicht erreicht: wirkliches Commitment! Ein teurer Zeitvertreib. Und wer hat schon Zeit zum Vertreiben?

Die Konsequenzen schneller, einsamer Entscheidungen drückt Konosuke Matsushita, Vorstand der Matsushita Electric Industrial Co., Japan, so aus:

»Wir sind die Gewinner und der industrielle Westen wird weiter verlieren: Sie können nicht viel daran ändern, weil die Ursachen Ihrer Fehler in Ihnen selbst liegen.

Ihre Unternehmen sind nach dem Taylorschen Modell ausgerichtet, und schlimmer: Es ist in Ihren Köpfen drin. Weil Ihre Bosse denken und die Arbeiter an den Schraubenziehern drehen. Sie sind fest davon überzeugt, dass dies der richtige Weg ist, ein Unternehmen zu führen. Für Sie besteht das Wesentliche des Managements darin, die Ideen von den Köpfen der Bosse in die Hände der Arbeiter zu bringen.

Wir stehen jenseits des Modells von Taylor: Unternehmertum – das wissen wir – ist heute so komplex und schwierig, das Überleben der Unternehmen in einer zunehmend unvorhersagbaren Umweltentwicklung so gefährdet, voller Konkurrenz und voller Gefahren, dass der fortwährende Bestand von der tagtäglichen Mobilisierung jedes Gramms an Intelligenz abhängt.

Für uns besteht der Kern des Managements insbesondere in der Kunst, die intellektuellen Ressourcen aller Mitarbeiter für den Dienst am Unternehmen zu mobilisieren und zu bündeln. Weil wir die Tragweite der neuen technologischen und ökonomischen Herausforderungen besser einschätzen konnten, wissen wir, dass die Intelligenz einer Hand voll Technokraten, so brillant und smart sie auch sein mögen, nicht länger für den realen Erfolg ausreicht.

Nur wenn wir die kombinierte Kraft der Hirne aller Mitarbeiter nutzen, können wir die Turbulenz und die Bedrohungen der heutigen Umwelt in den Griff bekommen.

Darum investieren unsere großen Unternehmen drei- bis viermal so viel in die Weiterbildung unserer Mitarbeiter wie ihr, denn nur so können sie einen intensiven Austausch und eine intensive Kommunikation bewältigen; darum wollen sie permanent jedermanns Vorschläge hören und von dem Weiterbildungssystem eine wachsende Zahl qualifizierter Absolventen und umfassend ausgebildeter Generalisten erhalten, weil diese Menschen das Lebensblut der Industrie sind.«

Was immer an dieser Sichtweise zutreffen mag, sie zeigt deutlich, dass das Eintreten für dialogisches Denken und Handeln keiner »Sozial-Apostelei« entspringt, sondern dass es um Effizienz und Produktivität, vielleicht sogar um unser wirtschaftliches Überleben geht.

Eine dialogische Einstellung grenzt mithin andere Sichtweisen ein, nicht aus; sie lebt vom offenen kommunikativen Austausch und fördert Beschlüsse auf breitem Konsens. Sie konzentriert dann alle Energien auf das Umsetzen – und muss sich nicht am Durchsetzen aufreiben. Dialogisch führen heißt daher auf der Verhaltensebene:

- Zum Gespräch einladen. Den anderen *besuchen;* bei ihm *zu Gast* sein. Und die richtigen Fragen stellen.
- Formal auf Gesprächssymmetrie achten.
- Reversibel kommunizieren: »Ich kann Ihnen sagen, was Sie mir auch sagen können.«
- Möglichst viele Sichtweisen einbeziehen.
- Auf breitem Konsens beschließen.

Wann aber können Sie sicher sein, dass es ein echter Dialog war? *Wenn Sie aus dem Gespräch anders herauskommen, als Sie hineingingen.* Das ist das Gütekriterium des Dialogs. Ein Dialog, aus dem Sie unverändert herauskommen, war keiner. Denn niemand hat alle Wahrheit für sich gepachtet.

Manche Bewerber sagen im Einstellungsinterview: »Ich habe gelernt Probleme allein zu lösen.« Wenn dialogisch geführt wird, werden sie umlernen müssen.

B. Demotivation vermeiden

Leistungsbereitschaft kann man nur behindern.

Menschen sind motiviert. Motivation kann man nicht steigern ohne immense Spät- und Nebenkosten für alle Beteiligten. Bringt der Mitarbeiter nicht die erwartete Leistung, dann hat ihn etwas demotiviert. Oder aber es mangelt an Leistungsfähigkeit bzw. an Leistungsmöglichkeit. Was aber tun, wenn die Reisebüros der »Bestechungs-Tours« bald keine attraktiven Ziele mehr offerieren können? Antwort: Umbuchen auf Gedankenflug! Und so gilt es zu unterscheiden, was ein fruchtbares Miteinander im Unternehmen zerstört und was einer lebendigen Entwicklung dient. 1989 ging in einem ganz anderen Zusammenhang der Satz Gorbatschows um die Welt: »Wer zu spät kommt, den bestraft das Leben.« *Die Motivierung kommt immer zu spät.* Ein Demotivierter ist nicht zu motivieren. Er ist nur noch tiefer in seine Unzufriedenheit hinabzudrücken. Lieber sollte man ihn ernst nehmen und sich um die Gründe seiner Demotivation kümmern. Ich möchte daher einladen zu einem Fokus-Wechsel: Von der Motivierung zur Demotivierung.

Zum Beispiel

Zuerst möchte ich mich Verkäufern zuwenden. Gute Verkäufer wollen selbstverständlich gutes Geld verdienen. Mehr noch ist Verkaufen für sie eine Herausforderung, innere Motivation. Meiner Erfahrung nach merkt man dem Verhalten wirklich guter Verkäufer an, dass sie überzeugt sind dem Kunden einen Dienst zu leisten, ihm etwas Gutes für sein Geld zu bieten. Falls diese Verkäufer in ihren Verkaufsleistungen nachlassen, wird in der Regel nach der »richtigen« Bemessung der Leistungsanreize gefragt: Mehr oder weniger Festgehalt? Individuelle Prämie oder Gruppenbonus? Diese Fragen zielen fast immer am eigentlichen Problem vorbei, nämlich an einer eingestandenen oder uneingestandenen Demotivierung der Verkäufer: Sie haben nichts Gutes zu verkaufen. Sie sind von der Qualität der Ware, die sie verkaufen sollen, nicht überzeugt. Im Grunde wollen sie nicht verkaufen. Aber selbst wenn die süße Bonus-Peitsche den Verkäufer veranlasst schlechte Ware in den Markt zu drücken: Der langfristige Erfolg dieses Verhaltens für das Unternehmen ist zumindest fraglich.

Für einen guten Verkäufer ist es ein Alptraum, wenn er etwas verkaufen soll, von dem er nicht überzeugt ist. Gerade in letzter Zeit sind die Skrupel und Widerstände z. B. gegen ökologisch problematische Produkte zu einem schwerwiegenden leistungsmindernden Faktor geworden.

Hier entsteht tatsächlich eine Motivations-Lücke. Wer glaubt sie mit Leistungsanreizen schließen zu können, die mit dem eigentlichen Problem nichts zu tun haben (und irrigerweise auf die Leistungs*bereitschaft* zielen), nimmt das Arbeitsethos dieser Menschen nicht ernst. Das hat Konsequenzen. Denn einen Demotivierten zu motivieren ist leidvoll. Fast unmöglich: Er wird versuchen die Leistungsbemessungsgrenze herunterzuhandeln, um ohne besonderen Aufwand seine Ziele zu erreichen. Und er wird sich auszahlen lassen, weil man ihn nicht ernst nimmt, sich für die Ursachen seiner Demotivation nicht wirklich interessiert. Er wird spüren, dass man ihn verführen will – und wird mitnehmen, was mitzunehmen ist. An der Lage der Dinge ändert sich dadurch nichts. Auf zur nächsten Runde!

Als weiteres Beispiel ist mir ein General Manager Logistic in Erinnerung, der die Motivation seiner Mitarbeiter innerhalb weniger Wochen in Grund und Boden fuhr. Die Mehrbelastungen, die durch die Vereinigung der beiden deutschen Staaten auf seine Mitarbeiter zukamen, ließ er durch Prämien kompensieren. Statt über Neueinstellungen zu verhandeln – und damit die Fürsorgepflicht gegenüber seinen Mitarbeitern wahrzunehmen –, wollte er vor der Geschäftsführung Pluspunkte sammeln und Kostenbewusstsein demonstrieren. In einer Konferenz hatte er sich festgelegt: »Das schaffen wir ohne Personalanbau!« Als die Stimmung unter den Mitarbeitern trotz der Prämien spürbar sank, sich die Krankmeldungen häuften, die Fehlerquote dramatische Formen annahm und ein allgemeines Klagen anhob, so mache es keinen Spaß mehr, handelte er: Er erhöhte die Prämien.

Eine vergleichbare Erfahrung: Der Außendienst-Wettbewerb eines bekannten Nahrungsmittelherstellers endete mit einem Desaster: Kein einziger ADM erreichte die für die Prämienränge geforderte Mindestpunktzahl. Bei den allgemeinen Aufräumarbeiten stellte sich heraus, dass die Kooperation zwischen Verkaufs-Außendienst und Verkaufs-Innendienst schon seit Monaten nicht funktionierte, der tägliche Kontakt für die Außendienstmannschaft ein unentwegt sprudelnder Quell der Demotivierung war. Wie konnte man glauben über diese Hindernisse hinwegmotivieren zu können?

Oder: Großunternehmen greifen verstärkt das Thema »Gesundheit« auf, einerseits, um der wachsenden Sensibilität für gesundheitliche Gefährdungen in der Mitarbeiterschaft entgegenzukommen, andererseits sicher auch, um dem Image des Unternehmens frisches Rouge aufzulegen. Im Kritikfeld Chemie hat beispielsweise die Bayer AG zusammen mit der Doppel-Olympiasiegerin Ulrike Meyfarth ein umfangreiches Gesundheitsprogramm installiert: Gesundheitsberatungszentrum, Präventionsprojekte, Stressvorbeugungsseminare, vielfältige Freizeitangebote im Sportbereich, Gymnastik am Arbeitsplatz. Dagegen ist sicher nichts einzuwenden. Hinter vorgehaltener Hand aber hört man, es wäre der Gesundheit der Mitarbeiter dienlicher, wenn das Unternehmen alle Arbeitssicherheitsbestimmungen einhielte. Und es wäre für das Selbstwertgefühl der meisten Mitarbeiter förderlicher, würde man weniger Schadstoffe in die Umwelt ausstoßen.

Sodann: Sammelt man im Seminar Themen, die den Führungskräften wirklich Tag für Tag auf den Nägeln brennen, so fehlt natürlich eine Frage nie: »Wie motiviere ich meine Leute?« Es wird aber niemals gefragt: »Was habe ich getan, um sie zu demotivieren?« Dabei wäre das eine Frage, der nachzugehen – wie wir noch sehen werden – sich wirklich lohnt. Aber das hieße ja auch Schwächen »einzugestehen«, sich mindestens aber ein »Fremdbild« als Spiegel vorhalten zu lassen. Völlig in unlösbare Widersprüche aber verstrickt sich (und dagegen sind die oben angeführten Beispiele geradezu Bagatellen), wer glaubt, gegen ein destruktives Chef-Mitarbeiter-Verhältnis anmotivieren zu können. Dann ist die Szene dem absurden Theater nicht unähnlich. Aber das absurde Theater will ja das »wirkliche Leben« abbilden ... Später dazu mehr.

Ich möchte daher die Aufmerksamkeit des Lesers auf die vielen de-motivierenden Faktoren lenken, die die Einsatzbereitschaft und den Ideenreichtum des Mitarbeiters *behindern.* Da ist viel zu tun – und zu lassen.

Motivationsgespräche? De-Motivationsgespräche!

Das Vorstehende hat andeuten wollen, dass das »Elend der Motivation« kein Aufruf ist, aller Führung zu entsagen. Denn wenn auch das »Motivierenkönnen« in seinem kontraproduktiven Folgenreichtum offenbar ist, so gilt gleichwohl: *»Man kann (sehr erfolgreich) de-motivieren!«*

Wenn Motivation das freie Fließen unserer eingeborenen Energie ist, dann ist Demotivation blockierte, träge Energie. Dann ist Führen das Fördern des Energieflusses im Unternehmen. Und das bedeutet vor allem das Aufspüren von Energieblockaden, von Demotivation. Wo immer Energie blockiert ist, müssen wir Wege finden, sie freizugeben. Wie? Beobachten und fragen. Beobachten, was im Unternehmen vorgeht, Muster und Strukturen identifizieren, Energie »abtasten«, Stimmungen erfühlen (denn Demotivation ist oft Gruppen-Demotivation), Gespür für Arbeitsunzufriedenheit entwickeln, Probleme und Konflikte ansprechen und aufdecken, nicht zudecken.

Und fragen. Dialog über das, was demotiviert, was vielleicht täglich runterzieht. (Ich habe noch keinen passenden Begriff dafür gefunden; derweil nenne ich sie »Demotivations-Gespräche«.) Meiner Erfahrung nach werden die Gründe für Demotivation eben nicht erfragt, sondern *unterstellt.* Wenn zum Beispiel der sales flash eines Mitarbeiters rückläufige Umsätze verkündet, so meinen insbesondere hierarchisch hoch gestellte Führungskräfte mit entsprechender Entfernung vom Marktgeschehen schnell des Übels Wurzel zu kennen: mangelnde Leistungsbereitschaft. Die Leistungsfähigkeit wird schon seltener befragt, fast nie die Leistungsmöglichkeit. »Druck machen« zielt immer auf die Leistungsbereitschaft. An der Qualität der Produkte kann es schon aus politischen Gründen nicht liegen. Auch der Preis kann doch – bitte schön! – letztlich kein Hindernis sein, weiß man seit jeher, dass der Preis-Einwand meist nur Vorwand ist und dass damit umzugehen ist. Nein, Fragen ist lästig, Fragen könnte ja auch Unangenehmes, kurzfristig Unabänderliches zutage fördern, zwänge gar zur Rücknahme der Erwartungen. Da bleibt man doch lieber bei der Projektion des eigenen Menschenbildes.

Über die demotivierenden Faktoren ist nicht sinnvoll zu spekulieren. Über sie erhält die Führungskraft nur Aufschluss im direkten, regelmäßigen Mitarbeitergespräch »face to face«. Nun sollen diese Gespräche ja allenthalben geführt werden – mindestens in den großen Unternehmen. Die Praxis sieht nach meiner Erfahrung oft erbärmlich aus, sowohl was die Häufigkeit als auch, vor allem, was die Art und Weise dieser Gespräche anbetrifft. Aber das ist hier nicht mein Thema.

Entlarvend jedoch ist die Bezeichnung: »Motivationsgespräche« heißen sie nicht gerade selten. Eher sind sie Aufklärungsmanöver, bei dem auf alle Büsche geklopft wird, um die richtige Motivierungsschraube beim Mitarbeiter herauszufinden. So empfehlen Humm/Gurlit: »Motivationsgesprächen sollten die Motivationsprofile zugrunde gelegt werden.« Man stelle sich das bildlich vor: Der Chef zückt vor jedem Gespräch die Mappe mit dem individuellen Motivationsrelief. Der völlig leer gepumpte, demotivierte Mitarbeiter holt sich vom Chef in regelmäßigen Abständen »neue Energie sofort zurück«, wird wieder »aufgebaut« und hält dann wieder eine Zeit lang durch – bis zum nächsten Nachtanken.

Ich schlage stattdessen Gespräche vor, die sich auf Demotivierendes konzentrieren. Durch sie kann es weit eher gelingen, jene energieraubenden Elemente zu identifizieren, die von dem umgreifenden Motivierungs-Aktionismus nur verschleiert werden. Die Frage der Führungskraft an den Mitarbeiter sollte sein: »Was demotiviert Sie? Was *behindert* Ihre Leistungsfreude?« Diese Frage ist grundsätzlich auf zwei Ebenen zu stellen:

- beziehungsbedingt
- arbeitsstrukturbedingt

Beide Ebenen überlappen sich in vielfältiger Weise, sodass sie mit guten Gründen nicht zu scheiden sind, liegen sie doch mittelbar oder unmittelbar in der Einflusssphäre der Führungskraft. Aus Gründen der Übersichtlichkeit habe ich gegliedert, nicht immer mit guten Gefühlen.

Bei verschiedenen Unternehmen führte ich im Rahmen von Maßnahmen zur Organisationsentwicklung Untersuchungen durch, die Demotivatoren bzw. Elemente der Arbeitsunzufriedenheit analysieren sollten. Die insgesamt 418 Stellungnahmen lassen sich zu einigen wenigen, voneinander abgrenzbaren Faktorenkomplexen verdichten. Diese Komplexe werde ich im Folgenden entfalten.

Beziehungskisten

> *Führen ist vor allem das Vermeiden von Demotivation.*

Chef und Mitarbeiter stehen vor der Grafik der Umsatzkurve, die zwischen ganzjährig linearem Verlauf eine steile Extrasystole im Sommer nach oben hat. »Das war der Monat, wo Sie Urlaub hatten, Herr Direktor ...!«

Die Szene ist altgedient. Sie fängt aber schlaglichtartig ein, was in seiner Tragweite für das Leben in unseren Organisationen, die Unternehmenspolitik und vor allem für die Managementausbildung noch immer nicht hinreichend erkannt wird: *Den größten demotivierenden Einfluß auf Mitarbeiter übt der direkte Vorgesetzte aus.* Kein anderer unternehmensrelevanter Faktor demotiviert stärker. Selbst andere Forschungen, die – z. B. nach dem Herzberg-Konzept – auch noch den positiv-»motivierenden« Einfluss des Vorgesetzten zu reklamieren versuchen, veranschlagen den demotivierenden Anteil etwa drei- bis viermal höher. In den von mir durchgeführten Untersuchungen wird der Faktor »Beziehung zum direkten Vorgesetzten« insgesamt für 56 Prozent aller Fälle von Demotivation verantwortlich gemacht. Der bekannte Witz enthält einen ironisch-bitteren Unterton: Im Unternehmen gibt es zwei Menschentypen – signierende und resignierende. Das Problem ist also zunächst nicht die unzureichende Motivation der Mitarbeiter, sondern das demotivierende Verhalten vieler Führungskräfte.

Die Beziehung zum direkten Vorgesetzten ist die Achillesferse der Job-Zufriedenheit. Das kann den Leser nicht mehr verwundern, wurde doch das »motivierende« Antreiberverhalten der Vorgesetzten als ein wesentlicher Impulsgeber für Demotivation identifiziert. Völlig schief wird das Bild allerdings (ich deutete es schon oben an), wenn man sich vor dem Hintergrund dieses Befragungsergebnisses die immer wiederkehrende Frage von Führungskräften vergegenwärtigt: »Was muss ich tun, um meine Leute zu motivieren?« Gerade hier zeigt sich: Die eingangs dieses Buches aufgegriffene Standardfrage ist völlig falsch gestellt.

Die Absurdität dieser Frage liegt so nahe, dass man sie kaum sieht. Anstatt – wie es doch eigentlich zu erwarten wäre – zunächst nachzudenken über mögliche Gründe für Demotivation, anstatt nachzufragen, warum Mitarbeiter innerlich gekündigt haben oder leistungsschwach sind, wollen diese Führungskräfte stattdessen sofort etwas »tun«. Sie forschen nach Wegen, wie dieser Mitarbeiter »zurückgeholt« werden kann. Sie wollen wissen, wie sie ihn wieder »motivieren« können (und diese Fragen kreisen nicht selten monoton um die Architektur der Bezahlungssysteme). Diese Führungskräfte gleichen dabei in ihrem Verhalten abgewiesenen Liebhabern, die darüber nachdenken, wie sie die begehrte Frau zurückerobern können, nicht, warum sie ging.

Mehr noch: Es geht vielen Führungskräften oft nicht wirklich um ihre Mitarbeiter, die ihnen doch vom Unternehmen anvertraut wurden. Es geht ihnen vor allem um *ihr* Image als Führungskraft, um *ihre* Führungsqualifikation, um *ihre* Souveränität in der Kontrolle der Mitarbeiter. Um Macht. Es ist, als fürchteten sie den Vorwurf, ihre Leute nicht »im Griff« zu haben, mehr als das innere Abtauchen eines vom Unternehmen bezahlten Angestellten.

Was bedeutet diese Haltung für den demotivierten, leistungsschwachen Mitarbeiter, jenen, den wir »Misserfolgsvermeider« genannt haben? Kein Zweifel: Diese Haltung wertet ihn ab. Sie belässt ihn demotiviert. Sie nimmt die Gründe seiner Unzufriedenheit nicht ernst. Diese liegen offenbar nur allzu oft bei der Führungskraft selbst. Die Frage muss also ganz offensichtlich lauten: »Was habe *ich* getan, um meine Leute zu demotivieren?«

Mitarbeiter: demotivierbar

Zum anderen ist es aber von Unternehmen geradezu fahrlässig, einen weiteren wichtigen Zusammenhang zu ignorieren: Unter der Perspektive der Motivierung ist jede Führungskraft als Motivator potentiell auch ein Demotivator. Wenn es Führungskräften gelingt, durch ihr Handeln oder durch die von ihnen inszenierten Anreize zusätzliche Leistung beim Mitarbeiter zu erzeugen, heißt das im Umkehrschluss, dass das Fehlen dieser Anreize oder sogar eine als negativ empfundene Einflussnahme demotivierend wirkt. Aus dieser Form der Abhängigkeit ergibt sich für das Unternehmen aber ein eminentes Steuerungsproblem: Wenn es *motivierbare* Mitarbeiter will, dann sind diese auch *demotivierbar*. – Diesen Zusammenhang zu ignorieren ist bei der grassierenden Führungsmisere von geradezu tragischer Komik.

Machen wir uns nichts vor: Nicht wenige Führungskräfte sind kommunikative Analphabeten, besinnungslos verbohrt darin, »Recht« zu haben, sich durchzusetzen, zu imponieren, andere zu manipulieren, Beifall zu heischen, für die Tribüne zu inszenieren. Rituelle Abgrenzungs- und Unterscheidungsakrobaten. Sich um die Demotivation ihrer Mitarbeiter zu kümmern ist da vergleichsweise unspektakulär. Was krieg ich schon dafür? Auf die Kostenstelle »Führungskraft« werden so tagtäglich Millionenbeträge eingezahlt: Auf ihr ist mehr Demotivation zu verbuchen als auf allen anderen unternehmensrelevanten Faktoren. Dies sicher vor allem deshalb, weil viele Mitarbeiter die Abhängigkeit vom Chef als geradezu existentiell erleben. In täglicher Nähe und Kontakthäufigkeit entstehen Situationen von hoher psychologischer Dichte: Wenn der Chef jemanden »auf dem Kieker« hat, kann das für den Betroffenen die Hölle auf Erden sein. Und wenn dann der Mitarbeiter sich »auszahlen« lässt, sich auf subtile oder auch auf völlig unverdeckte Weise an dem rächt, der ihn demotiviert, dann haben wir das zusammen, was »Psycho-Terror« oder »mobbing« genannt wird. Nicht gerade selten in unseren Unternehmen.

Werfen wir dazu einen kurzen Blick in die Kommunikationswissenschaft. Die sagt uns: Die Beziehungsebene von Kommunikation dominiert immer die Inhaltsebene. Wenn der »richtige Draht« zwischen Chef und Mitarbeiter fehlt, filtern die Beziehungsstörungen derart viele Kommunikationssignale in der täglichen Zusammenarbeit ab, dass diese Kommunikationsverluste die inhaltlichen Aussagen völlig zu deformieren vermögen: Gedacht ist nicht gesagt. Gesagt ist nicht gehört. Gehört ist nicht verstanden. Verstanden ist nicht einverstanden. Eine Führungskraft, die sich erregt: »Das habe ich Ihnen doch schon hundertmal gesagt«, muss davon ausgehen: Das hat der Mitarbeiter auch schon hundertmal nicht gehört. Ist die persönliche Beziehung zwischen Chef und Mitarbeiter gestört, kann man sicher sein, dass dieses »Team« kaum optimal arbeitet.

Wenn also gilt: *Führen ist vor allem das Vermeiden von Demoti-*

vation, dann ist eine Führungsaufgabe von höchster Priorität, die Beziehungsebene im Team zu klären. Im »Demotivations-Gespräch« (noch einmal: der Begriff ist mir nicht wichtig; er ist hier nur von gliedernder Bedeutung) kann nun all jenes besprochen werden, was die Motivation des Mitarbeiters täglich behindert. Das sind die vielen kleinen Verhaltensweisen, die vielen kleinen nonverbalen Gesten des Nicht-Beachtens, Überhörens und leisen Geringschätzens, die auf die Stimmung drücken. Unbewusst sind sie zumeist – der Führungskraft, nicht dem Mitarbeiter: er kennt und erleidet sie täglich. Einige dieser Chefs müssen geradezu Motivations-Killer sein: ausgestattet mit einer wahren Verfolgermentalität. Aber selbst wenn sie es gut mit anderen meinen: Sie sind häufig genug gegenüber den Konsequenzen ihrer Verhaltensweisen völlig blind – weil sie nicht *zuhören,* kein Feedback fordern, sich für ihren »blinden Fleck« nicht wirklich interessieren, ganz steif sind vom Abstandhalten, melancholisch verliebt in ihr Groß- und Hartsein-Selbstbild. (Wenn sie doch nur die Kraft, die sie zum Trennen und Distanzhalten brauchen, für das Verbinden und wohlwollende Verstehen einsetzten!)

Darüber hinaus führt die Grundbedingung der Motivierung zu ganz bestimmten Rollenzwängen für die Führungskraft. Sie, die fatalerweise für das Anstacheln der Leistungsbereitschaft, für die Motivierung ihrer Mitarbeiter Verantwortung übernommen hat, neigt zur Verspannung, deren Gegenteil nicht die Gelassenheit, sondern allzu oft die Auflösung, das unvermittelt-anklagende Unverständnis über die »Undankbarkeit« ihrer Mitarbeiter ist. Verbreitet ist eine gereizte Aufmerksamkeit, die vor allem die »Position« sichern will. Das ist die Position des Motivators, der die Szene dominiert, die Sache beherrscht, die Motivation seiner Mitarbeiter im Griff hat. Das ist die Statement-Ebene der »klaren Entscheidungen« durchsetzungsbewußter tough guys. In jeder Verspannung artikuliert sich Sicherungswille. Sie verweist auf mangelndes Vertrauen und Selbst-Vertrauen, angstvoll-sensible Grandiosität, bedeutet, aktiv oder passiv, Selbstschutz und Abwehr. *Verspannung fragt nicht.* Da wird sich lieber *ver*halten. Denn wer nicht hören will, lässt andere fühlen.

Interessanterweise wissen die meisten Führungskräfte das demotivierende Verhalten *ihrer* Chefs sehr genau zu benennen. Selten kommen sie auf den Gedanken, dass das für ihre Mitarbeiter genauso gilt. Wer sich zudem noch für einen Vorgesetzten hält, der nicht demotiviert, ist ohnehin im Unmöglichen zu Hause, und so fällt ihm eine weitere Unmöglichkeit nicht mehr besonders auf. Er ist genau der, der hier gemeint ist.

Im Grunde sind es immer dieselben Muster, wie Mitarbeiter das »Fertig-gemacht-Werden« durch Vorgesetzte erleben:

- Der Chef kann und weiß immer mehr als sein Mitarbeiter.
- Einsame Entscheidungen auf dem Feldherrnhügel.
- Der Chef spricht schlecht hinter dem Rücken des Mitarbeiters.
- Kritik ist überzogen, anmaßend, unsachlich, lautstark, auf persönliche Eigenschaften bezogen.
- Das dynamisch-lautstarke Dominanzverhalten, das dem Mitarbeiter ständig über den Mund fährt, ein Thema in Sekundenschnelle an sich zieht und beherrscht.
- Der Mitarbeiter wird übersehen, übergangen, wie Luft behandelt.
- Der Mitarbeiter bekommt unzureichende, einseitige, verspätete oder lediglich auf sein unmittelbares Arbeitsgebiet reduzierte Informationen.

Eigentlich nichts Neues also. Und doch fallen aus dem mir vorliegenden Material drei Aspekte besonders ins Gewicht.

Pedanterie

Zum einen: die *Pedanterie* des Chefs – zwanghafte Ordnungsliebe, Genauigkeitsfanatismus und Kleinkrämerei, die schon Wolfram Kowalewsky in seiner 1986er Untersuchung ganz oben an die Spitze des Negativ-Katalogs erhob. Pedanterie lähmt jede kreative und lebendige Zusammenarbeit. Sie zermürbt leise. Und sie wird in den Beschreibungen häufig mit einer vermuteten Angst des Vorgesetzten vor der höheren Sachkompetenz des ihm Unterstellten, vor der drängenden Vitalität des Jüngeren zusammengebunden.

Das klingt plausibel: »Hinter nichts verbirgt man sich so gut wie hinter Genauigkeit.« Hubert Fichte schrieb das. Der gespitzte Bleistift siegt über den Text. Die Beamtenseele macht die eigenen Ordnungsvorstellungen schlicht verbindlich für alle anderen – eben *weil* man Chef ist. Und man braucht sich der sachlichen Auseinandersetzung um das bessere Argument nicht zu stellen. Nun ist aber seit Freud bekannt, dass Ordnung immer »nach hinten« schaut: eine Art Wiederholungszwang, der sich irgendwann nicht mehr zu begründen braucht. Und der Wiederholungszwang ist ein Abkömmling des Todestriebes … – einer der sichersten Wege, aus engagierten Mitarbeitern passive Betriebsstatisten zu machen.

Um nicht falsch verstanden zu werden: Es geht nicht um das Einhalten von Spielregeln, sondern um das Ausschalten alternativer Möglichkeiten ohne Prüfung, ohne Nachdenken und ohne Ausnahme, um das reflexhafte »Kommt-überhaupt-nicht-in-Frage!«. Aber immer wenn es ums Prinzip geht, geht es in rationalen Organisationen ohnehin recht irrational zu.

Mangelnde Glaubwürdigkeit

Zum zweiten: *Mangelnde Glaubwürdigkeit.* Das Rollenbild des beängstigend erfolgreichen, ständig agilen Windkanal-Managers – keine Gefühle zeigen, keine Schwächen haben, geschweige denn »eingestehen« – kommt, scheint's, unter die Räder. Von vielen Mitarbeitern werden die hohle »Ihr-seid-die-Größten«-Rhetorik und das allzu Durchschaubare der Antreibertechniken als äußerst demotivierend empfunden. Nicht selten wird darauf verwiesen, dass Führungsgrundsätze, wendet man sie auf den eigenen Chef an, das Papier nicht wert seien, auf dem sie stünden. Immer wieder genannt: die verbale Aufgeschlossenheit bei weitgehender Verhaltensstarre. Die Wechselbad-Politik von »Zuckerbrot und Peitsche« zerstört die Glaubwürdigkeit per se.

Hier artikulieren sich ein geschärftes Bewusstsein und eine neue Kritik-Fähigkeit »von unten«, die Glaubwürdigkeit verlangen. Wie Seismographen registrieren Mitarbeiter »unechtes« Führungsverhalten. Ein Mitarbeiter schreibt: »Mein Chef versandte häufig und mit großem Verteiler Artikel aus bestimmten Zeitschriften, in denen viel Bedenkenswertes und Fortschrittliches zu lesen war. Ich las sie immer alle und hob mir die wichtigsten auf. Als ich ihn eines Tages während einer Diskussion auf einen jener Artikel ansprach, zu dessen Hauptaussage er sich meiner Ansicht nach im geraden Gegensatz verhielt, antwortete er mir freundlich: ›Mein lieber Herr …, das ist doch Papier. Sie und ich, wir wissen doch, das Leben sieht doch ganz anders aus.‹« Weit hilfreicher wäre es, sich für Glaubwürdigkeit, Integrität und Klarheit zu entscheiden, die eigenen Gefühle – auch die des Zweifels und der Ohnmacht – anzusprechen, dann werden Führungskräfte auch von ihren Mitarbeitern verstanden und brauchen nicht über das tägliche Chaos hinwegzumotivieren.

Zum dritten und wichtigsten aber: *Nicht-Zutrauen*. Dem soll ein eigenes Kapitel gewidmet sein.

Nicht-Zutrauen

> *Wenn Sie Mitarbeiter für unselbstständig halten, werden sie es sein.*

Wer motiviert, wertet ab. Er glaubt nicht an die Leistungsbereitschaft des anderen. – Wer sich selber diese Abwertung nicht vergegenwärtigt, nicht eingesteht, macht sie dadurch noch fatal wirkungsvoller. So verweigern sich Führungskräfte, die ihre Mitarbeiter glauben motivieren zu müssen, regelmäßig der Einsicht in die Wirkung, welche sie auf ihre Mitarbeiter ausüben. Sie, die Misstrauischen, die Abwertenden, die wenig Erwartenden, bewerten nur das Verhalten ihrer Mitarbeiter, sie benennen es und stufen es klassifizierend ein. Aber sie lassen keine Besinnung zu, dass *sie selbst* dieses Verhalten ausgelöst haben könnten.

Self-fulfilling Prophecy

J. Sterling Livingston beschrieb schon vor über 20 Jahren den »Pygmalion-Effekt« der Führung: Menschen neigen dazu, sich so zu verhalten, wie sie glauben, dass es von ihnen erwartet wird. Self-fulfilling prophecies: Vorhersagen, die ihre eigene Erfüllung verursachen. Die Erwartungshaltung von Vorgesetzten übt in der Tat einen mächtigen Einfluss auf die Entwicklung und Leistung der meisten Mitarbeiter aus. Allerdings – und das ist wichtig! – vermitteln Führungskräfte niedrige Erwartungen weit eindringlicher als hohe – wenn auch die meisten Manager glauben, das genaue Gegenteil sei der Fall. Livingston sagt bezeichnenderweise, rückblickend auf seinen 20 Jahre alten Aufsatz, dass er heute den negativen Pygmalions weit mehr Aufmerksamkeit schenken würde.

In den von mir durchgeführten Erhebungen bildet der Kriterienblock »Nicht-Zutrauen« die Spitze der Demotivierungs-Skala innerhalb der Chef-Mitarbeiter-Beziehung. Zusammengefasst sind darin Aspekte wie:

- geringe Leistungserwartung
- Missachtung fachlicher Kompetenz
- Nicht-Zutrauen eigenverantwortlicher Arbeit (Chef greift oft und gerne ein)
- Chef weiß und kann immer mehr
- übertriebene Kontrolle

Von der Kommunikationswissenschaft können wir lernen, wie sich der Demotivierungs-Kreislauf abspult. Es beginnt in der Regel mit dem Nichtakzeptieren der Art und Weise, wie sich ein Mitarbeiter verhält, wie er seinen Job macht, oder sogar wie er aussieht. Die Art, wie der Mitarbeiter ist, entspricht nicht dem Bild, wie er sein sollte. Wie der Chef ihn gern hätte. Er entspricht nicht den Erwartungen der Führungskraft an Leistung. Dieser Demotivierungszyklus beginnt also *immer* bei der Führungskraft selbst, auch wenn sie selten bereit ist das anzuerkennen.

Die niedrige Erwartung teilt sich über viele kommunikative Signale mit – verbale und nonverbale, z.T. unbewusst und unbeabsichtigt. Kleine Herabsetzungen nur, wenig Dramatisches: die Antwort auf eine Initiative des Mitarbeiters wird »vergessen«, sein Vorschlag wird »überhört«, das leicht verächtliche Achselzucken, milde-vielsagendes Lächeln, abweisend-beschäftigte Miene bei der Besprechung, die etwas zu knappe Anweisung, unwirsches Unterbrechen ... all dies erzeugt eine demotivierte Grundstimmung beim Mitarbeiter.

Über die uns allen innewohnende Tendenz zu sozialkonformem Verhalten beginnt der Mitarbeiter sich allmählich so zu verhalten, dass die Überzeugung geringer Leistungsfähigkeit mehr und mehr gerechtfertigt wird. Aber auch wenn der Mitarbeiter etwas von der Erwartung des Chefs Abweichendes tut, wird es von der Führungskraft häufig nicht bemerkt (selektive Wahrnehmung). Oder es wird uminterpretiert, um es in die negative Überzeugung einzubauen. Die Führungskraft sammelt Gründe und Belege für die Leistungsschwäche des Mitarbeiters – kein einziger davon bezieht sich auf die Führungskraft selbst.

Keine Erwartungen

Einige Beispiele aus dem mir vorliegenden Material:

- Eine Führungskraft kündigte bei einem bekannten deutschen Versicherungsunternehmen, weil sie fühlte, dass ihr über Jahre nur die leistungsschwächsten Mitarbeiter zugeteilt wurden. Die Leistung der Gruppe sank beständig. Mit der Kündigung konfrontiert, bekannte sich der Chef dieser Führungskraft erst nach langer Weigerung (immerhin!) dazu, dass er von seinem Mitarbeiter nur noch wenig erwartet hatte.
- Ein Mitarbeiter eines Pharma-Konzerns stellte über Jahre seine Bemühungen um hohe Leistungen ein, weil er glaubte, sein damaliger Chef räume ihm, da er nach einer Firmenübernahme habe mitübernommen werden müssen, keine wirkliche Chance ein. Dies habe sich geäußert durch Unaufmerksamkeit, geringe Zeit-Zuwendung, das Fehlen jedes persönlichen Wortes, wenig herausfordernde Aufgaben, fortwährende Eingriffe in den eigenen Kompetenzbereich sowie die wiederholte Formulierung: »Sie mögen Ihre Erfahrungen haben; ich habe hier die Verantwortung.«
- Eine Führungskraft erlebt die indifferente Haltung ihres Vorgesetzten als besonders demotivierend, der zwar mit Schulterklopfen und erwartungsvollen Appellen nicht geize, bei den Budgetzuteilungen jedoch regelmäßig andere bevorzuge.
- Eine Chemielaborantin schreibt, sie sei misstrauisch geworden, weil ihr Chef fortwährend versucht habe sie mit »Wenn-Sie-X-tun-dann-erhalten-Sie-Y«-Versprechungen anzuspornen. Das habe sich in einem Maße verstärkt, dass sie es als verdeckte Aufforderung zur Kündigung interpretiert habe.
- Livingston selbst beschreibt eine interessante Effizienz-Prüfung bei den Filialleitern einer amerikanischen Westküsten-Bank, denen man wegen hoher Ausfälle ihre Kompetenz zur Vergabe von Krediten eingeschränkt hatte. Um weiteren Kompetenzbeschneidungen vorzubeugen, bewilligten die Filialleiter zunächst nur noch »sichere« Kredite. Das führte zu Geschäftsverlusten an Konkurrenzinstitute. Zudem sanken die Einlagen und Gewinne in den Niederlassungen. Um diese Entwicklung umzukehren, gingen sie daraufhin dazu über, billige Kredite anzupreisen und geradezu aberwitzige Risiken einzugehen. Dies Verhalten entsprang weni-

ger mangelndem Urteilsvermögen als vielmehr ihrer Bereitschaft, weiterem Schaden an ihrem Selbstwertgefühl und an der Karriere zuvorzukommen. Self-fulfilling prophecy: Die niedrigen Erwartungen ihrer Vorgesetzten führten zu noch größeren Einbußen im Kreditgeschäft.

Die Erwartung niedriger Leistung ruft sie hervor. Wenn Führungskräfte ihre Mitarbeiter für leistungsschwach halten, werden sie es sein. Führungskräfte müssen sich daher stets ihres eigenen Erwartungsverhaltens und dessen Auswirkungen auf ihre Mitarbeiter klar bewusst sein – und sich selbst darüber Rechenschaft ablegen, am besten zusammen mit dem Mitarbeiter. Darüber sprechen, offenlegen und die Verantwortung für die eigenen Erwartungen übernehmen: das ist die einzige Möglichkeit, aus dem demotivierenden Teufelskreis auszubrechen.

Falls die gegenseitigen Erwartungen gar nicht übereinzubringen sind, ist es wohl besser, sich zu trennen. Denn die positive Wendung des Pygmalion-Effektes – »Jeder kann mehr leisten, wenn sein Chef es nur will« – funktioniert leider nicht in annähernd vergleichbarem Maße. Verantwortlich ist dafür v.a. eine psychologische Wahrnehmungs-Verschiebung bezüglich der Wirkung: Die meisten Menschen sind erheblich sensibler für jede Form der Geringschätzung und der Abwertung als für Aufwertung. Eine kleine abwertende Bemerkung, eine kleine abfällige Handbewegung prägen sich uns nachdrücklicher und länger ein, als es Anerkennung je könnte. Abwertung kennt kein Verfallsdatum.

Sicher, schon manche sind in das Kleid hineingewachsen, das andere ihnen schneiderten, und immer wieder weiß die (v.a. amerikanische) Managementliteratur von jenen Manager-Heroen zu berichten, die schon durch ihre bare Anwesenheit (wie es so schön heißt) »nicht für möglich gehaltene Leistungsreserven« bei ihren Mitarbeitern mobilisieren. Ich glaube davon kein Wort. Ich denke vielmehr, dass sich in diesen Storys sehr rationales wirtschaftliches Handeln (zum Beispiel das Beseitigen von demotivierenden Hemmnissen) zur sehr amerikanischen Great-man-Ideologie individualisiert und glorifiziert. Nicht jeder Chef ist ein Iacocca. Und an Vorbildlichem für die normale Führungskraft in irgendeinem Büro eines x-beliebigen deutschen Unternehmens kann ich da wenig erblicken. Die Macht positiven Denkens, so hilfreich diese Konzepte in anderen Zusammenhängen auch sein mögen, hier scheint sie mir auf ein »Betrunken-Reden« hinauszulaufen. Glaubt man dieser Denkrichtung, dann müsste die Führungskraft ja in der bekannten trick-technischen Weise nur eine positive Erwartungshaltung gegenüber ihrem Mitarbeiter möglichst glaubwürdig aus dem Hut zaubern, und schon sprengt dieser alle Ketten, die bislang seine Leistungsexplosion behinderten. Aber woher diese positive Grundhaltung nehmen? Wo doch – als psychologischer Zirkel – die Erwartungshaltung von Managern überwiegend auf das zurückzuführen ist, was sie von sich selbst denken, von ihrer Fähigkeit zur Personalauswahl, Mitarbeiter zu fordern und zu fördern. Die Erwartungshaltung ist abhängig von ihrem Selbstrespekt. »Es setzt Größe voraus, Vertrauen in die Wege der Mitarbeiter zu setzen«, sagt Karl Ludwig Schweisfurth, Metzger, Kaufmann (Herta-Gruppe) und Stiftungsinitiator.

Was Manager von sich selbst halten, beeinflusst auf subtile Weise die Erwartungen an ihre Mitarbeiter. »Studiere die Menschen, nicht um sie zu überlisten und auszubeuten, sondern um das Gute in ihnen aufzuwecken und in Bewegung zu setzen«, schrieb weiland Gottfried Keller. Das klingt sympathisch. Aber: Was ist das Gute? Doch wohl das, was der Beurteiler, der Chef dafür hält. Wieder self-fulfilling prophecy. Aber das ist ein ganzes Selbsterfahrungsprogramm.

Zudem müsste sich die Führungskraft fortwährend mit der Aufgabe beschäftigen, dem Esel die Rübe noch gerade innerhalb seiner Reichweite hinzuhalten, denn jenseits der 50 Prozent Erfolgswahrscheinlichkeit, also bei überzogen hoch gesteckten Erwartungen, ist es wieder nichts mit der Motivation des Mitarbeiters. So sagt uns die Psychologie seit etlichen Jahren. Nein, es erscheint mir für den Führungsalltag jeder »normalen« Führungskraft erheblich praxisnäher (wenn auch weniger spektakulär), sich auf das Demotivierende geringer Leistungserwartung zu konzentrieren, sich Rechenschaft darüber abzulegen, von welchem Mitarbeiter man nichts oder kaum mehr was erwartet, wohl wissend, dass dieser das spürt und sich entsprechend einrichtet. Und: Mit dem Mitarbeiter darüber sprechen.

Der einflussreichste Chef

Dennoch (»Wo bleibt das Positive?«): In einem Fall halte ich die uneingeschränkt optimistische Grundhaltung für die notwendige – noch nicht hinreichende! – Voraussetzung für hohe Leistung: Wenn das Unternehmen junge Nachwuchskräfte einstellt. Denn wahrscheinlich nimmt kein Chef auf einen jungen Menschen so viel Einfluss wie sein erster Vorgesetzter; er vermag dessen ganze künftige Laufbahn zu prägen. Wo Führungskräfte sich als unfähig oder unwillig erweisen mit einer optimistischen Prognose den neuen Mitarbeitern entgegenzutreten und sie nach Kräften zu fördern, werden diese sich niedrigere persönliche Leistungsstandards setzen, als es ihrem Potential entspricht. Ihr Selbstbild wird beschädigt. Denn: »Unser individuelles Potential ist ein direkter Abkömmling unserer Selbstachtung. Das heißt, wir haben ein gutes Gefühl in Bezug auf uns selbst. Wenn wir eine höhere Achtung von uns entwickeln, fangen wir auch an mehr von uns selbst zu erwarten …«, sagt Irwin Federman, Präsident des amerikanischen High-Tech-Unternehmens Monolithic Memories.

Wenn also die ersten Vorgesetzten ihren neuen Mitarbeitern mit hohen und positiven Erwartungen begegnen, so legen sie – der Möglichkeit nach – den Grundstein für hohe Leistung, hohes Potential und erfolgreiche Karrieren. Vor dem Hintergrund dieser großen Verantwortung der einflußreichen, der ersten Chefs liegt es auf der Hand, dass die ersten Vorgesetzten der neuen Mitarbeiter die besten der gesamten Organisation sein sollten! (Und »die Besten« sind in diesem Zusammenhang jene, die ihre Erwartungen klar formulieren und mit ihren Mitarbeitern abgleichen.)

Blenden wir zudem noch einmal zurück zum Ausgangspunkt unserer Überlegungen und werden uns des immensen Demotivierungspotentials bewusst, das gerade vom direkten Vorgesetzten ausgehen kann, dann wird vielleicht die Frage plausibel: Warum nicht Führungskräfte auf Zeit bestellen? Auch mit noch so ausgefeilten personaldiagnostischen Methoden kann niemand im voraus beurteilen, ob jemand seine Führungs-Aufgaben bewältigt. Eine Fehlbesetzung kann sich aber in ihrem Folgenreichtum für das Unternehmen langfristig fatal auswirken. Das Elend der Motivierung zieht Kreise. Denn viele von der Motivierungsmechanik in Führungsaufgaben hineingelockte Angestellte erweisen sich in ihrer demotivierenden Wirkung als lebenslange Stinkbomben. Die verdeckten und mittelbaren Kosten eines Missgriffs auf der Führungsebene sind – unübersehbar.

Daraus folgt dreierlei:

1. Die Auswahl von Führungskräften ist eine der wichtigsten – vielleicht *die* wichtigste Managemententscheidung überhaupt.
2. Diese Entscheidung muss regelmäßig und grundsätzlich überprüft werden.
3. Diese Entscheidung muss ohne große Probleme zu revidieren sein.

Das *gibt* Probleme. Welche Überprüfungskriterien? Welche Überprüfungsmethoden? Was macht man mit jenen, die »durchfallen«? Die Schwierigkeiten bei Rotationssystemen sind ja bekannt. Aber die Selbstselektion der Bewerber würde zweifellos verbessert, die innere Verpflichtung an die qualitativ-inhaltlichen Dimensionen von Führung ernster genommen. Weil es um Leistung geht, ist es eine offene Frage, ob wir uns die bisherige Praxis, die nur selten einige völlig untaugliche Manager von der Personalverantwortung entbindet und an die Peripherie des Unternehmens auf gut bezahlte Frühstücksdirektorenposten »verbannt«, so wirklich leisten können.

Es ist alles letztlich eine Frage der Unternehmenskultur, die Wählbarkeit und damit auch Ab-Wählbarkeit zu kulturtragenden Elementen und damit zur Normalität erklärt. Die nicht stigmatisiert, wenn sich jemand zur Führungskraft nicht eignet. Und die viele Karriereanker gleichberechtigt anbietet. Und es geht um die Einsicht in die Wirkung fehlleitender Motivierung, die Führungsaufgaben pauschal mit hoher Attraktivität ausstattet. Die innerhalb kaum reversibler Entscheidungen, starrer Strukturen und Ordnungsmuster allenfalls so etwas wie eine »Reparaturintelligenz« entstehen lässt, aber die Augen verschließt für die Quelle der Verhältnisse: das Belohnungssystem, das nicht jenen zur Führungskraft macht, der, Energiefluss fördernd und zulassend, auf sein Team wirkt, sondern jenen, der die höchsten Zuwachsraten, das entschiedenste Auftreten, ellenbogenbewusste Durchsetzungsfähigkeit vorweist. Diese Praxis scheint mir angesichts des hohen Demotivierungspotentials von Führungskräften nicht haltbar.

Das Problem ist also zunächst nicht die unzureichende Motivation der Mitarbeiter, sondern das demotivierende Verhalten vieler Führungskräfte. Horst Rückle verglich in diesem Zusammenhang Führungskräfte mit Omnibusfahrern: »Fahren sie schlecht, steigen die Mitarbeiter aus.« Ob sie nun innerlich kündigen oder das Unternehmen verlassen – beides ist teuer. Für beide Seiten.

Lassen statt Machen

Die motivierungs-übliche Fragestellung ist also in diesem Zusammenhang umzukehren: Nicht mehr: »Was soll ich (motivierend und zusätzlich) tun?«, sondern: »Was soll ich lassen?« Wenn Führungskräfte in ihren Beziehungen zu ihren Mitarbeitern einen Mangel an Lebendigkeit, Loyalität und Offenheit spüren, schreibt ihnen ihr Rollenverständnis in der Regel ein »Machen« vor. Früher oder später kommen wir um die Einsicht nicht herum, dass unsere bisherige Hyperaktivität, das ständige Bewerkstelligen, Intervenieren und Manipulieren, ohnehin nur eine skurrile Spielart der Duldungsstarre ist, mit der wir die innere Kündigung vieler Mitarbeiter über uns hereinbrechen *machen.* Ich schlage vor nicht *mehr* zu tun, sondern *weniger.* Die Führungskraft sollte aufhören, jene Dinge zu tun, die die Motivation ihrer Mitarbeiter behindern und die das Wachsen natürlicher Beziehungen in ihrem Geschäftsleben verhindern. Und das ist in erster Linie: Motivieren.

Der wichtigste Teil der Medizin besteht also in der Nichtanwendung der Mittel, der andere Teil in der Forschung nach Mitteln, die mehr helfen als schaden. Lassen bedeutet nicht nur das Fallen-Lassen einer bestimmten Sichtweise (nämlich der, verantwortlich zu sein für die Leistungsbereitschaft der Mitarbeiter), sondern auch das Aufgeben des praktischen Verhaltens, das dieser Sicht entspricht. So bedeutet »Lassen« auch das Aufgeben einer Einstellung, dass alles von der Führungskraft ausgehende Geschehen ein »Machen« voraussetzen oder darstellen müsste.

Viele Führungskräfte sind geradezu von Vorstellungen besessen, wie Mitarbeiter »eigentlich« sein sollten. Dass sie dabei ihre eigenen Maßstäbe unter der Hand für alle anderen für verbindlich erklären (mit welchem Recht? Mit dem, Chef zu sein?), kommt ihnen dabei kaum in den Sinn. Lassen aber bedeutet: Zulassen der Persönlichkeit des Mitarbeiters, wie sie ist, und es bedeutet unterlassen, was ihn demotivieren könnte. Menschen kann man nur so annehmen, wie sie sind, nicht wie man sie haben möchte. (Was aber keineswegs heißt nicht Leistungen zu vereinbaren und zu kontrollieren.)

So wie gutes Innovationsmanagement (ganz im Gegensatz zur wilden Kreativitätshektik der Anfangsphase) heute mit der Frage beginnt, was man schlicht und einfach lassen sollte, so kann auch hier die Führung zunächst in einem systematischen Aufgeben bestehen.

Wer das begriffen hat, handelt viel solider als diejenigen, die sich immer mehr auf die Schaufel laden und dann überheben. Letzteres macht überheblich.

Lassen statt tun – das ist eine ungewöhnliche Perspektive für Manager, die doch für ihr Tun, nicht für ihr Lassen bezahlt werden. Und so wurde ich denn auf einem Management-Symposium der Firma Mobil mit dem Argument konfrontiert: »Wenn unsere Führungskräfte mehr ›lassen‹ würden, wären wir bald ver-lassen.« Einverstanden. Aber alle Stärke kann zur Schwäche werden, genau wie umgekehrt alle Schwäche zur Stärke. »Vernunft wird Unsinn, Wohltat Plage«, wusste schon Goethe um die Mehrdeutigkeit des konsequent-linearen Denkens. Mir geht es darum, dass Führungskräfte in ihrer Beziehung zu ihren Mitarbeitern demotivierendes Verhalten unter-lassen und Funktionslust, Neugieraktivität und Selbstforderung *zu-lassen.* Zum Letzteren im nächsten Kapitel.

Unterfordern der Leistungsfähigkeit

> *Auf die Dauer hat jeder Chef die Mitarbeiter, die er verdient.*

Reisen, Preise, Prämien sollen Konsumenten zur Beschäftigung mit Nachrichten und Mitarbeiter zu besonderen Leistungen »motivieren«. Das ist die gewohnte Betrachtungsweise. Ein in diesem Zusammenhang interessantes Ergebnis förderte Bernd H. Feddersen schon 1966 mit der Frage zutage: »Was veranlasst die Teilnehmer sich an Preisausschreiben zu beteiligen?« Die Antwort, die 1988 von Gerd Stottmeister noch einmal bestätigt wurde: Die Art der Aufgabe ist signifikant wichtiger als die Art der Gewinne. Von den Konsumenten muss sie erkennbar Leistung *abfordern*.

Eine Marketing-Arabeske? Für unser Thema mehr als nur ein Hinweis: ein Auftakt für Grundsätzliches.

Fehlende Beweg-Gründe

Wir wissen heute, dass das genetische Programm des Menschen nach wie vor ein Aktionspotential umfaßt, das einem aktiven und anstrengenden Leben als Jäger und Sammler in einer natürlichen Umwelt angepasst ist. Ein paar tausend Jahre Zivilisation sind stammesgeschichtlich bedeutungslos. Wenn es aber keine »Beweg-Gründe« gibt, die uns fordern, haben wir auch nicht die Möglichkeit, unsere Problemlösungsfähigkeit, unsere Kreativität kennen zu lernen.

Den meisten Menschen aber fällt es außerordentlich schwer, Langeweile auszuhalten. Sie müssen dann Probleme erfinden, um sie zu überwinden und auf diese Weise ihre Fähigkeiten erleben zu können. Wir können sicher sein, dass Leute genau das tun. Gewöhnlich beschwören sie irgendein Drama in ihrem Leben herauf: Sie brechen einen Streit vom Zaun, intrigieren, sabotieren oder (und das ist der häufigste Fall) investieren ihre Energien ins Lamentieren. Sie wissen in der Regel, dass es nichts an der Situation ändert – aber es ist wenigstens nicht mehr langweilig.

Dies mag zunächst verwundern und ist doch in unseren Unternehmen als Revierverhalten, Rivalenkämpfe, Rangordnungshickhack, Jammerzirkel, als zunehmende Aggression auf unseren Straßen, »Schlachten« in und vor Fußballstadien, aggressive Langeweile unter Jugendlichen nachzuspüren. Verwöhnung und Verführung ziehen also nicht nur immer höhere Ansprüche und Reize nach sich, sondern auch einen Aktionsstau und eine Steigerung des Aggressionspotentials. Viel von dem, was in unseren Unternehmen heute unter »innerer Kündigung« eingeordnet wird, ist auf Verwöhnung und Unterforderung zurückzuführen. Und nicht auf »heavy work load« und Überforderung. Was fehlt, ist nur allzu oft: Heraus-Forderung.

- Bei einer groß angelegten Untersuchung amerikanischer Arbeitnehmer durch Public Agenda Forum erklärte die überwältigende Mehrheit von 75 Prozent, dass sie weitaus mehr leisten könnte, als dies gegenwärtig der Fall sei.
- Eine Befragung der Management-Akademie München ergab: 58 Prozent der Manager und 63 Prozent der Meister wollen in ihrer Position mehr als bisher unabhängig denken und handeln; fühlen sich also in ihrer Denkkapazität unausgelastet.
- Die Zahl der Führungskräfte, die als Grund für den Unternehmenswechsel »Unterforderung« angibt, liegt nach einer amerikanischen Studie bei immerhin 17 Prozent. Diese Talentverschwendung ist eine teure Angelegenheit – in Zeiten, in denen der demographische Wandel die Jagd auf hoch qualifizierte junge Menschen z. T. dramatische Formen annehmen lässt.
- Stroebe/Stroebe zitieren eine Studie, nach der der Nutzungsgrad des Fähigkeitspotentials in der amerikanischen Wirtschaft auf 30 bis 40 Prozent geschätzt wird. So gibt es z. B. – um nur eine Gruppe zu nennen – in unseren Organisationen eine hohe Zahl oft sehr fähiger Frauen, die unter Wert eingesetzt sind. Viele von ihnen sind in Sekretariaten, regelrechten Entwicklungs-Sackgassen, im wahrsten Sinn des Wortes »beschäftigt«. Wolff/Göschel beziehen sich auf eine Befragung, in der 35 Prozent der befragten Frauen sich bei ihrer Arbeit unterfordert fühlten.

Der Anteil der Unterforderung mag von Unternehmen zu Unternehmen, von Verwaltung zu Verwaltung verschieden hoch ausfallen, je nachdem, ob man jungen Menschen schon frühzeitig ganzheitlich Aufgaben, Befugnisse und vor allem auch Verantwortung überträgt. Die Klage in meinen Seminaren zu dieser Frage jedoch ist allgegenwärtig.

»Fähigkeit bringt das Bedürfnis mit sich, diese Fähigkeit auch zu gebrauchen«, sagt Szent-Györgyi, Biochemiker und Nobelpreisträger. Entsprechend demotivierend ist das Gefühl, unterfordert zu sein. Unterforderung führt dabei zu ähnlichen körperlichen und seelischen Störungen wie Überforderung. Einfache Arbeit auf niedrigem Anforderungsniveau führt zu Monotonie; diese produziert Langeweile und Arbeitsunzufriedenheit; dies hat wieder hohe Fehlzeiten, Fluktuation sowie qualitativen und quantitativen Outputrückgang zur Konsequenz. Und das Abfordern des Fähigkeitspotentials ist verhaltensökologisch außerordentlich wichtig, weil sonst die Energie ins Jammern fließt.

Personal-Entwicklung

Was wir also brauchen, ist ein notwendiger Switch in der inneren Einstellung der Führungskräfte: nicht die »Ausnutzung«, das »Antreiben« unselbstständiger Schlafmützen, sondern die »Ermächtigung«, das Herausfordern kreativer Akteure. Ein Überschreiten des augenblicklich Gegebenen als ein Ausschöpfen und Erweitern individueller Potentiale. Ein Prozess gegenseitiger Weiterentwicklung, von Geführten und Führenden. Damit fordert Führung die Geführten in ihrer *ganzen* Persönlichkeit – zunächst in und für ihren Aufgabenbereich, wie er z. B. in der Stellenbeschreibung festgelegt ist. Sie aktiviert nicht bloß. Sie »ent-wickelt« Menschen. Sie realisiert Personal-»Entwicklung«, und das ist Persönlichkeits-Entwicklung im tatsächlichen Sinn. Sie schafft Rahmenbedingungen, die verborgene Fähigkeiten »ent-decken«. Sie ermöglicht die Freude der Bewährung. Sie setzt Talent und *subjektiven Überhang* frei, den jedes Individuum in das Unternehmen mitbringt und der so selten abgefordert wird.

»Lassen Sie sich nicht entmutigen, wenn es nicht so einfach geht, wie Sie es sich vorgestellt haben«, so Alfred Herrhausens Botschaft an einen Zuhörerkreis von Lehrlingen, »aber Aktivität und Entwicklung Ihrer eigenen Persönlichkeit führen zum Erfolg.« Mancher Manager wird dabei entdecken, wie gut er fährt, konzentriert er sich darauf, die Kompetenz seiner Mitarbeiter im abgestimmten Kontakt herauszufordern und zu fördern. Dazu gehört auch, eine falsch verstandene Fürsorgepflicht als Folge überzogener Hierarchiedisziplin abzubauen. So wird z. B. oft Kritik an der Arbeit eines Mitarbeiters nach dem Wasserfall-Prinzip abwärts auf dessen Vorgesetzten abgeladen, der dann diese Kritik (mit den bekannten Kommunikationsverlusten) weitertragen muss. Der Mitarbeiter wird »geschont«, führt ein wenig verantwortliches Leben im Windschatten, kann seinen Misserfolg nicht an der richtigen Stelle vertreten. Die Verantwortung wird ihm aus den Händen genommen. Verwöhnen statt fordern. Je nach Reifegrad des Mitarbeiters wäre es doch wohl »fordernder«, wenn der Chef den Kritiker direkt an den Mitarbeiter verwiese: eine Wachstumschance. Das Argument, dass an dem Vorgesetzten »vorbei« zu kommunizieren die Position des unmittelbar Vorgesetzten aushöhle, ist bei Licht besehen keins. Zum einen kann der Chef mit seinen Mitarbeitern über die Vor- und Nachteile kurzer Kommunikationswege sprechen, insofern Bewusstsein schaffen. Zum anderen kann (und sollte) der unmittelbar Vorgesetzte über den direkten Zugriff informiert sein. Zum dritten aber werden die immer flacheren Hierarchiepyramiden kaum mehr eine andere Kommunikationsform als die direkte zulassen.

Druck des Marktes

Verfolgen wir kurz die Frage: Warum wechseln Mitarbeiter das Unternehmen? Walter Jochmanns Bochumer Dissertation macht dafür eindeutig den fehlenden Zugang zu herausfordernden Projekten, Ausbildung und Förderung dingfest. Insbesondere höher qualifizierte Manager wollen sich nicht über mehrere Jahre hinweg mit dem gleichen Aufgabenfeld zufrieden geben. Unternehmen, die ihre Führungskräfte halten wollen, müssen demnach die Herausforderungen an Verantwortung und Leistungsfähigkeit der Umworbenen systematisch erweitern.

Und dass sie umworben sind, wissen sie. Die Unternehmen – es hat sich wohl langsam herumgesprochen – werden zunehmend vor einem – qualitativen, nicht quantitativen Mangel an Führungskräften stehen. Verstärkte Image-Darstellung, Personalmarketing und die interne Heranbildung von Nachwuchskräften werden gefordert sein. Zudem müssen die Unternehmen die hohen Folgekosten für Anwerbung und Einarbeitung von Nachfolgern zu vermeiden suchen. Insofern ist es für Unternehmen auch wichtig, ihre qualifizierten Führungskräfte möglichst langfristig an sich zu binden.

Die Chance, neue Fähigkeiten zu erwerben oder solche in neuen Bereichen zu erproben, scheint dafür von herausgehobener Bedeutung. Einige bekannte Unternehmen, wie beispielsweise Unilever, Coca-Cola oder Procter & Gamble, waren zwar immer schon in der Lage, Spitzentalente anzuziehen – selbst wenn ihnen keine Aufstiegschancen versprochen werden konnten. Gerade junge Bewerber sahen in diesen Unternehmen gute Übungsfelder und wertvolle Karriere-Bausteine. Mehr denn je wird es darauf ankommen, diese Leute auch zu halten. Wechselnde, steigende Herausforderungen in einer »lernenden Organisation« – so könnte es gelingen.

Doch nicht nur aus Gründen des Personalmarketings: Je breiter ausgebildet die Menschen, desto breiter einsatzfähig sind sie, desto anpassungsfähiger ist das Unternehmen in Zeiten allgemeiner Turbulenzen. Anpassungsfähigkeit ist Überlebensfähigkeit. Nach der Maxime »structure follows strategy« ist eine hoch anpassungsfähige Organisation so konstruiert, dass sie mit vielseitigen Mitarbeitern ihre Struktur permanent beweglich halten kann, vorübergehend, experimentell, innovativ, risikoreich.

Das Entwickeln individueller Potentiale von Mitarbeitern ist mithin eine Führungsaufgabe von höchster Priorität. Die Führungskraft beurteilt Leistung, Potential und damit die Entwicklungsmöglichkeiten des Mitarbeiters. Zusammen mit dem Mitarbeiter ermittelt sie den Entwicklungsbedarf, initiiert Entwicklungsmaßnahmen und verantwortet den Lernprozess. Damit spielt die Führungskraft eine Schlüsselrolle im Prozess der Personalentwicklung.

Personalentwicklung – das meint nicht nur Training, Coaching und Job-Rotation. Die Leitung oder Teilnahme an Projektgruppen fördert Koordinations- und Kooperationsfähigkeit sowie die Kreativitäts-Entfaltung. Sonderaufgaben fördern die Problemlösungs-Fähigkeit, Komplexitäts-Beherrschung sowie das Einarbeiten in übergreifende Zusammenhänge. Auslands-Assignments fördern die Flexibilität und die fremdsprachliche Kommunikationskompetenz.

Für manchen mag eine Hospitation in der Personalabteilung, ja sogar eine Aufgabe als »Trainer auf Zeit« hilfreich sein. Das fördert die kommunikative und soziale Intelligenz und bringt die methodische und didaktische Aufbereitung von Lerninhalten nahe.

Das alles ist gleichbedeutend mit einer Erhöhung und Erweiterung der Leistungs*fähigkeit* des Mitarbeiters. Es wird wohl ein ungehörter Vorschlag bleiben, »jemanden zu motivieren« aus dem allgemeinen Wortschatz zu streichen. Wenn damit gemeint ist Mitarbeitern die Aktualisierung und Entfaltung ihrer Talente zu ermöglichen, soll es mir recht sein. Anstatt also an der Leistungsbereitschaft der Mitarbeiter herumzudrehen, biete ich an, sich auf die Leistungsfähigkeit zu konzentrieren.

Mitverantwortung des Mitarbeiters

Ein sicherer Arbeitsplatz, eine Arbeit, die man sicher beherrscht: Managerherz, was begehrst du mehr? Das ist vielleicht nicht so schrecklich aufregend. Aber wenn der Job zu fade wird, kann man sich an dem wohlmöblierten Sicherheitscontainer schadlos halten, den man sich ja – Gott sei Dank! – leisten kann. – ??

Ein Mitarbeiter, der seinen Berufsweg auch als Lebensweg, als Weg persönlichen Wachstums sieht, wird sich nicht immer die Führungskraft suchen, die »bequem« ist und ihm ermöglicht als der Alte zu »überstehen«. Er sucht vielmehr die, die ihm hilft ein Risiko zu wagen, die ihn herausfordert und die ihn sogar der Möglichkeit des Scheiterns aussetzt. Das ist die Würde des Kühnen. Es geht darum, von dem falschen Verlangen nach spannungsloser Harmonie und glatter Oberfläche zu lassen. Es geht in diesem Leben niemals um Bequemlichkeit, sondern um Lebendigkeit. Es geht um den Mut zum Leben. Es geht um Risiko. Persönliches Wachstum findet nur statt, wenn man die selbst gesetzten engen Sicherheitsgrenzen überschreitet und den Misserfolg (als notwendige Voraussetzung für den Erfolg) riskiert.

Arbeiten – als »Leben« begriffen – bedeutet ein dauerndes Erkennen, Zurücknehmen und Einschmelzen von eingefahrenen Gleisen, Sicherheitshaltungen und Schablonen, mit denen wir uns um die Lebendigkeit unseres Lebens betrügen. Aus meiner Sicht ist also der Mitarbeiter für seine Leistungs*fähigkeit* mitverantwortlich. Er ist gut beraten, wenn er sich nach herausfordernden Aufgaben drängt, wenn er eigeninitiativ Entwicklungsmaßnahmen anregt.

Wer darauf wartet, von seiner Führungskraft »entwickelt« zu werden, kann unter Umständen sehr lange warten. Denn viele Führungskräfte huldigen nach wie vor einem völlig unzeitgemäßen Selbstbild, nach dem sie selbst alles noch ein bisschen besser können müssen als ihre Mitarbeiter. Sie leben ein anstrengendes Leben. Ein Leben als »Chefkoch«: Hier kocht der Chef selbst! Eines, das im Drama enden muss: Denn die zunehmende Komplexität der Sachgebiete, das wachsende Bildungsniveau ihrer Mitarbeiter, funktions- und unternehmensübergreifende Teams (task-forces) machen ihnen das Recht streitig, die Arbeit ihrer sogenannten Untergebenen »anzuordnen« oder überhaupt nachzuvollziehen.

Es stimmt schon: Auf die Dauer hat jeder Chef die Mitarbeiter, die er verdient. Aber noch immer ernte ich mit der (zugegebenermaßen provokanten) These »Ein guter Manager macht sich überflüssig!« zunächst Protest und Unverständnis. Was ich meine, ist: Er erzielt seine größtmögliche Wirkung nicht über das eigene Wissen, sondern über die Fähig- und Fertigkeiten anderer. Er ermächtigt, fordert und fördert seine Leute, wo immer es geht. Er bedenkt bei allen Entscheidungen auch die Nebenwirkungen auf die Entwicklungsmöglichkeiten seiner Mitarbeiter. Er sorgt dafür, dass er möglichst schnell Stellvertreter, mögliche Nachfolger heranbildet, sodass das Unternehmen nicht fürchten muss, sein Funktionsbereich taumele bei längerer Abwesenheit wegen Urlaub, Krankheit oder gar Schlimmerem ins Chaos.

Völlig unverständlich ist mir zum Beispiel, wenn Führungskräfte bei Klausurtagungen dauernd telefonisch erreichbar sein müssen: Solche Führungskräfte leiden am Unentbehrlichkeits-Syndrom. Sie haben ihren Arbeitsbereich nicht organisiert, letztlich einen wichtigen Teil ihres Jobs vernachlässigt. Mehr noch: Sie sind eine Gefahr für das Unternehmen.

Alle Personalentwickler suchen händeringend Führungskräfte, von denen man weiß, dass in ihrem Umfeld junge, hoffnungsvolle »high potentials« wachsen und erblühen, Manager, denen ihre Personalentwicklungs-Aufgabe wichtig ist. Aber solange wir in unseren Leistungsbeurteilungssystemen zwar den Arbeits-Einsatz oder gar die Arbeits-Methodik benoten, die Leistung einer Führungskraft für die Entwicklung fähiger Mitarbeiter aber keines Blickes würdigen, bestenfalls randständig behandeln, so lange werden die Dinge wohl so bleiben, wie sie sind.

Unterforderung – es wird nur ein Bruchteil des Kennens und Könnens abverlangt, Fähig- und Fertigkeiten bleiben ungenutzt – hat viel mit der Strukturierung von Arbeit, insbesondere mit der Zerteilung von Arbeit zu tun.

Zerteilung der Arbeit

Als wir den Sinn unserer Arbeit nicht mehr sahen,
begannen wir über Motivation zu reden.

Für den Organisationspsychologen Burkhard Sievers ist die Motivierung eine Methode, »die zu einem Zeitpunkt gemacht worden ist, wo eigentlich der Sinn der Arbeit in unseren großen Industrieorganisationen weitgehend verloren ging, weil die Arbeit so sehr in kleine Teile aufgespalten und fragmentiert worden ist, dass es kaum noch jemandem möglich ist, über seine eigene Tätigkeit, über das Teilprodukt, was er herstellt, oder die Teilverrichtung, die er macht, Sinnbezüge zum Gesamtprodukt, zum Unternehmen, zur Umwelt und seinem eigenen Leben herzustellen«.

In der Tat wollte man in der Vergangenheit durch die Schaffung immer kleinerer Arbeitseinheiten die Gesamtleistung erhöhen. Gültigkeit konnte diese Ansicht auch noch für die erste Hälfte unseres Jahrhunderts beanspruchen, die noch weitgehend von maschinell unterstützten, handwerklichen Arbeitsformen geprägt war. Heute hingegen stößt die immer weitere Zergliederung der Arbeit und die damit verbundene Einseitigkeit menschlicher Potentialentfaltung an psychische, mittelbar damit an ökonomische Grenzen: Die Unterforderung hinsichtlich der Fähig- und Fertigkeiten ist weder für das Individuum noch für das Unternehmen befriedigend. Das Selbstwertgefühl des Einzelnen ist das eines »Rädchens im Getriebe«, wenn der einzelne Beitrag zum Gesamtprodukt kaum mehr individuell zurechenbar ist.

Sprachlosigkeit

Identifikation mit dem Gesamtunternehmen als der gemeinsamen Sache ist nicht mehr möglich, sondern sinkt ab zu Schulterschluss und Heimat in der »Abteilung«, die ihre Identität nach außen nicht selten durch die subtile Verweigerung der Kooperation gegenüber anderen Abteilungen symbolisch aufrechterhält. Der Koordinierungsaufwand ist enorm. Eine inzestuöse Meeting-Kultur die Folge. Aufgeblähte Overheads. Energie richtet sich nach innen, statt auf Markt und Kunden. Die Schnittstellenproblematik zwischen den Abteilungen lässt häufig an der Weisheit der Segmentierung zweifeln.

Geradezu mit Händen zu greifen sind die Folgen der Arbeitszerteilung in classroom-trainings oder task-forces, in denen sich die Spezialisten aus den verschiedenen Unternehmensbereichen zu einem Thema oder einer gemeinsamen Aufgabe treffen. Mir drängt sich häufig der Eindruck auf, als arbeiteten diese Spezialisten in völlig verschiedenen Unternehmen. Sie haben hochspezifische Deutungsmuster entwickelt, leben in völlig verschiedenen Kontexten. Sie verharren in ihren Wahrnehmungsterritorien, sodass über Wichtig- und Wertigkeiten im Unternehmen kaum Konsens zu erzielen ist. Ja, mitunter wird der Mythos »tiefer Gräben« zwischen verschiedenen Unternehmensbereichen hingebungsvoll gepflegt, um den sicheren Boden der Sinnprovinz nicht verlassen zu müssen. Die Vertreter der Abteilung »Forschung und Entwicklung« hüten den Gral der reinen Lehre und fürchten die Profanisierung, ja Verschmutzung ihrer Arbeit durch die Forderungen des Marktes; die Leute vom Marketing drücken alle Diskussion in die Zweckmäßigkeit des schnellen Erfolges und der Vertrieb schimpft über die Praxisferne beider. Die Fähigkeit, *wohlwollend,* verstehend und einverstehend miteinander zu reden, schwindet. Mehr noch: Neigung zum Konsens ist kaum spürbar. Die Reibungsverluste sind eklatant. Die Kommunikationsverluste mauerbauend. Und nicht nur die ausdruckslos-eindrucksvoll inszenierten Fachtermini machen deutlich, dass hier oft »keine gemeinsame Sprache« mehr gesprochen wird.

Vor diesem Hintergrund wächst der Personalentwicklung eine bisher zu wenig beachtete Aufgabe zu: Sie kann und sollte die unternehmensübergreifende Sprachfähigkeit heben, die Suche nach einem gemeinsamen Verständigungshorizont ermöglichen und die spezialisierten Sinnprovinzen zum Sinnzusammenhang fügen. Jenseits aller fach- und sachbezogenen Schulung ist das Fort-Bildung im Wortsinne.

Verordneter Spaß

Untersuchungen zur Arbeitsplatzgestaltung weisen insbesondere darauf hin, dass fehlende Ganzheitlichkeit, Unterforderung und beschädigtes Selbstwertgefühl als Nebenfolgen weitgehender Arbeitszerteilung beim Individuum Gefühle innerer Leere und Entfremdung hervorrufen. Dies umso mehr, als der Wertewandel mit der Forderung nach Ganzheitlichkeit, Sinnhaftigkeit und einem wertbezogenen, »ungetrennten« Leben die Ansprüche an Arbeit in dieser Hinsicht insgesamt dynamisiert hat. Die Menschen stellen ihr verhaltensökologisches Gleichgewicht durch Aggression, Rückzug, Flucht, Krankheit, Verweigerung der Zusammenarbeit und alle Formen der »Auszahlung« wieder her. Die Leistungsfreude des Einzelnen sinkt. Die Konsequenzen sind für alle Beteiligten abzusehen.

»Als wir den Sinn unserer Arbeit nicht mehr sahen, begannen wir über Motivation zu reden.« Dieses Aperçu bringt es auf den Punkt: Die Zerteilung der Arbeit und mit ihr der schmerzliche Mangel an Sinn sollen durch Motivierung kompensiert werden. Und schon werden die Motivierungsmechaniker wieder aktiv und starten eine Sinnbewirtschaftungsmaßnahme nach der anderen: von der »verordneten« Unternehmenskultur (»Hand me one by monday!«), Corporate Identity als Briefkopf-Gestaltungs-Projekt, über die »erlassenen« Führungsgrundsätze einer Expertenkommission, das »Wir-sind-stolz-auf-euch«-Mitreißende des umgreifendenVisions-Gestammels bis hin zu dem modisch-lächerlichen Topmanager, der alle Meetings seit neuestem mit der Formel »Have fun!« beendet. Verordneter Spaß. In dem Maße, wie die traditionellen Sinnquellen der Arbeit verblassen, wird »Spaß« als neue Kompensations-Metapher beschworen. Die Zergliederung der Arbeit, die doch zu ganz wesentlichen Teilen den Spaß verdirbt, bleibt unproblematisiert. »Spaß« gerät dabei unversehens unter Leistungs-Druck: »Spaß haben« und »Locker sein« wird eine »Leistung« der individuellen Selbstdarstellung neuer Manager. Spaßarbeit statt Arbeitsspaß.

Sinn finden

»Wer Leistung fordert, muss Sinn bieten«, wird nun mancherorts im Sog Victor Frankls plakatiert. Geboten werden soll vorgegebener, autoritärer Eindeutigkeitssinn. Sinn kann aber nicht »geboten« werden, sondern muss von jedem Mitarbeiter ganz individuell *gefunden* werden. Allenfalls gilt: Wer leistet, sieht darin Sinn.

Die Führungskraft kann lediglich die *Bedingungen der Möglichkeit* individueller Sinnfindung (und damit optimaler Leistungsentfaltung) schaffen. Alles andere wäre anmaßend und ein überbordender Führungsbegriff, der Verantwortung auch für das nicht von ihr zu verantwortende – z. B. die Leistungsbereitschaft – übernimmt.

In Anlehnung an Manfred Antoni wird Arbeit vom Menschen dann als befriedigend empfunden, wenn sie ist:

- *physische und geistige* Tätigkeit; wobei es zunächst unerheblich ist, ob eher physische oder geistige Tätigkeit verrichtet wird. Wichtig ist nur das Zusammengehören von *Planen und Ausführen,* um Lust an der Aufgabenerfüllung erlebbar werden zu lassen. Die Trennung von Denken und Tun wird immer mehr abgelehnt. Große Zufriedenheit resultiert meist aus Aufgaben, die – allein oder im Team – von Anfang bis Ende bearbeitet werden können, also eine geschlossene Einheit bilden, z. B. »Controlling für Filiale entwickelt und erfolgreich eingeführt«.
- *gestalterische* Tätigkeit; Menschen wollen durch ihre Arbeit sich selbst und ihre Umwelt verändern; dazu muss das menschliche Neugierverhalten befriedigt werden können; dazu muss das schöpferische und kreative Potential zur Geltung kommen.
- *produktive* Tätigkeit; d. h., das Verhältnis von aufgewandter zu produzierter Energie sollte möglichst günstig sein.
- *interaktive* Tätigkeit; die meisten Menschen suchen und nutzen die Möglichkeiten zu vielfältigen sozialen Kontakten am Arbeitsplatz; sie wollen wahrgenommen werden, suchen den Austausch und begrüßen Zusammenarbeit.
- Ich ergänze: *gerichtete* Tätigkeit; Sinn wächst aus dem gültigen, von der Umwelt anerkannten *Werk* und im Dienst an der Gemeinschaft. Damit ist Arbeit immer »Arbeit für andere«, d. h., der Adressat der Arbeit muss für den Einzelnen ebenso erkennbar sein wie der Nutzen, den die Arbeitsleistung für diesen stiftet. Die Etymologie zeigt, dass das Wort »Sinn« zur Familie des althochdeutschen Verbs »sinnan« gehört und »seinen Weg auf ein Ziel gehen« bedeutet. Der Mensch will also nicht nur *her*-stellen, er will sich das Ziel auch *vor*-stellen. Aufgabe der Führung ist es demnach, Rahmenbedingungen zu schaffen, die Arbeit als Arbeit für andere erlebbar machen.

Die Ergebnisse der Arbeitswissenschaft legen nahe, dass das Missachten einer oder mehrerer Dimensionen dieses ganzheitlichen Arbeitsbegriffs unzufrieden macht, langweilt, unterfordert, kurz: Demotivation hervorruft und damit in großen Teilen erst für die Diskussion um den »richtigen« Führungsstil, um die »richtige« Motivierung verantwortlich zeichnet. Der Bremer Informatik-Professor Herbert Kubicek: »Die Veränderungen von Organisationsstrukturen, Kontrollsystemen und Arbeitsinhalten im Zuge der Bürokratisierung und Mechanisierung zerstören mehr Motivation und Identifikation, als psychologisch noch so geschicktes Vorgesetztenverhalten erzeugen kann.« Ein nicht geringer Teil der Führungsaufgabe wäre demnach ganz pragmatisch ein Wiederaufbau-Programm für die demotivierten Opfer sinnentleerter Arbeit.

Schmutzzulagen

Wie oft kann man hören: »Wenn das Gehalt stimmt, stimmt auch die Leistung!« Wie beim »Dinner for one«: »Same procedure as every year.« Es ist in der Tat eine verbreitete Vorstellung, dass man das Engagement der Mitarbeiter mit Geld kaufen könne. Ja, gerade bei schwachen Leistungen steigert der Vorwurf die Empörung, der- oder diejenige müsse doch für das überdurchschnittliche Gehalt auch überdurchschnittliche Leistung zeigen. Dagegen zeigen viele Untersuchungen der letzten Jahre übereinstimmend, dass gerade die tüchtigen und beständig leistungsstarken Mitarbeiter nicht in erster Linie wegen des Geldes arbeiten, sondern ihre Arbeit als sinn- und wirkungsvoll erleben wollen.

Sicher, das Gehalt muss stimmen. Aktives Engagement, Kreativität und Initiative aber sind nicht zu kaufen. Die muss die Führung »ermöglichen«. Durch Schaffung eines Umfeldes, in dem sich die Eigenmotivation des Mitarbeiters »entzündet«. *Die Führungskraft sollte weniger ein »Bewirker« sein als ein »Ermöglicher«.*

Es bedeutet mithin das Problem am falschen Ende anfassen, indem man die Zerteilung der Arbeit, mangelndes Forderungspotential und Sinn-Losigkeit vieler Arbeitsplätze mit Geld oder anderen »Motivatoren« notdürftig und immer wieder neu zu *kompensieren* sucht, anstatt Arbeit so zu gestalten, dass sie wieder als ganzheitliche Tätigkeit mit deutlicher Beziehung zur betrieblichen Gesamtleistung erkennbar wird. Das kann dazu führen, das unsere Unternehmen prägende Strukturprinzip der *Delegation zu* überprüfen. Denn das Herunter-Delegieren bis in die kleinsten organisatorischen Verästelungen läuft mit den Zergliederungsphänomenen von Arbeit nicht zufällig richtungsgleich. Das ganzheitliche Übertragen von Verantwortung steht dazu im Gegensatz. Christian Dräger überlässt innerhalb seines Konzeptes »Partnerschaftliches Führen« in den Drägerwerken schon Lehrlingen sehr frühzeitig umfangreiche Verantwortlichkeiten. »Aber Verantwortlichkeit ist doch nicht teilbar!« Bei W. L. Gore & Associates Inc. (Gore-Tex) gilt: Wer immer ein Commitment (Zuständigkeit in einer Sache und Einhalten des Versprechens) übernommen hat, trägt beides: Entscheidung und Verantwortung.

Fast ein Randphänomen: Mitarbeiter möchten ihre Projekte und Arbeitsergebnisse auch gern selber »nach oben« repräsentieren. Und die »besseren« Chefs verstehen sich nicht mehr als delegatorische Durchlauferhitzer. Sie lehnen es ab, sich mit fremden Federn zu schmücken. Nimmt man das alles zusammen, wird man auch das Wort vom »Mit-Arbeiter« womöglich überdenken müssen.

Werk vollbringen

Nun mag manche Führungskraft vor ihrem geistigen Auge die Arbeitsplatzstrukturen ihrer Mitarbeiter prüfen und auf Ergänzungsmöglichkeiten absuchen – das ist sicher nützlich, sogar zu fordern. Dennoch möchte ich noch einmal daran erinnern, dass man Sinn nicht gleichsam als »Köder im Angebot« (Neuberger) haben kann, sondern dass Sinn eine sehr persönliche Leistung ist, ganz individuell gefunden werden muss. Jürgen Habermas hat dazu das Nötige gesagt: »Es gibt keine administrative Erzeugung von Sinn.« Zudem ist es wenig hilfreich, dem Mitarbeiter den Sinn seiner Tätigkeit zu »erläutern«, wie oft geschrieben wird. Ebenso ist es problematisch, über alle Mitarbeiter undifferenziert die Segnungen dieses ganzheitlichen Arbeitsbegriffs auszuschütten. Die unbedingte Zusammengehörigkeit *aller* Dimensionen von Arbeit mag für manchen Mitarbeiter nicht zwangsläufig die notwendige Voraussetzung seiner Arbeitszufriedenheit sein. Vielleicht empfindet er ja z. B. das Fehlen häufiger Sozialkontakte gar nicht als demotivierend.

Die Überlegungen und Diskussionen um die BMW-Führungskultur haben einen fast schon altertümlichen Begriff wieder bewusst gemacht: das »Werk« – und dieser Begriff wurde mit »vollendet«, »abgeschlossen« und »sinnvoll« ergänzt. Das gipfelt in der Forderung: »Eine besondere Aufgabe von Führungskräften besteht u.E. darin, ... dem Mitarbeiter das Gefühl zu geben, ein Werk vollbracht zu haben bzw. vollbringen zu können.« Das ist mir zu wenig. Denn die Sprache ist verräterisch. Da ist sie wieder: diese Geber-Pose, die sich (listigerweise) mit einem egal wie manipulativ erzeugten »Gefühl« beim Mitarbeiter begnügt, statt sich intensiv um die Bedingungen der Möglichkeit von »Werk vollbringen« zu mühen.

Bedingungen der Möglichkeit, das bedeutet vor allem: Wahlmöglichkeiten erhöhen, leichte Reversibilität von Karriere-Entscheidungen, Karrierewege transparent machen, strategiephasengebundener Einsatz von Führungskräften entsprechend ihrer Leistung und Neigung, verschiedene Karriereanker zulassen und gleichwertiger einstufen (sodass nicht nur »Führung« finanz- und prestigeträchtig erscheint), kurz: viele und unterschiedliche Erfahrungsfelder bereitstellen. Denn Selbstverwirklichung darf nicht so tun, als gäbe es dieses »Selbst« schon vor der »Verwirklichung« und als würde es nicht vielmehr erst durch Handeln und Ausprobieren wahrnehmbar.

Gute Erfahrungen werden gemacht, wenn der Einzelne oder auch ganze Gruppen in die Gestaltung der Arbeitsvorgänge, der Arbeitsorganisation und ihres Arbeitsumfeldes einbezogen werden. Die »teilautonomen Arbeitsgruppen« in der Autoindustrie sind dafür ein Beispiel. Nichts Neues, ich weiß. Aber wer greift es auf? Besser ist zu *fragen:* »Was an Ihrem Arbeitsplatz behindert Ihre Begeisterung? Wie können wir gemeinsam Ihre Arbeit vollständiger machen? Was wünschen Sie sich?« Nicht alles an Ganzheitlichkeit wird zu realisieren sein; im Regelfall ist jedoch der Bereich der Phantasie nicht annähernd ausgeschöpft.

Mangelnder Freiraum als fehlende Leistungsmöglichkeit

> *Alles, was Menschen wollen, ist wählen können.*

»Arbeiten Sie, um zu leben, oder leben Sie, um zu arbeiten?« – Gibt man Seminarteilnehmern die Gelegenheit, ihre persönliche Philosophie zu dieser Frage zu begründen, so entscheiden sie sich tendenziell für die erste Alternative. In der Diskussion wird dann meist deutlich, dass die Arbeitszeit als fremdgesteuerte, ent-individualisierte Zeit, nicht selten als »abgekauftes Leben« empfunden wird. (Entsprechend hoch sind mitunter die Ansprüche an das »Schmerzensgeld«.)

Als besonders demotivierend wird das Fehlen individueller Freiräume, das Fehlen der Leistungsmöglichkeit wahrgenommen. Der »Erfolg« ist dann, dass die entsprechenden Energien am Unternehmen vorbei in die Privatsphäre geleitet werden und das vertrackte »um zu« mentalitätsbestimmend wird: arbeiten, um (danach) zu leben.

Alle empirischen Untersuchungen der letzten Jahre weisen darauf hin, dass diese Phänomene keine Faulheit, Müdigkeit oder mangelnde Leistungsbereitschaft darstellen, sondern gleichsam eine »sinnvolle« Anpassung an beengende Arbeitsverhältnisse (mithin eine Herausforderung zur Erneuerung des Gesamtbereichs »Personalpolitik«) sind. Es ist außerordentlich wichtig anzuerkennen, dass viele Menschen nicht deshalb demotiviert sind, innerlich kündigen und in Richtung Freizeit abwandern, weil die neuen Werte Freizeitwerte sind, sondern weil sie unterschiedslos für die gesamte Umwelt als gültig reklamiert werden. Da sie aber in der Arbeitswelt nicht hinreichend gelebt werden können, werden sie in die Freizeitsphäre umgelenkt. Die Sozialforschung spricht von einer »kompensatorischen Werterfüllung« in der Freizeit.

Aber das Bild ist auch hier uneinheitlich. Denn die Nachrichten aus der Personalberater-Branche machen deutlich: Immer mehr

Führungskräfte lehnen Angebote glanzvoller, prestigeträchtiger Posten zugunsten solcher ab, die ihnen größere Freiheit lassen, die eigenen Aktivitäten und Richtungen zu bestimmen. Auf unerwartete Weise attraktiv ist die »zweite Reihe«. Karriere schon, aber nicht um jeden Preis. Von einem Manager, der die sichere Aussicht auf eine Topposition in einem Großunternehmen in den Wind schlug, stammt der Satz: »Topmanager in einem goldenen Käfig aus Repräsentation und Formalismus? Das ist für mich kein Leben, das ist Ab-Leben.« Deshalb erhöht sich der Druck auf die Unternehmen, Abschied von bürokratischen Regularien zu nehmen und der Eigenverantwortlichkeit auf allen Ebenen mehr Freiraum einzuräumen. Dies zieht die besten Talente an und bindet sie.

Leben während der Arbeit

Es erweist sich immer wieder: Alles, was Menschen wollen, ist wählen können. Überschaut man jedoch die Forschung, so ist das »Gefühl, bei beruflichen Entscheidungen frei und unabhängig zu sein«, in der Bundesrepublik in allen Berufskreisen deutlich gesunken. Nach einer Untersuchung Lutz von Rosenstiels glaubten nur 54 Prozent der Befragten, dass sie mitentscheiden könnten, wenn es um ihre eigene Arbeit und um ihren eigenen Arbeitsplatz geht. Diese Entwicklung erklärt sehr weitgehend die Tendenz zur abnehmenden Gesamtarbeitszufriedenheit. Sie wird dynamisiert durch das unübersehbare Vordringen sogenannter Selbstentfaltungswerte: Für die überwiegende Zahl der Menschen ist die Möglichkeit zur Selbstentfaltung im Arbeitsleben gekoppelt an das Ausmaß des Handlungs- und Entscheidungsfreiraums. Diejenigen, die solche Freiräume vermissen, sind mit ihrem Job signifikant unzufriedener. Wie auch kann ich mich für eine Sache begeistert einsetzen, wenn mir fortwährend von oben »hineinregiert« wird?

Diese Tendenz entspricht den mir vorliegenden Befragungsergebnissen, jedoch wird mangelnder Freiraum von jüngeren Arbeitnehmern unter 40 Jahren offensichtlich deutlich demotivierender wahrgenommen als von älteren. Diese Jüngeren sind im Durchschnitt wesentlich besser und breiter ausgebildet und – was besonders wichtig erscheint – in einem hohen Maße individualisiert. Sie unterscheiden nicht mehr wie früher grundlegend zwischen Arbeitssphäre und Freizeitsphäre. Sie erwarten auch von der Arbeit heutzutage größere Chancen, sich mit ihrem je eigenen »Persönlichkeits«-Potential einbringen zu können, als Person ernst genommen, einbezogen zu werden. Sie möchten ihre Fähigkeit zur Selbstorganisation und zu autonomem Handeln einsetzen können. Leben *während* der Arbeit – das wollen sie. Die oben beschriebene Konjunktur des Spaß-Begriffs ist dafür kennzeichnend. So wie die moderne Industriezivilisation mehr Großräume braucht als die alte Nationalökonomie, so braucht auch der Mitarbeiter heute Freiräume, in die hinein er sich entfalten kann.

Nun sind Unternehmen wie Öltanker: Ihre Bremsspur ist viele Kilometer lang, d. h., die Entwicklung der Organisationsstrukturen hat mit diesen gesellschaftlichen Tendenzen kaum Schritt gehalten. Die überbordende, in Teilen und zu Zeiten sicher auch hilfreiche Stellenbeschreibungs-Mentalität hat viele Arbeitsplätze langweilig, mechanisch, regelhaft, reizlos werden lassen. Ungeforderte Aktionspotentiale sind die Folge, oft fehlt begeisterte und begeisternde Lebendigkeit. Grenzüberschreitung ist immer noch unbeliebt. Erbhöfe werden mit hohem energetischen Aufwand verteidigt: nicht selten ein Krieg nach innen. Der Mitarbeiter hat in seinem Kästchen, sprich: Revier zu bleiben. Das soll andere Reviere schützen – und verschließt so die Revierzäune mit Ketten ungenutzter Gelegenheiten.

Schmidt-sucht-Schmidtchen

Hinzu tritt die gemeinsame Entschlossenheit der Exekutivgewaltigen, nichts durchzulassen, was nicht ihrem Begriff vom guten Mitarbeiter, vor allem ihnen selber gleicht. Bestes Beispiel dafür ist das »Schmidt-sucht-Schmidtchen«-Syndrom der Personalauswahl: Der »richtige« Kandidat ist so ähnlich wie ich, aber doch ein bisschen schwächer.

Was im Privatleben als besonders erstrebenswert gilt, das Individualistische, Extravagante, Einmalige, aber auch das Autonome, *H*erz und *R*ückgrat (*H*uman *R*esources), das ist in den Unternehmen nach wie vor wenig gefragt, weil es die Stabilität der Organisation zu gefährden scheint. Innovation kommt daher fast nur von nonkonformistischen Outsidern, die von denjenigen, die sich

für Insider halten, wenig gemocht werden. Diese Pioniere müssen oft jahrelang Widerstände überwinden. Während dieser Durchsetzungsperiode heißen sie Phantasten, Sturköpfe, Besserwisser, manchmal sogar Nestbeschmutzer. Aber die Stufenleiter der unternehmerischen Anerkennung lautet: verfolgt, verlacht, ausgesperrt, immer schon gesagt, Unternehmensgrundsatz. Branco Weiss sagte auf dem 5. Management-Symposium für Frauen in Zürich: »Innovation bedeutet, das Gleiche wie alle zu sehen und möglichst etwas anderes dabei zu denken.« In der Tat. Und schon Joseph Schumpeter hat den wahren Unternehmer als »kreativen Zerstörer« bezeichnet.

Kleinkunst des konstruktiven Ungehorsams

In der Tat scheinen »Freiraum« und »Organisation« einander schon begriffslogisch auszuschließen. Flohr hat 1984 kühl analysiert, dass Menschen in Organisationen »fungibel« und »elastisch« sein sollen. Fungibel: Personal muss berechenbar, verlässlich, plan- und kontrollierbar gemacht werden. Es geht um »eingeschränkte Autonomie« (?), »disziplinierte Phantasie« (?) etc. Elastisch: Personal muss anpassungsfähig und lenkbar sein. Das aber heißt, es muss auch »motivierbar« sein!

Andererseits weisen namhafte Management-Theoretiker schon seit längerer Zeit darauf hin, dass es in vielen Firmen neben den linear-delegativen Strukturen ohnehin so etwas wie eine informelle Kultur der Selbstorganisation gibt. In einem Büro konnte ich lesen: »Wir haben zwar keinen Spielraum, aber wir nutzen ihn trotzdem.« Ja, viele Firmen scheinen nur *deshalb* zu funktionieren. Anordnungen werden nicht oder nicht genau befolgt. Verbesserungen werden undiskutiert in die Pläne eingebaut. Mehrdeutigkeiten, Widersprüche und Regelungsnischen werden genutzt – eine Mikropolitik, eine Art Kleinkunst des konstruktiven Ungehorsams. Die BMW-Führungsgrundsätze leisten sich diesbezüglich eine vielsagende Schelmerei: Beschlüsse sind nicht nur auszuführen, sie sind auch »intelligent auszuführen«.

Spielfeld gesucht

Die einzige Organisation, für die wir alle arbeiten, heißt »Ich«. Unternehmen bieten aber selten das Spielfeld, dieses »Ich« auszuprobieren und ein glückliches Leben auch im Beruf zu führen: Die Möglichkeit, selbst bestimmt, selbst organisiert und selbst kontrolliert zu leben, und damit das größte Abenteuer überhaupt, die eigene Persönlichkeit kennen zu lernen und die eigenen Grenzen durch Lernen zu überschreiten. Die Phänomene der Demotivation sind bekannt und obenstehend näher erläutert. Ich vermute, dass die Ausstiegsbewegung vieler (und nicht der schlechtesten) Manager um die 40 nicht nur quantitativ mittlerweile ein ernst zu nehmender Faktor, sondern vor allem qualitativ empfindlich spürbar ist. Ebenso wie die Politik nur noch zum Spielfeld für mittelmäßige Talente geworden ist, so droht das kreiseziehende »Nein!« zum Angestelltendasein vor allem in Großunternehmen zu einem merklichen Mangel an Exzellenz zu führen.

»Spielwiese für meine Motivation gesucht« – so war im November 1986 das Stellengesuch einer jungen Betriebswirtin überschrieben. Und das ist es auf den Punkt: Gesucht wird allenthalben ein Spielfeld, ein Kontext, an dem sich die Motivation entzündet, auf dem sich für den Einzelnen lohnt sich einzusetzen. Führen bedeutet demnach: Entfaltungsmöglichkeiten zu schaffen für die Motivation des Mitarbeiters, die diesem ganz allein gehört. Dass er etwas tut, *weil es gut für ihn selber ist.* Eigennützliche Arbeit. Diese »Persönlichkeitsförderlichkeit« der Arbeit wird immer noch in den meisten Unternehmen viel zu gering geschätzt. Was wir brauchen, ist eine Unternehmenspolitik ohne Sinnstiftungsambitionen. Wir brauchen eine Unternehmenspolitik, die es den Einzelnen erlaubt, nach ihren persönlichen Wahrheiten zu suchen, eine Politik ohne unternehmensphilosophisches Pathos und CI-schwangeres Tremolo. Nicht die totalitäre Großmetapher der »Vision«, sondern das bescheidenanspruchsvolle Bestehen auf individuellem Wachstum durch Arbeit. Nicht Gehorsam oder Nibelungentreue, *Entwicklung* muss oberstes Kooperationsprinzip werden.

Freie Räume

Nun ist »Freiraum« ein schillerndes, ausuferndes Wort. Es meint hier:

1. das Maß an Wahlmöglichkeiten, an Selbstbestimmung und Entscheidungsfreiraum innerhalb des (i.d.R. durch die Stellenbeschreibung festgelegten) Aufgabenbereichs; viele Arbeitsergebnisse können auf verschiedene, aber gleich günstige Art erreicht werden; Wahlmöglichkeiten können hinsichtlich des Verfahrens, der Mittel, des Einsatzes sowie der zeitlichen Abfolge von Aufgabenbestandteilen eingeräumt werden;
2. das Maß an Deregulierung der Arbeit durch Wegfall nicht zwingend notwendiger Richtlinien, Policies, Vorschriften;
3. den Zeitanteil für selbstständige und schöpferische Tätigkeit;
4. Aufgaben und Projekte jenseits des fixierten Aufgabenbereichs, die dem Mitarbeiter aufgrund von Talent und Neigung besonders interessant erscheinen;
5. erforderliche Lernaktivitäten.

Ron Sommer, Vorstandsvorsitzender der Deutschen Telekom, beschreibt das Prinzip erfolgreichen Innovationsmanagements so: »Pick a team from among the company misfits, and give them 100 % freedom.« Erfolg durch die Chaoten der Firma, die ihre Ziele selbst definieren und entsprechend enthusiastisch ans Werk gehen.

»I've always seen people living in boxes. But people don't grow in boxes.« Dieser Satz über die Enge des organigrammhörigen Kästchendenkens wird dem 3M-Manager Lew Lehr zugeschrieben. Mittlerweile allseits bekannt dürfte ja auch die Tatsache sein, dass diese Firma ihren Forschern einen frei verfügbaren Zeitanteil von bis zu 25 Prozent einräumt, um ihrer Experimentierfreude freien Lauf zu lassen: »Spielwiese« für die eigene Motivation.

Kaufmänner? Krämer!

Als ein Gegenbeispiel ist mir der deutsche Geschäftsführer eines britischen Elektronik-Konzerns in Erinnerung, der einer zugekauften Firma das Organisations- und Stellenbeschreibungskorsett der britischen Muttergesellschaft überstülpte. Zwischen zwei Controllern der ehemals autonomen Firma war über lange Jahre eine einverständliche Arbeitsteilung gewachsen; man ergänzte sich hervorragend, übernahm jedoch Aufgabenteile aus dem jeweils anderen Arbeitsbereich. Das funktionierte seit Jahren mit beidseitigem Einverständnis reibungslos. Der neue Geschäftsführer aber stammte aus der Abteilung »Musterschüler mit Checklisten-Mentalität«. Das Diktum der System-Theoretiker »Je mehr Freiheit, desto mehr Ordnung« hätte ihn kaum überzeugt. Er untersagte kurzerhand diese kästchenübergreifende Übereinkunft. Er forderte eine »klare« Organisation, mit »sauberen« Stellenbeschreibungen und »sauberen« Grenzen. Der fiel dann die Motivation der beiden Controller zum Opfer. Wie gesagt: Leistungsbereitschaft kann man nur behindern, z. B. indem man die Leistungsmöglichkeit beschneidet.

Hier sind wir beim Kern der mangelnden Neigung vieler Unternehmen, selbst organisierte Freiräume in nennenswertem Umfang zuzulassen: Es bedeutet (scheinbar) Machtverzicht. »Enge« – das Gegenteil von Freiraum – hat nicht zufällig den gleichen Wortstamm wie »Angst«! Freiräume machen Organisationen weniger beherrschbar, kontrollierbar, steuerbar und Menschen weniger lenkbar, sprich: motivierbar. Ja, freiwillig sollen Leute tun, was andere wollen. Aber trotz aller noch so verschleiernden Rhetorik wird immer wieder sichtbar, dass sie nicht so sehr »frei« als vielmehr »willig« sein sollen. Macht hat hier, wer macht. Vor allem Macht über sich selbst. Und alle Glücksgefühle haben etwas mit dem Verschwinden von Grenzen zu tun. Grenzen, die ich überschreiten kann. Grenzen, die um die Enge meines Jobs gezogen sind. Und meist ist es leichter, um Verzeihung zu bitten, als um Erlaubnis zu fragen.

Individuelle/wirtschaftliche Ziele

Gerne mitmachen heißt Wahlfreiheit haben. Dabei könnten alle Gewinner sein. Es geht ja nicht darum, Selbstbestimmung und Eigenkontrolle zu gewähren, weil das »humaner« wäre. Es geht darum, das Demotivierungs-Potential abzubauen. Es muss endlich begriffen werden, dass *jeder sich die Aufgabe sucht, die ihn persönlich weiterbringt,* sonst ist er schon einen Schritt in die innere Kündigung gegangen. Das sind nach Lage der Dinge vor allem Aufgaben mit einem hohen Maß an Wahlfreiheit, Selbststeuerung und Selbstkontrolle. Wer wirtschaftliche Ziele erreichen will, muss individuelle Ziele erreichen, die nur durch wirtschaftliche Erfolge möglich sind, welche in individuellen Erfolgen gründen, die jedoch nur ...

»Die besten und intelligentesten Menschen werden sich zu den Unternehmen hingezogen fühlen, in denen sie ihre *persönlichen* Ziele verwirklichen können«, lautet der erste der »Zehn Leitsätze für die Reorganisation eines Unternehmens« bei Naisbitt/Aburdene. Es geht darum, der Intelligenz, Kreativität und Begeisterung eines jeden Mitarbeiters Spielraum zu geben, um im internationalen Wettbewerb bestehen zu können. Organisationen profitieren (darum geht es doch!) vom »Überschuss an Subjektivität«, wie Krell/Ortmann auswiesen. Personen sind attraktive Produktionsfaktoren gerade *wegen* ihrer spontanen, uneinklagbaren und unprogrammierbaren Zu-Taten. In den USA sind die Freiräume für Eigeninitiative traditionell größer. Am besten machen es wohl die Japaner mit echtem Konsens im Ziel und danach Freiheit im Handeln.

Misserfolgs-Kreislauf

Bei geringen Freiräumen kommen Mitarbeiter schnell in einen demotivierenden Misserfolgs-Kreislauf. Wenn die Mitarbeiter kaum Wahlmöglichkeiten (zu Schwierigkeitsniveau, Verfahrensfragen, Mitteleinsatz etc.) haben, können sie die erfolgreiche Bewältigung der

Aufgaben auch nicht auf die eigenen Fähigkeiten zurückführen. Sie wissen, dass die Verregelung eine fast hundertprozentige Erfolgswahrscheinlichkeit festlegt. Sie wissen, dass sie für die Bewältigung dieser Aufgabe häufig auf Grund einer geringen Leistungseinschätzung seitens ihres Vorgesetzten bzw. der Unternehmensleitung ausgewählt wurden. Die erfolgreiche Aufgabenbewältigung stärkt also nicht ein positives Selbstbild, entwickelt kaum ein auf »eigenen« Leistungen ruhendes Selbstwertgefühl – hinreichende Voraussetzung, weiterhin mit wenig anspruchsvollen Aufgaben betraut zu werden.

Eigenverantwortliche Tätigkeiten hingegen mobilisieren die Lernfähigkeit aller Mitarbeiter, mithin die Anpassungs- und Überlebensfähigkeit des Unternehmens. Das kann zu Innovationen führen, die Wettbewerbsvorteile sind. In einigen Organisationen unserer Industriegesellschaft ist dies sehr wohl bekannt, beispielsweise im Bereich der Universitäten. Auch einige Großunternehmen garantieren in Teilbereichen solche Freiräume. Insgesamt jedoch – greifen wir noch einmal auf das statistische Meinungsbild zurück – wird in unseren Unternehmen offenbar viel zu wenig Gestaltungsspielraum eingeräumt, der durch persönliche Entscheidungen ausgefüllt werden kann.

Eine bessere, d. h. weniger demotivierende und für alle Beteiligten ertragreichere Unternehmenszukunft wäre also eine, in der sich die Wahlmöglichkeiten, die Freiräume erweitern. Aber was bedeutet das für Führung?

De-Regulierung

Führen bedeutet hier, Grenzen in der Organisation beständig auf ihre drei Eigenschaften zu prüfen:

- Flexibilität
- Durchlässigkeit
- Veränderbarkeit

Alle haben ihre Berechtigung in ihrer Zeit und alle sind beständig zu prüfen, ob sie das freie Fließen von Energien hindern oder fördern. So weit zum Grundsatz.

Nach Lage der Dinge kann das für Führung zunächst und eher bescheiden heißen: De-Regulierung. Je enger Unternehmen das Korsett von Regelungen und Vorschriften, Management-Guides und Policies schnüren, desto schneller geht Managern buchstäblich die Luft aus. Je stärker das Leistungsverhalten reglementiert wird, desto ausgeprägter ist nämlich die Tendenz, die Qualität und Quantität der Leistungen an das Niveau der Mindestanforderungen anzupassen. Das sagt uns die Arbeitswissenschaft. Und alle Erfahrung. Die für die Effektivität des Unternehmens erforderlichen spontanen und kreativen Leistungen, die über die formulierten Rollenerwartungen hinausgehen, werden dann nicht erbracht. Auch das ist Demotivation. Denn Richtlinien stiften Ordnung, selten Zusammenhang.

In unseren Unternehmen ist es aber magische Praxis, das leidvoll Herbeigesehnte rituell zu beschwören: In beinahe schamanischer Versenkung wird die Gebetsmühle vom »internen Unternehmertum« gedreht – in der gleichen Beharrlichkeit, wie man alles verregelt, organisiert, ordnet, begradigt, bereinigt, alles Lebendige dem Götzen »Kontrolle« opfert.

Muss denn das Netzwerk von »checks and balances« so dicht geknüpft sein? Verkäufern ist ihre berufliche Autonomie, wirklich »Manager ihres Bezirks« zu sein, nach allen bisher vorliegenden Untersuchungen ihr höchstes Gut. Aber sie verknöchern immer mehr zu Verkaufs-Beamten. In vielen Unternehmen ist an erster Stelle kaum mehr der Umsatz gefragt, sondern das artige Ausfüllen von Tagesberichten (die dann doch keiner liest), das korrekte Einhalten der Mindestanzahl von Kundenkontakten (ganz gleich, was dabei herauskommt), das hochnotpeinlichgenaue Erstellen der Spesenabrechnung und eine ansonsten möglichst geschmeidige Anpassung an die Vorgesetzten-Meinung. Es geht nicht darum, die richtigen Dinge zu tun, sondern die Dinge richtig zu tun. Das ist die innere Selbstzerstörung alles Lebendigen im Unternehmen. Richtwerte heißen nicht zufällig »Richt«-Werte.

Längst leidet die Produktivität unter dem Starrsinn, mit dem vielfach am Schema der 40/39/38 … -Stunden-Woche festgehalten wird. Gerade im Konflikt Familie/Beruf fördert das notorisch schlechte Gewissen vieler Mitarbeiter nicht gerade die Leistungsfreude. Das hartnäckige Festhalten an inflexiblen Arbeitsgrundmustern, an monotonen Karrieremodellen, die mit den Lebensrhythmen von Familien nicht harmonieren, ein völlig veralteter Gerechtigkeitsbegriff und ein Leistungsbewertungssystem, das Aufwand mit Ergebnis verwechselt, indem es Produktivität nach Stunden misst, all das macht es schon heute immer schwieriger, genügend gute Leute zu finden, die für Karriere die traditionellen Opfer zu erbringen bereit sind. Beim Pharmakonzern Merck fand man heraus: Eltern, die die Unternehmenspolitik als wenig familienfreundlich und entgegenkommend empfanden, klagten über mehr Stress, blieben öfter der Arbeit fern und zeigten sich weniger zufrieden mit ihrer Stellung als andere. Apple Computer betreibt einen eigenen Betriebskindergarten. DuPont stellt Geld und Räume für den Aufbau einer Kinderbetreuung zur Verfügung. Bei Eastman Kodak können die Mitarbeiter zwischen Teilzeitarbeit, Jobsharing und situationsbezogener variabler Gleitzeit wählen. Rodgers/Rodgers weisen darauf hin, dass von vielen Mitarbeitern Teilzeitarbeit nicht unbedingt als Halbtagsarbeit, sondern ebenso oft als Vier-Tage- oder 30-Stunden-Woche bevorzugt wird. Im Kampf um die Besten der Jahrgänge, vor allem aber um die Frauen, wird ein Unternehmen, das wettbewerbsfähig bleiben will, die traditionellen Regelungen flexibilisieren müssen.

Muss es eine (wenn auch inoffizielle) Kleiderordnung geben? Ein Thomas-Gottschalk-Typ, Vorbild für Millionen, würde mit seinen Westernstiefeln und Ohrsteckern nicht mal Gruppenleiter in der Produktion. Im Banken- und Versicherungsbereich würde der einstellende Personalreferent gleich in die Registratur versetzt. Kein Wunder, dass industrielle Arbeit in den Augen vieler und oft der besseren Köpfe mit Normierung und hohler Anpassung gleichgesetzt wird.

Muss man mit ungeheurem Aufwand ein hoch kompliziertes Regelwerk zu den Reisespesen inszenieren? Ob ein Hotel 150 oder 250 Mark kosten darf? Muss man darauf achten, dass auf Dienstreisen Telefonate nach Hause nicht länger als fünf Minuten dauern? Muss man ständig die Abrechnungen, die Portokassen, die Bewirtungsspesen überprüfen? Um die fünf Prozent schwarze Schafe aufzuspüren und die anderen 95 Prozent immer enger zu überwachen und zu reglementieren? Ricardo Semler, Präsident von Semco S/A, Brasiliens größtem Maschinenbauer, fragt: »Wenn wir Menschen nicht unser Geld anvertrauen und uns nicht auf ihr Urteil verlassen können, warum nur sollten wir sie dann in alle Welt hinausschicken, um in unserem Namen Geschäfte zu tätigen?«

Sollte man nicht allen Mitarbeitern ständig Einblick in die Bücher gewähren können? Damit sie stets über die Lage ihres Unternehmens im Bilde sind? Warum sollten Mitarbeiter nicht untereinander den morgendlichen Arbeitsbeginn vereinbaren? Auch die sogenannte »gleitende Arbeitszeit«, von vielen als Fortschritt empfunden, fokussiert auf Richtwerte, rein quantitative Arbeits-»Zeit« und unterläuft dabei unwillentlich Selbstorganisation, Selbstkontrolle und qualitatives Denken. Manche Firmen haben auf diese Weise eine Fleißkärtchen-Kultur entwickelt, die Leistung an Überstunden misst, nicht am Output an Qualität. Natürlich muss der Funktionsauftrag einer Stelle im engeren Sinne erfüllt werden. Aber immer nur auf dieselbe Weise? Auf die, von der der Chef meint, es sei die einzig richtige? Taylors »one best way« hat noch nie existiert! Wäre es nicht ratsamer, das Schwergewicht auf Ergebnisse statt auf Verfahrensweisen zu legen? Ist die Bewertung der »Arbeitsmethodik« nicht ein völlig unzeitgemäßes Überbleibsel einer tayloristischen Unternehmensauffassung? Führung hieße dann weniger, dass ich unmittelbar den Herrn X oder die Frau Y je für sich führe, sondern einen Raum bereitstelle, in dem Herr X und Frau Y eigenverantwortlich zusammenarbeiten können – und zwar nach der Art und Weise, wie sie es selbst für richtig empfinden und vereinbaren. Das Wort vom »Führen, ohne zu führen« – sonst in seiner paradoxen Verschraubung eher verwirrend als klärend –, hier meint es etwas Richtiges.

Energie fließen lassen

Führen kann hier wieder ein »Lassen« und ein »Machen« bedeuten: Zulassen, dass Energien ungehindert fließen und sich individuelles Unternehmertum Bahn bricht, aber auch Abbau von regulativen Blockaden, Dämmen und energieabsorbierenden Stauungen. Der Abbau so mancher Richtlinie fördert Durchlässigkeiten; es ist wie das Durchspülen von sklerotisierten Energiebahnen im Unternehmenskörper. Zu fordern wäre mithin eine innere Haltung der »gelassenen Durchlässigkeit«. Wir brauchen keine Mitarbeiter, die ihren Vorgesetzten oder irgendwelchen Vorschriften im Gehorsam vorauseilen, sondern solche, die dem Unternehmen mit Intelligenz, Kritik- und Risikobereitschaft dienen. Dafür brauchen sie Freiraum für Schwung und Pioniergeist; sie brauchen »Luft zum Atmen«.

Wenn ich mich gegen Richtlinien wende, so fordere ich nicht, alle Richtlinien abzuschaffen, sondern meine ihre permanente Überprüfung auf Sinnhaftigkeit. Formelle Regelungen dürfen nicht tabu sein. Leisten sie tatsächlich, was sie leisten sollen? Welche kontraproduktiven Nebenwirkungen sind zu berücksichtigen? Ricardo Semler schreibt: »Jeder weiß, dass sich keine große Organisation ohne alle Regeln leiten lässt, jedermann weiß aber auch, dass die meisten Regeln Quatsch sind. Selten dienen sie der Lösung von Problemen. Im Gegenteil, meist existieren sogar recht obskure Vorschriften, die noch rechtfertigen, was sich nur die allerstumpfsinnigsten Leute ausdenken können.« Zudem haben Vorschriften ein hohes Demotivierungspotential. Vorschriften sind aber von Menschen verabredete, vorübergehende Verhaltensrichtlinien, die meistens *Kinder der Krise* sind. Meist wird dieser Ursprung, das Vorübergehende vergessen. Richtlinien können aber auch von Menschen wieder geändert werden, wenn sie verhindern das Richtige zum richtigen Zeitpunkt zu tun. Manche Richtlinie soll auch »motivieren« (ist also auch ein Kind der Krise!) und wird doch allzu oft als Schikane empfunden.

Ein Beispiel

Ein Beispiel dafür, wie die geplante Motivierung des Außendienstes in Demotivation umschlug, weil die Wahlmöglichkeiten kaum begründbar eingeschränkt bzw. an völlig überlebte Denkweisen gekoppelt wurden, erlebte ich bei der deutschen Tochter eines amerikanischen Chemiegiganten. Das Unternehmen hatte seine Auto-Politik für den Außendienst nach bekannt-antiquiertem Muster als Mangel-Situation, als künstliche Verknappung angelegt. Man band die Hubraumgrößen an hierarchische Positionen in der Hoffnung, dass sich die Außendienstler nicht nur durch den möglichen Aufstieg zur Führungskraft, sondern auch mit Blick auf das größere, prestigeträchtige Auto besonders in die Riemen legten.

Das Unternehmen, das sich diese Motivierung ausgedacht hatte, verdiente, was es bekam: Die Hierarchisierung war dem Außendienst, dessen Werk-Zeug ja weitgehend das Fahr-Zeug ist, nie wirklich plausibel zu machen. Die Verkäufer quetschten sich in enge Kisten ohne Klimaanlage über Hunderte von Kilometern, während die

Führungskräfte des Innendienstes, die vielleicht nur zehn Minuten von der Hauptverwaltung entfernt wohnten, sich des Komforts der Oberklasse erfreuten.

Die Kostenrechnung des Unternehmens ermittelte aber, dass ein Auto der oberen Mittelklasse, das dem Außendienst nicht zustand und nur von vergleichsweise wenigen Managern gefahren werden durfte, das aus Firmensicht mit Abstand wirtschaftlichste Fahrzeug war. Nun hat sicher niemand mehr die Illusion, dass Wirtschaftsunternehmen nach rational-wirtschaftlichen Überlegungen geführt werden. So auch hier nicht: Das Auto blieb nach einigem Hin und Her den wenigen Führungskräften vorbehalten (Wieso hatte man sich denn auch jahrelang dafür angestrengt? Man muss sich doch unterscheiden!). Das Ganze blieb dem Außendienst natürlich nicht verborgen und wurde entsprechend heiß diskutiert, wie ohnehin die Logik der künstlichen Verknappung dazu führt, dass es auf Außendienst-Meetings oft nur ein Thema zu geben scheint: Autos.

Skeptiker wenden jetzt ein, das wäre immer so. Das mag sein, aber sicher nicht immer mit dieser Energie: Energie, die sich auf den Markt, die Kunden oder auf die inneren Kooperationsbeziehungen richten sollte, wird ohne Not von einem Thema aufgesogen, das zum Unternehmenserfolg kein Gran beiträgt. Im oben genannten Beispiel wurde die Entscheidung als weiterer Beleg für die Ignoranz des Innendienstes kopfschüttelnd abgebucht. Was motivieren sollte, schlug in Demotivation um.

Warum also nicht frei(er) wählen und auf der Basis wirtschaftlicher Kriterien abrechnen? Diese Frage stellen bedeutet nicht, irgendeiner sozialromantischen Form von Gleichmacherei das Wort zu reden. Es muss aber mit aller Entschiedenheit darum gehen, die Richtlinien, Regeln und Vorschriften insbesondere auch des Hierarchie-Prinzips auf ihre demotivierenden, leistungshemmenden Potenzen abzuklopfen und immer wieder auf Korrigierbarkeit zu prüfen.

Menschen für Jobs? Jobs für Menschen!

Fehlende Freiräume resultieren nicht selten aus einer spezifischen Delegations-Mentalität, die aus dem Verantwortungs-Steinbruch des Vorgesetzten genau definierte Brocken herauslöst und sie dem Mitarbeiter zur Veredelung überlässt. Wehe aber, dieser sucht Edelsteine in einem anderen Bergwerk!

Führen bedeutet demnach hier das Überwinden des engen und einengenden Kästchen-Denkens. Es bedeutet Grenzüberschreitungen fordern. Und zulassen! Initiative nicht als Disziplinlosigkeit zu denunzieren. Die Schwierigkeiten, die viele Mitarbeiter mit »Stellen«-Beschreibungen haben (die sie nicht selten als »Personen«-Beschreibungen missverstehen und als Geringschätzung erleben, weil sie sich als »Personen« in der »Stelle« nicht wieder erkennen), verweisen auf Wichtiges: Können wir uns weiterhin leisten, wie bisher »Menschen für Jobs« zu suchen und uns damit den subjektiven Überhang der vielen Multi-Talente entgehen zu lassen? Ist es nicht sinnvoller, »Jobs für Menschen« zu kreieren, d. h. die Jobs sehr individuell auszugestalten, mit flexiblen und veränderbaren Grenzen zu versehen und die Mitarbeiter sehr »persönlich« in das Unternehmen zu integrieren? Das würde bedeuten, die persönlichen Ziele des Mitarbeiters intensiv »einzubauen«.

An einer weiteren Überlegung liegt mir besonders. Vorgesetzte verstehen den Eingliederungsprozess neuer Mitarbeiter leider häufig als reinen »Anpassungs«-Prozess. Sie nutzen nur selten den kritischen Impuls, den die »naive«, noch nicht betriebsblinde Sichtweise der Neulinge dem Unternehmen bieten kann. Der neue Mitarbeiter sollte daher aufgefordert werden, eigene Vorschläge zur Gestaltung seiner Arbeit und seines Arbeitsumfeldes zu machen. Ziel der Eingliederung ist doch schließlich der Mitarbeiter mit Eigeninitiative und Selbstverantwortung. Oder?

Die so entstehenden »Freiräume sind natürlich auch Räume, und die haben Grenzen«, wie Helmut Thoma, Geschäftsführer von RTL, bei einer Fernseh-Diskussion meinte. Aber innerhalb dieser Räume sollte Wahlfreiheit herrschen. Noch einmal: Der Funktionsauftrag einer Stelle im engeren Sinne muss erfüllt werden. Neue, darüber hinausgehende Projekte bieten spannende Abwechslung. Es ist zu überlegen, ob Chefs nicht viel häufiger ihre Mitarbeiter freistellen sollten, um sie an ihren Lieblingsprojekten arbeiten zu lassen. Viele

Spielräume ergeben sich schon heute durch die zunehmenden Marktturbulenzen. Den Energiefluss dahin zulassen und unterstützen – das ist Führung, die die Auswirkungen demotivierenden Kästchen-Denkens begriffen hat.

Lange Leinen

Viele Führungskräfte haben sich in den vergangenen Jahren schweren »Führungs-Ballast« aufgeladen. Dem Idealbild der »perfekten« Führungskraft, die alles »im Griff hat«, wollen viele entsprechen. Das bremst beim Mitarbeiter die freie Entwicklung von Eigen-Engagement in selbst gesuchten und selbst verantworteten Freiräumen. Zudem haben Führungs- und Personalsysteme mitunter einen Komplexitätsgrad erreicht, der sich kaum noch von Experten überblicken lässt. Die Sucht nach System und Kontrolle hat auch viel Lebendiges liquidiert. Wer also nicht zuletzt vom Freiraum der Mitarbeiter profitiert, ist die Führungskraft selber: *Wer anderen lange Leine lässt, ist selber frei.*

Das Maß des Leine-Lassens ist sicher individuell und situationsspezifisch abzustimmen. Und Freiheit ist immer auch eine Frage der Zumutbarkeit. Diese Frage wird jedoch zumeist übervorsichtig oder gar ohne Not pessimistisch beantwortet. Gewiss ist jedenfalls, dass die Tauglichkeit des Mitarbeiters, mit seinen Freiräumen verantwortlich umzugehen, in dem Maße schwindet, in dem die Führungskraft darin herumregiert – vergessend, dass zunächst der *Schutz dieses Freiraums* ihr aufgegeben ist. Und hier sind wir bei einer veränderten Sicht von Führung angelangt: Wenn also etwas zu »tun« ist, dann nicht mehr die Verantwortungsübernahme für die Motivation des Mitarbeiters, sondern Verantwortung für den Schutz seines Freiraums.

Imperative

Übertragen wir diese Sichtweise auf die Entscheidungsordnung eines Unternehmens, so ist nach wie vor die Entscheidung auf möglichst breiter konsensualer Basis zu fordern. Das aber wird in der operativen Alltagshektik nicht immer möglich sein. Es gilt dann das

Postulat: »Entscheide so, dass die Freiräume deines Mitarbeiters nachher größer sind als vorher.«

Auch das wird in dieser Reinform sich nicht immer durchführen lassen; daher ist vorsichtiger, realistischer zu fordern: »Entscheide so, dass die Freiräume deines Mitarbeiters nachher nicht kleiner sind als vorher.« Das Mindestmaß an Führungs-Weisheit aber müsste lauten: »Sei dir bewusst, dass deine Entscheidungen sich auf die Freiräume deines Mitarbeiters auswirken können, und kalkuliere den Preis, den dein Mitarbeiter und mittelbar auch du selbst dafür zahlt.« Und dieser Preis kann für beide überaus hoch sein: Spaß und Lebensfreude auch – und gerade – im Beruf. So gilt denn hier:

Motivation ist unwidersprechlich Sache des Einzelnen.
Ihr Freiraum zu geben ist Sache der Führung.

In Anlehnung an das Wort von Karl Jaspers, »Was der Mensch ist, das ist er durch die Sache, die er zur seinen macht«, muss mit der unternehmensinternen Perestroika ernst gemacht werden. Das heißt Freiräume, Bewegungsfreiheit zu schaffen, demotivierende (Richtlinien-)Blockaden von Energien und Entfaltungswillen abzubauen. Das bedeutet Enttabuisierung formeller Regelungen zugunsten von Problematisierung. Das meint, Durchlässigkeiten zu fördern, Wahlmöglichkeiten zu erhöhen. Es ist wahr: Vor den Erfolg haben die Götter den Spaß gesetzt. Wir brauchen also eine Unternehmenskultur, in der die Mitarbeiter den ihnen entgegengebrachten Respekt als eine Gelegenheit erkennen, ihren eigenen Gestaltungsraum selbst verantwortlich wahrzunehmen. Dann kann ich eine Sache zur meinen machen. Nur dann bin ich völlig »bei der Sache«. Nur dann arbeite ich mit Leidenschaft an meiner Aufgabe. Begeisterung? Ja. Aber für *meine* Sache, weil ich mich nur für *meine* Sache begeistern kann. Alles andere ist Illusion. Und »Mythos Motivation«.

»Eine Sache zur meinen machen« ist zugleich ein Appell an die Selbstverantwortung des Mitarbeiters (nahezu jede Führungskraft ist ja gleichzeitig auch wieder unterstellter Mitarbeiter). Während Laufbahnen ihre Sicherheit verlieren und die Zukunft von Unternehmen unvorhersehbarer wird, können Menschen zumindest die Verantwortung für ihren eigenen beruflichen Lebensweg übernehmen. Das gilt für die Wahl des Unternehmens. Das gilt für die Wahl des Arbeitsplatzes. Das gilt aber auch für die Freiräume innerhalb des Jobs. Nicht warten, dass die Dinge von allein besser, gerechter, freizügiger werden. Nicht warten, dass andere für mich etwas tun. Freiraum gilt es nicht zu postulieren, wie es überall geschieht, wo er nicht vorhanden ist. Sondern zu erobern. Denn kaum ein Unternehmen wird dem Einzelnen von sich aus den Freiraum geben, den er braucht. Den muss er sich schon holen.

C. Epilog: Versuch über Selbstachtung

> *Das häufigste Vergehen im Wirtschaftsleben ist die fundamentale Missachtung der Menschenwürde.*

Menschen werden in unseren Organisationen nur allzu häufig wie Kinder behandelt, nicht wie Erwachsene. Außerhalb der Unternehmen sind Arbeitnehmer Männer und Frauen, die Regierungen wählen und abwählen, Gemeindeprojekte leiten, Sportvereine organisieren, Familien gründen, Kinder erziehen und täglich zukunftsbezogene Entscheidungen selbst verantwortlich fällen. In dem Moment aber, in dem sich hinter ihnen die Unternehmenstüren schließen, geben sie ihr Erwachsensein gleichsam beim Pförtner ab. Sie werden vom Unternehmen zu Jugendlichen zurückgestuft – und sie lassen es zu. Halbwüchsige, die man belohnt, belobigt, besticht, bedroht, bestraft. Wahlmöglichkeiten werden eingeschränkt; Selbststeuerung ist nur in engen, normierten Grenzen möglich. Dienstabzeichen, Statusinsignien, Schlangestehen, Stechuhren, Erlaubniskarten, Anweisungen befolgen, ohne zu fragen, Entscheidungen zurücknehmen, weil der Chef es anders will, Arbeitsrichtlinien, deren Sinn keiner mehr erkennen kann, Regeln ohne Ausnahmen, Bestimmungen, Kleiderordnung, hierarchisierte Reisespesen, Kontrollen. Es ist unübersehbar: Das häufigste (und folgenreichste) Vergehen im Wirtschaftsleben ist die fundamentale Missachtung der Menschenwürde. Das fällt kaum mehr auf, so sehr haben wir uns daran gewöhnt.

Während ich diese Gedanken und Erfahrungen niederschrieb, wurde mir zunehmend bewusster, dass meine Kritik der Motivierung um die Folgen dieser Infantilisierung, Abwertung und Rückstufung im Unternehmen kreist, wohingegen das angebotene Führungskonzept sich um Begriffe wie Selbstachtung, Selbstrespekt und Würde gruppiert. Die Folgen von Abwertung habe ich beschrieben. Was aber ist Selbstachtung?

Selbstachtung ist zwar ein abstrakter, auf den ersten Blick aber doch ein sich selbst erklärender Begriff. Viele stehen ihm sicher fern, fürchten sein Pathos. Zunächst scheint er auch nicht so recht in ein Buch für Manager zu passen. Und dennoch ist er in der Tiefe unseres inneren Erlebens etwas sehr Konkretes, Nahes und für Führung sehr Beachtenswertes.

Im Sinne von Sullivans Annäherungsversuch ist Selbstachtung jene uns innewohnende Instanz, die wie ein Seismograph alle uns betreffenden Kommunikationssignale auf ihre wertende Tendenz taxiert. Jenes Organ also, das sensibel auch das kaum Wahrnehmbare wahrnimmt, auch Unbewusstes registriert. Dessen nimmermüde Wachsamkeit auch noch in den verdecktesten Interaktionen jene Tendenz detektivisch aufspürt, die Aussage darüber macht, wie uns der Sender der Botschaft wert-, ein- oder abschätzt.

Das Selbst, das sich achtet, ist wohl auch mehr als das aufgeblähte Ego, welches sich aus der Requisitenkammer der Identitäten nach Neigung und Willkür bedient und sich dann ein-bildet, etwas, nämlich dieses Selbst-Bild, zu *sein.* Mehr also als die angstvoll-stolzgeschwellte Bestätigungssucht, die aus allen Ritzen Applaus saugt. Mehr also auch als das auf eigenen Erfolgen basierende, umgangssprachliche »Selbstbewusstsein«. Und es bezieht sich auf mehr als auf die eigenen Fähigkeiten, Interessen, Meinungen, Gefühle und Bedürfnisse, die das »Ich bin« auffüllen.

Ob Selbstachtung durch individuelle Erziehung und Geschichte individuell geprägt, also beim Einzelnen mehr oder auch weniger vorhanden ist, steht dahin. Gewiss ist: Man kann sie zerstören und diese Zerstörung ist gleichbedeutend mit Selbst-Aufgabe. Gesichert scheint zudem: Menschen ist ihre Selbstachtung unterschiedlich bewusst. Entsprechend mehr oder weniger bewusst verbucht wird die bewertende Tendenz in dem, was man uns oder über uns sagt bzw. wie man mit uns umgeht. Wahrgenommen wird vor allem (auf die wirkungspsychologische Verschiebung habe ich hingewiesen) die *Abwertung*: das Misstrauen, Nicht-Beachten, Übersehen, Überhören, Geringschätzen, Nicht-Ernstnehmen, Nicht-Zutrauen.

Selbstachtung – und das ist wichtig! – scheint mir die *wahre* Quelle aller Motivation zu sein. Sie ist die Voraussetzung für ein volles »Ja« zu einer Sache, die ich zu meiner mache. Sie wird greifbar in Handlungs- und Entscheidungsfreiheit, in Selbstbestimmung und Wahlmöglichkeit. Abwertung (das Ignorieren der Selbstachtung) erschließt sich mithin als die Quelle aller Demotivation. Was motivieren soll, entwürdigt. Die Leistungs-*Freude* stirbt.

Stachel im Fleisch

Der motivierende Sinn ist ein abwertender Sinn. Er sagt:

»Ich glaube dir nicht, dass du von dir aus freiwillig dein Bestes gibst, deshalb muss ich dich motivieren.«

»Du bist kein ernst zu nehmender, vertrauenswürdiger Verhandlungs-Partner.«

»Du kannst dir keine realistischen Ziele vornehmen und keine Vereinbarungen einhalten.«

»Du sollst dich von Belohnungen und Bestrafungen anspornen lassen, damit ich dich leichter lenken kann.«

Ein Ansporn ist ein Stachel im Fleisch. Er schmerzt. Das ist zunächst nicht gut oder schlecht; es hat Konsequenzen. Nämlich: Die Motivierung unterhöhlt die Selbstachtung ebenso subtil wie wirkungsvoll. Je systematischer die Motivierung, desto systematischer die Untergrabung. Je »erfolgreicher« immer differenziertere Systeme das Werk der Motivierung vollbringen, umso unfehlbarer vereiteln sie wider Willen den Zweck, um dessentwillen der ganze Prozess in Gang gesetzt wurde. Zug um Zug, mit mechanischer Sicherheit, verselbständigen sich die ausgeklügelten Mittel gegen die Zwecke.

Besonders systematisch werden sie bekannterweise bei Verkäufern eingesetzt, der Lieblings-Zielgruppe der Motivierungsmechaniker. Das »Wall Street Journal« schrieb, dass über 50 Prozent aller Verkäufer an zu geringem Selbstvertrauen scheitern. Wer steht da im Wald und wundert sich? Wundert sich, dass sich die ganze Sinnwidrigkeit der Motivierung vor dem Hintergrund der Selbstachtung noch schärfer konturiert? Wer kann sich noch wundern, dass Bonus, Incentives, Lob und Tadel, psychologische Vorgesetz-

ten-Kriegsführung und Trainings-Drill den Verkäufer nur allzu oft in eine kindliche Anpassungshaltung schicken, wundert sich, dass das ganze Instrumentarium, welches das Elend der »Motivation« ausmacht, jedes »standing« von Außendienstlern untergräbt? Untergraben *muss.* Dass sie »umfallen«, wenn auch nur ein einziger gewichtiger Einwand kommt? Wer kann sich wundern, dass diejenigen, die man täuscht und verführt, auch diejenigen sind, die das Unternehmen täuschen? Dass sie auf dem Weg, den sie mit dem Segen und zum Segen der Unternehmensleitung eingeschlagen haben, nur noch einen Schritt weiter gehen: sie wenden die gleichen Mittel – psychologisch schlüssig – nach innen an. Und wer kann sich noch wundern, wenn die willkürliche Einschränkung der Wahlfreiheit, die Logik der künstlichen Verknappung als entwürdigend empfunden wird?

Ob bewusst oder unbewusst wahrgenommen – das ist hier nicht die Frage, denn der innere Sensor der Selbstachtung reagiert in jedem Fall. Robert Debré sagt: »Alles ist Gedächtnis. … Das Lebewesen empfindet, speichert. Der Organismus vergisst nie etwas.« Selbstachtung erspürt auch die innewohnende Logik des vertrackten Spiels der Motivierung, die mit ihrer scheinbaren Sonnenseite des Belohnens und Belobigens vorgibt, doch gerade die Selbstachtung zu *stärken.* Lob soll doch aufbauen! Belohnungen sollen doch das Selbstwertgefühl stützen! Bonus ist doch schon dem Wort nach etwas »Gutes«!

Abhängigkeit

Der Kern der Abwertung liegt tiefer. Er liegt in der selbst gewählten Abhängigkeit des Menschen von den Wechselbädern des Antreibens. Damit liegt der Kern in jedem Einzelnen: Wenn mich jemand motivieren kann, dann kann er mich auch demotivieren. Dann lade ich alle Welt ein über die Qualität meines Lebens zu entscheiden. Dann gebe ich anderen Macht über meine Selbstachtung. Bekomme ich mein Bonbon, geht es mir gut, wenn nicht, schlecht. Wenn es so ist: Warum tue ich mir das an?

Wer von etwas abhängt, verliert leicht das Gleichgewicht. Jenes Gleichgewicht, das Motivation heißt und Selbstachtung ist. Und das birgt auch für Unternehmen Nachteile von erheblicher Tragweite. Sie suchen motivierbare Mitarbeiter – und bekommen demotivierbare. Dauerpatienten am Motivierungstropf, weil sie ihre Unternehmenskultur auf Misstrauen aufbauen. Misstrauen, das sich als »Erfahrung« ausgibt, aber auch dann nichts weiter als seiner eigenen Wirkung – der Demotivation – begegnet. Und die ist die Folge von sinnentleerter Arbeit ohne Forderung, Selbstbestimmung, Freiraum und Wahlmöglichkeiten – ohne »erlebbare« Selbstachtung.

Das »Nicht-Ernstnehmen« durch Motivierung wertet ab. Auf viele Fundamente lassen sich Unternehmen bauen, auf Abwertung nicht. Dann sind sie auf Sand gebaut. Auf Treibsand: Je mehr sie auf die Seite der Motivierung treten, desto tiefer sinken sie in die Demotivierung. Wenn aber Entrepreneure auf allen Ebenen für unsere Unternehmen, für unseren Lebensstandard und für unsere Wettbewerbsposition im Markt überlebensnotwendig sind, dann sind das Menschen mit Eigen-Sinn und lebendigem Identitätszentrum. Menschen mit Selbstachtung. Partner. Denen kann man aber nicht den Stachel des Misstrauens ins Fleisch bohren. Man kann nicht in einer freien Gesellschaft Freiheit fordern, Freiheit leben, Freiheit gewähren und den Menschen zugleich Verantwortung für ihre eigene Motivation aus den Händen nehmen. – Doch, man kann. Und es hat

Konsequenzen. Eine Misstrauens- und Anreiz-Organisation, eine vom Verdacht kontaminierte Unternehmenskultur treibt die Kosten ins Unermessliche. Nicht nur die sichtbaren. Vor allem die unsichtbaren.

Umgang mit anderen

Unternehmen müssen sich also entscheiden, ob sie in immer neue Drogen investieren oder den Weg freigeben wollen für gelebte und erlebbare Selbstachtung:

- für Organisationsstrukturen, die »Erwachsenen« gerecht werden
- für Führungskräfte, die *zu*-trauen und *ver*-trauen, die fordern, fördern und ernst nehmen
- für Mitarbeiter, denen ihre Selbstachtung höchstes Gut ist und die ohne ständiges Schulterklopfen auskommen

Selbstachtung bezieht sich also immer auch auf den Umgang mit *anderen.* Selbstachtung erspürt, ob ihr der andere »gerecht« wird; und das meint niemals die manipulierende, ver-führende Haltung, die aus dem Mitarbeiter ein »zu bewegendes« Objekt macht. Sondern in allem die, die sein Sosein respektiert, ihn in seiner Subjektivität ernst nimmt und ihn als Individuum wahrnimmt.

Am Anfang steht also ein Einstellungswandel: die Bereitschaft zum Spüren, Ernstnehmen, Annehmen und Zulassen des Einzelnen, seiner Gestimmtheiten, auch der Form- und Leistungsschwankungen. Diese Einstellung bezieht sich nicht nur auf den Menschen als Leistungspotential, sondern auf den ganzen Menschen. Einmal muss das wirklich begriffen werden, was es bedeutet, sich selbst und den anderen ernst zu nehmen in der Individualität und Tiefe der Person. Das bedeutet: Weglassen des motivierenden Eingriffs. Demotivierendes erfragen und unterlassen. Das Wechselspiel von Spannung und Entspannung zulassen. Gespanntheit *und* Gelöstheit als zwei Pole des lebendigen Ganzen anerkennen.

Führung ist aber in unseren Unternehmen verleitet, den Mitarbeiter nur in seiner funktionellen Bedeutung für die Unternehmensziele, nicht aber in seinen persönlich-existentiellen Anliegen ernst zu nehmen. Das hat Folgen, denn – ich wiederhole es – jeder sucht sich die Aufgabe, die ihn *persönlich* weiterbringt und damit seine

Selbstachtung stärkt, oder er ist schon einen Schritt in die innere Kündigung gegangen. Das Umdenken, das hier nötig ist, ist viel schwerer, als man gemeinhin annimmt. Mit Ehrenerklärungen für den »Mensch-im-Mittelpunkt« und Sinnbewirtschaftungsmaßnahmen einer von oben oktroyierten Corporate Identity ist ebenso wenig getan wie mit Sonntags-Reden über den »Mitarbeiter-als-unser-wichtigstes-Kapital«. (Dann schon lieber Montags-Beschlüsse über erweiterte Handlungsspielräume!)

Wenn sich Unternehmen entschließen, ihre Mitarbeiter wirklich ernst zu nehmen, dann rücken viele Umgangsformen im Unternehmen aus dem Schatten bewusst oder unbewusst abwertender Betrachtungsweisen in ein neues Licht. Für Führung heißt das: Sie muss sich entscheiden, ob sie den Haupteingang der Forderung, Verhandlung und Vereinbarung wählt oder weiterhin auf den Hintertreppen psychologisch geschickter Verführung herumschleicht. Sie muss wählen zwischen dem Geist der Selbstachtung und dem Gespenst der Motivierung.

»Wo die Gespenster herrschen, beginnt die Epoche der Psychologie«, sagt Peter Sloterdijk. Was immer sie an Hilfreichem über Kommunikation uns zu sagen hat – unter den obwaltenden Vorzeichen der Motivierung bleibt ein Unbehagen. Gerade die Psychologie schwebt ständig in Gefahr, Schmieröl im Räderwerk der Abwertungsmechanik zu werden. Denn je mehr sich Führungskräfte auf die Motivierung einlassen, desto mehr müssen sie sich aus der Rüstkammer der Psychologie bewaffnen. Vor dem zwielichtigen Horizont gegenseitiger Täuschungsabsichten wird Führung so zum Wettlauf der Schlitzohren. Psychologie führt dann keinen Schritt über die Probleme hinaus, von denen sie handelt. Ja, sie vertieft sie noch, weil sie besser tarnt. Sie ist dann die Fort-»Führung« der Abwertung mit anderen Mitteln.

Und so wird denn der Drogendealer unter den Führungskräften den hier angebotenen alternativen Ansatz einer Führungskonzeption auch nur instrumentell verstehen. Die *innere* Fehlhaltung wird er nur technisch angehen und nur pragmatisch, d. h. um des besseren Funktionierens willen, in seine Führungs-Technik einzubauen versuchen. Vielleicht wird er dann mit der gleichen manipulativen Einstellung beginnen die Selbstachtung seiner Mitarbeiter »aufzubauen«, ihnen das Bewusstsein von Würde und Selbstbestimmung zu »geben«. Er kommt dann aus den Widersprüchen einer Führung nicht heraus, die mit den Mitteln hintertreibt, was sie als Ziel begehrt. Er wird manches als nützliche Führungstricks missverstehen (aber erwarten, dass seine Mitarbeiter ihm offen und ehrlich begegnen). Dann wird das hier Gesagte zum heillosen Gegenteil des Gemeinten. Führungs-»Techniken« sind dann wie Stützverbände, die die Führungskraft befähigen, vorübergehend »erfolgreicher« in ihren inneren Fehlhaltungen zu verbleiben. Man kann »ernst nehmen«, aber nicht längere Zeit undurchschaut »spielen«. Die Mitarbeiter spüren, ob sie von den Führungskräften so akzeptiert werden, wie sie sind, oder ob sie nur in einer vorausbestimmten Weise funktionieren sollen. Solange aber Führungskräfte ihre Mitarbeiter nicht aus innerer Überzeugung als Persönlichkeiten wahr-, ernst und annehmen, sind sie keine. Dann haben sie kein Recht zu führen.

Umgang mit sich selbst

Das also ist gefordert: Führung, die den Selbstrespekt, die Würde des Menschen in ihr Sinnzentrum stellt, die ernst nimmt und achtet – den anderen, vor allem aber: sich selbst. Das heißt zunächst – widerstehen: dem grassierenden Zynismus, der vor Durchblick, Enttäuschung und Illusionslosigkeit nur noch verquält lächelt. Zynismus – und meines Erachtens sind ganze Scharen von Managern dahin abgewandert – ist nichts anderes als *Selbstabwertung.* Der Zynische nimmt sich selbst nicht mehr ernst. Er gibt sich weltklug, abgeklärt, verblendungsfrei, ernüchtert, fast fröhlich: Er hat Abschied genommen von idealistischen Flausen, die nur den Macht- und Durchsetzungswillen hemmen. Aus Notwehr fast. Zu weit klafft die Kluft zwischen den Werten von einst und der Illusionslosigkeit des Jetzt. Die Zugbrücken der Offenheit sind hochgezogen als Schutz gegen unerträgliche Verletzungen. Über Bord sind sie geworfen, die Vorstellungen einer besseren Gegenwart. Oder sie haben sich verengt, indem sie Anzug und Krawatte anlegten. Als letztes Bollwerk der Würde wird die Unentbehrlichkeit inszeniert. Eine intellektuell abgefederte Melancholie wallt über die Friedhöfe der verwitterten Sehnsüchte und abgelegten Träume. Das verächtliche Menschenbild verachtet sich selbst. Aber es geriert sich als Erfahrung, als Wissen, das Macht ist. Man hat ja den Durchblick, aber man bleibt passiv, außen vor. Das Verhältnis von Hund und Wurst meint immer die anderen. Nichts weiter bleibt zu tun, als die Dinge mit Scharfsinn zu analysieren. Der Preis für diesen Zynismus ist der Preis aller Selbstabwertung: Verlust des Selbstrespekts, des eigenen Würde-Empfindens. Als »Gewinn« wartet die gesamte Krankheitskette des psychosomatischen Formenkreises.

Widerstehen: der Selbstausbeutung unter den Zumutungen des fraglosen »Ja«; der Aufgabe von Idealen zugunsten einer Kunst des optimalen Grapschens; der allgegenwärtigen Entmündigung durch menschenverachtende Organisationsstrukturen; der Zerstörung der Lebendigkeit durch die Verlockungen der Bequemlichkeit; dem Hinnehmen des nur scheinbar Unabänderlichen; dem Misstrauen, das unter halb gesenkten Lidern stets sprungbereit lauert, fehlersuchend blinzelt; dem Reichwerden durch den Geist in dem Maße, wie man ihn aufgibt.

Denn davon bin ich zutiefst überzeugt: *Der höchste Preis, den ein Mensch zahlen kann, ist der Verlust seiner Selbstachtung.* Es gibt aber nichts und niemanden, keine zwingenden Umstände und keinen mächtigen Einzelnen, was dem Menschen die Selbstachtung nehmen kann. Das kann er nur zulassen. Dafür ist er selbst verantwortlich. Die kann er sich nur selbst nehmen. Nicht mit einer großen, dramatischen Opfer-Geste, sondern durch die vielen kleinen Selbstabwertungen, die die Anpassung an das System der Motivierung unfehlbar mit sich bringt: Wenn er sich abhängig macht vom Hü und Hott des Anreizens und Anspornens, von den subtilen Bestechungsversuchen, den lockenden Belohnungen und dem süchtig machenden Lob – von all den Drogen der Ver-Führung, die samt und sonders aus Misstrauen, fehlendem Zutrauen und Geringschätzung geboren sind. Dann lässt er *andere* über die Qualität seines Lebens bestimmen. Dann macht er sich zum Spielball der Interessen *anderer.* Dann sitzt er nicht mehr selbst am Steuer seines Lebensautos, sondern lässt *andere* fahren. Und wundert sich, dass er auf der Rückbank von einer Ecke in die andere gekegelt wird.

Selbstmotivierung

Die kürzeste Episode aus den Abenteuergeschichten des Freiherrn von Münchhausen ist interessanterweise auch die bekannteste, jene, in der er sich samt Pferd am eigenen Schopf aus dem Sumpf zieht.

Dieses rätselhaft-anziehende Bild provoziert für unseren Zusammenhang die Frage: Was heißt »sich selbst motivieren«?

Es meint nicht, die äußeren Antreiber durch innere zu ersetzen. Es meint nicht den Appell an das moralische Postulat einer von »außen« kommenden Pflicht. Es meint nicht, mit Hilfe positiver Autosuggestion die graue Realität rosarot einzufärben. Keine Methode des Positiv-Denkens ist gefordert, kein Schönreden als Überlebenstechnik. Es geht vielmehr um Einsicht in die Tatsache menschlicher *Wahlfreiheit.* Die Situation, so wie sie jetzt ist, habe ich gewählt und kann sie auch wieder abwählen – und die Konsequenzen daraus tragen. Diese Wahlfreiheit ist die Quelle meiner Selbstachtung. Das bedeutet zunächst: aufhören zu klagen über Verhältnisse, die nicht immer so sind, wie ich sie mir wünsche. Verantwortung übernehmen für eine kreative Lebensgestaltung, die das Auf und Ab des Lebens bejaht und als Lerngelegenheit für sich nutzt. Eine innere Einstellung, die Leistungsschwankungen als menschlich akzeptiert und nicht zu einem permanenten »Obenbleiben« pervertiert. Selbstmotivierung kann also nur heißen: die Verantwortung für Motivation und Leistungsbereitschaft selbst übernehmen. Das ist die »innere« Sicht. Entscheidung des Unternehmens ist es, in die Wahlfreiheit seiner Mitarbeiter, in die Selbstverpflichtung zu investieren – oder in immer neue Drogen.

Menschliche Wesen sind nicht unabhängig. Aber sie sind frei. Sie sind frei in der Wahl der Bedingungen, Regeln und Alternativen, unter denen sie leben und arbeiten wollen. Und so spielt jeder auf dem Spielfeld, das er selbst gewählt hat. Damit kann er es prinzipiell immer abwählen, wenn auch der Druck der sogenannten »Sachzwänge« diese grundsätzliche Wahlfreiheit oft zu verschütten scheint. Einige Unternehmen sind – mehr als andere – Spielfelder, die die Verantwortung für die eigene Motivation in den Händen des Einzelnen belassen und deren innere Architektur Menschen ernster nimmt als andere. Denen kann er sich zuwenden. Er kann jedoch auch auf seinem *jetzigen* Spielfeld Selbstachtung leben und erlebbar machen. Auch diese letzte Wahl trifft jeder selbst.

Literaturverzeichnis

Altmann, H. Chr.: Motivation der Mitarbeiter, Frankfurt 1989

Antoni, M.: Menschliche Arbeit: Grundbedürfnis oder fremdgesetzte Norm? Konsequenzen für die Personalentwicklung, in: Riekhof, H.-Chr. (Hrsg.): Strategien der Personalentwicklung, Wiesbaden 1986, S. 23-44

Aronoff, C.: The rise of the behaviorial perspective in selected general management textbooks, in: Academy for Management Journal, 4/75

Augustine, N. R.: Augustines Erkenntnisse, Frankfurt 1988

Balling, R.: Manipulation, Motipulation, Motivation, in: Transaktionsanalyse, 2-3/89, S. 109-119

Beck, U.: Risikogesellschaft, Frankfurt 1986

Bell, D.: Die nachindustrielle Gesellschaft, Frankfurt 1975

Bennis, W., Nanus, B.: Führungskräfte, Frankfurt 1987

Böckmann, W.: Die Kunst zu motivieren, in: Harvardmanager, 1/88, S. 116-119

Bonoma, Th. v.: Bewerten Sie Verkaufserfolge richtig?, in: Harvardmanager, 2/90, S. 9-12

Cube, F. v./Alshuth, D.: Fordern statt Verwöhnen, München 1986

Dunckel, H., Zapf, D.: Psychischer Streß am Arbeitsplatz, Köln 1986

Eibl-Eibesfeldt, I.: Die Biologie menschlichen Verhaltens, München 1984

Eysenck, H. J.: Die Ungleichheit der Menschen, München 1975

Feddersen, B. H.: Was veranlaßt die Teilnehmer, sich an Preisausschreiben zu beteiligen?, in: forschen – planen – entscheiden, 5/1966

Fiedler-Winter, R.: Gerechtigkeit ist keine Gleichmacherei, in: FAZ v. 16.2.1990

Gellerman, S. W.: Management by Motivation, New York 1968
Gerken, G.: Der neue Manager, Freiburg 1986
Glück, M.: Keiner verdient, was er bekommt, Heidelberg 1990
Goeudevert, D.: Sinn statt Geld, in: Management Wissen, 12/89, S. 92
Gottschall, D.: Management optimal, München 1987
Greif, S.: Konzepte der Organisationspsychologie, Bern 1983
Griepenkerl, H.: Was uns japanische Personalführung lehrt, in: Harvardmanager, 1/90, S. 14-26

Haire, M. u. a.: Managerial thinking, New York 1968
Hassenstein, B.: Instinkt, Lernen, Spielen, Einsicht, München 1980
Heckhausen, H.: Motivation und Handeln. Lehrbuch der Motivationspsychologie, Berlin 1980
Herbert, D.: Moderne Unternehmensführung unter ethischen Gesichtspunkten, unveröff. Manuskript
Herbert, D.: Pragmatik und Ethik in der Kunst des Führens, in: FAZ v. 28.11.1986
Herbert, D.: Kreativität als Führungsmodell, Vortrag auf dem 5. Management-Symposium für Frauen, Zürich, 24.9.1989
Hersey, P., Blanchard, K.: The social psychology of organizations, New York 1977
Herzberg, F., Mausner, B., Snyderman, B.: The Motivation to Work, New York 1959
Herzberg, F.: Was Mitarbeiter wirklich in Schwung bringt, in: Harvardmanager, Führung und Organisation, Bd. 3, Hamburg 1988, S. 62-74
Höhn, R.: Die innere Kündigung im Unternehmen, Bad Harzburg 1986
House, R. J., Wigdor, L. A.: Herzberg's dual factor theory of job satisfaction and motivation, in: Personell Psychology, 20/1967, S. 369-389
Humm, G. A./Gurlit, W. A.: Eine Großbank motiviert ihre Führungskräfte, in: Harvardmanager, 2/90, S. 98-107

Jochmann, W.: Analyse der Entscheidungsprozesse zur beruflichen Veränderung von Führungskräften, Bochum 1989
Jungk, R.: Sinnreiche Arbeit gesucht, in: natur, 8/89, S. 14

Kanter, R. M.: The Change Masters, New York 1983
Kanter, R. M.: Manager brauchen einen neuen Arbeitsstil und andere Talente, in: Harvardmanager, 2/90, S. 46-54
Kappel, H., Ulmer, G.: Neue Entlohnungsformen drängen!, in: io Management Zeitschrift, 6/89, S. 43-44

Katz, E., Kahn, R.: The social psychology of organizations, New York 1966
Kiechl, R.: Manipulation, manipulieren und manipuliert werden, in: io Management Zeitschrift, 3/88, S. 145-146
Klages, H.: Wertorientierungen im Wandel, Frankfurt 1985
Klages, H.: Wertedynamik, Osnabrück 1988
Kock, E.: Der Verkäufer hat keine Lobby, in: FAZ, Blick durch die Wirtschaft, 14.8.1989
Kohn, A.: Punished by Rewards, Boston 1993
Kowalewsky, W.: Über den Umgang mit Vorgesetzten, Köln 1986
Krausz, R. R.: Macht und Führung in Organisationen, in: Transaktionsanalyse, 2-3/89, S. 92-108

Landy, F. J., Trumbo, D. A.: Psychology of Work Behaviour, 1980
Lawler, E. E., Suttle, J. L.: Expectancy theory and job behaviour, in: Organizational Behaviour and Human Performance, 9/1973, S. 482-503
Lawler, E. E.: Motivation in work organizations, Belmont 1973
Lindenberg, Chr.: Die geistigen Grundlagen der Arbeit, in: die Drei, 9/80, S. 517-525
Livingston, J. St.: Motivation: Pygmalions Gesetz, in: Harvardmanager, 1/90, S. 90-99
Lopez, J. A. P.: Sachzwänge und Personen im Leistungsmanagement, in: Thomas, H. (Hrsg.): Ethik der Leistung, Herford 1988, S. 151-188
Luthe, H. O., Meulemann, H. (Hrsg.): Wertwandel – Faktum oder Fiktion, Frankfurt 1988

Maslow, A. H.: Motivation and Personality, New York 1970
Matsushita, K.: Aus dem Stegreif, in: Organisationsentwicklung, 2/89, S. 67
McGregor, D.: The human side of enterprise, New York 1960
Moebius, M.: Psychoterror im Betrieb, in: Psychologie heute, 1/88, S. 32-39
Müller-Golchert, W.: Spannungen im Betrieb: Testfall für die Führungskraft, in: Personalführung, 1-2/88, S. 83-84

Naisbitt, J.: Megatrends des Arbeitsplatzes, Bayreuth 1985
Nerdinger, F. W.: Karriere schon – aber nicht um jeden Preis, in: FAZ v. 18.11.1989
Neuberger, O.: Theorien der Arbeitszufriedenheit, Stuttgart 1974
Neuberger, O.: Organisation und Führung, Stuttgart 1977

Nuber, U.: Innere Kündigung: Sollen doch mal andere ran!, in: Psychologie heute, 10/87

Offe, H., Stadler, M. (Hrsg.): Arbeitsmotivation, Darmstadt 1980
Opaschowski, H. W.: Arbeit, Freizeit, Lebenssinn, Opladen 1983
Opaschowski, H. W.: Von der Geldkultur zur Zeitkultur, in: FAZ v. 29.7.1989
Ouchi, W. G.: Theory Z, Reading 1981
o. N.: Belohnung motiviert nicht, in: Psychologie heute, 8/90, S. 9-10

Peck, M. S.: Der wunderbare Weg, München 1986
Peters, Th. J., Waterman, R. H.: Auf der Suche nach Spitzenleistungen, Landsberg 1984
Pfützner, R.: Kooperativ führen, München 1979
Prigogine, I.: Order out of chaos, New York 1984

Rehn, G.: Modelle der Organisationsentwicklung, Bern 1979
Rodgers, F. S., Rodgers, Ch.: Der Konflikt Familie/Beruf – wie Unternehmen helfen können, in: Harvardmanager, 3/90, S. 50-60
Rosenstiel, L. v.: Motivation im Betrieb, München 1972
Rosenstiel, L. v., Stengel, M.: Identifikationskrise? Zum Engagement in betrieblichen Führungspositionen, Bern 1987
Rosenstiel, L. v. u. a.: Führungsnachwuchs im Unternehmen, München 1989
Rürup, B.: Qualifikation von Führungskräften im Wandel, in: FAZ, Blick durch die Wirtschaft, 16.2.1990

Schanz, G.: Verhaltenswissenschaftliche Aspekte der Personalentwicklung, in: Riekhof, H.-Chr. (Hrsg.): Strategien der Personalentwicklung, Wiesbaden 1986, S. 3-21
Semler, R.: Managen ohne Manager – ein Paradebeispiel, in: Harvardmanager, 2/90, S. 87-97
Simon, H.: Die Falle, in: manager magazin, 10/88, S. 247-249
Sprenger, R. K.: Personalwesen und Bevölkerungsentwicklung, in: Personalführung, 11/88, S. 896-898
Sprenger, R. K.: Vom Glauben an die Motivation, in: Management Wissen, 1 /89, S. 88-93
Sprenger, R. K.: Performance Effectiveness, in: Personalführung, 1/90, S. 42-45
Sprenger, R. K.: Soll der Chef mit Lob regieren?, in: Harvardmanager, 4/90, S. 4-12

Steers, R. M., Porter, L. W.: Motivation and Work Behaviour, New York 1983
Stoewer, G.: Motivierungshilfen aus der Praxis, Heidelberg 1986
Stottmeister, G.: Der Einsatz von Preisausschreiben im Marketing, Heidelberg 1988
Stroebe, R., Stroebe, G.: Motivation, Heidelberg 1984

Taylor, F. W.: Die Grundsätze wissenschaftlicher Betriebsführung, München 1919
Tenckhoff, Ph.: Reduzierung von Komplexität und Kontingenz mit Konzeptionen der Personalführung, in: Personalführung, 7/88, S. 541-557
Thomas, H. (Hrsg.): Ethik der Leistung, Herford 1988
Townsend, R.: Up the Organization, New York 1970

Witte, E. u. a.: Führungskräfte der achtziger Jahre, Stuttgart 1980
Wolff, G., Göschel, G.: Führung 2000, Wiesbaden 1987
Wüthrich, H. A.: Management Modelle unter der Lupe, Vortrag auf dem 5. Management-Symposium für Frauen, Zürich, 22. 9. 1989
Wunderer, R., Grunwald, W.: Führungslehre, 2 Bde., Berlin 1980

Yankelovich, D. u. a.: Work and Human Values, New York 1983